人をつなぐ、物語をつむぐ

毎日メディアカフェの

9年間の挑戦

斗ヶ沢 秀俊

プロローグ

２０２３年3月28日、東京都千代田区一ツ橋の毎日新聞社にある毎日ホール。毎日メディアカフェのファイナルイベント「**斗ヶ沢秀俊とゆかいな仲間たち**」に、多くの人が集まっていた。スズキ・メソードで知られる才能教育研究会会長の早野龍五・東京大学名誉教授、「ほぼ日」社長の糸井重里さん、東京電力福島第1原子力発電所事故で翻弄された福島県飯舘村の前村長、菅野典雄さんなど、毎日メディアカフェにゆかりのある著名人の姿もあった。

私は「毎日新聞社のＣＳＲ、そして毎日メディアカフェの9年間」と題して講演した。

まず、報道を通じてのＣＳＲとして、骨髄バンク報道と、科学的精神に基づく報道について語った。私は１９８８年2月4日、毎日新聞東京本社版の社会面トップ記事で、骨髄バンク設立を求める運動が始まるというニュースを報じた。白血病や再生不良性貧血などの血液疾患には、化学療法という投薬治療があるが、それでは治癒しない患者が少なくない。その人たちには骨髄移植という手段がある。健康な人の腰骨から採取した骨髄液を、患者に移植する。骨髄移植には、白血球の型であるＨＬＡ（ヒト白血球抗原）の適合が必要となる。兄弟姉妹間では、4分の1の確率でＨＬＡ

が一致する。しかし、兄弟姉妹が少ない現在、ＨＬＡが適合する兄弟姉妹がいる確率は低い。欧米やアジアの一部の国では、骨髄移植の提供希望者（ドナー）が登録する骨髄バンクが設立されていた。小学生の長男が白血病を発症した東京都内の橋本明子さんという母親が「日本でも骨髄バンクを設立してほしい」と願い、骨髄バンク運動を始める集会を開くことにした。集会の取材を求める橋本さんの手紙が毎日新聞社に届き、社会部デスクから取材を指示された私はすぐに橋本さんに会いに行った。骨髄バンクの必要性を理解した私は、これを記事にまとめた。

以降、集会開催後の報告記事、厚生省（当時）との交渉などを次々に記事にした。毎日新聞の売り物である署名記事「記者の目」でも、骨髄バンク設立を求める意見を表明した。骨髄バンク設立の大きな壁の一つは、骨髄採取の際、全身麻酔が必要になることだ。全身麻酔には死亡を含む重篤なリスクがある。厚生省は「ボランティア精神が広く存在する欧米と違い、日本では多くの人のドナー登録が見込めない」と消極的な態度だった。私は骨髄バンク設立運動に協力的だった東京大学附属病院血液内科の十字猛夫教授の言葉を心に刻んでいた。十字さんは「川に飛び込む勇気」と言った。川でおぼれている子どもがいるときに、そこを通りかかったとする。そこで、人はどう行動するだろうか。自分は泳げないから、人の助けを呼ぶ人もあれば、ほかの誰かが助けるだろうから、黙って通り過ぎる人もいるかもしれない。しかし、川に飛び込んで助けようとする人もいるだろう。そういう勇気を持った人は少なくないはずだ。そういう人と、患者を結ぶバンクが必要だ──というのが十字さんの論理だった。私は全く同意見であり、おぼれている子どもを見たら、私も川に飛び込むだろうと思った。

当初は毎日新聞だけの報道が続いたが、運動が活発化するにしたがい、他社やテレビ局も報道するようになった。運動関係者は「設立されるとしても、5年か10年かかる」と見ていたが、運動開始から3年10か月後の1991年12月、日本骨髄バンク設立が決まった。私はこうした経緯を紹介し、「報道の力が設立に寄与したと考えます」と話した。

これには、後日談がある。2020年2月、毎日メディアカフェに一般社団法人塩分管理支援協会から、イベント開催の申し込みがあった。毎日メディアカフェは、団体、市民がイベントを無料で開催できる仕組みを持っていた。それに応募してきたのだ。同協会の根本雅祥代表は応募フォームに「骨髄移植経験者」と記していた。イベント前の打ち合わせで会った私は根本さんに「実は私は日本で初めて骨髄バンクのことを記事にした記者です」と話し、運動開始当初の状況を説明した。私の話を聞いた根本さんは黙って涙を流した。私は話をやめ、しばらく静寂の時を過ごした。

ファイナルイベントには、根本さんも参加してくれた。私が「日本骨髄バンクには約54万人のドナー登録者がいて、移植件数は2万7000件を超えました。移植を受けた方の一人が根本さんです。一言お願いします」と依頼すると、根本さんは「私の場合はHLA適合のドナーがいて、移植がとんとん拍子に進みました。さまざまな後遺症がありますが、生きているのは骨髄移植のおかげです。報道の力で骨髄バンクができたことに感謝しています。僭越ですが、患者を代表してお礼を申し上げます」と話した。

「科学的精神に基づく報道」で取り上げたのは、ダイオキシン報道と東京電力福島第1原子力発電所事故についてだ。

1999年、ダイオキシン騒動が発生した。ダイオキシンという化学物質が有害物質として注目され、「1グラムで東京都民全員を死亡させることができる」などと危険性を強調する報道が相次いだ。この数値は、ハムスターの致死量をヒトに換算した数値で、科学的根拠を欠く。ダイオキシンの主要排出源は焼却炉だとされ、全国の学校から焼却炉が姿を消した。ものが低温で燃焼した際にダイオキシンが発生しやすいという理由で、「どんと焼き」などの伝統行事が相次いで中止に追い込まれた。「埼玉県所沢市の葉物野菜から高濃度のダイオキシンが検出された」とテレビ朝日が報道したことにより、埼玉県の農家は大打撃を受けた。実は「葉物」というのは、茶の葉であり、これはごく軽量のため、単位重量当たりのダイオキシン含有量が多くなりやすい。その茶の葉でお茶を飲んでも、摂取するダイオキシンはゼロに等しい。捏造に近い報道だった。この騒ぎの際、私はダイオキシンの影響を正確にとらえる必要があることを「記者の目」で訴えた。厚生省研究班が日本人の母乳に含まれるダイオキシン濃度を継続的に測定していた。それによると、1970年代からダイオキシン濃度は一貫として減少していた。

そのことから、二つのことが言える。一つは、仮にダイオキシンが大きな健康被害を与えるとしたら、騒ぎのずっと以前に、より大きな被害が出ていたはずだ。もう一つはダイオキシンの主要発生源は農薬であり、農薬から出るダイオキシンの減少に伴い、ヒトのダイオキシン摂取量が減り、母乳中の濃度が減少しているということだ。ダイオキシンを過剰に危険視することをやめようと訴えた「記者の目」は話題になり、評価してくれる方がいた半面、「化学会社と癒着しているのか」

といった投書もいただいた。当時の騒ぎはその後、沈静化して、今はほとんど誰もダイオキシンを過剰に怖がることはない。

２０１１年3月11日の東日本大震災に伴う福島第1原発事故については、記憶に新しい。津波で福島第1原発の電源が喪失して冷却機能を失い、炉心溶融が起こり、大量の放射性物質が外部に放出された。モニタリングで検出された各地の空間放射線量は平時をはるかに上回った。原発の周囲20キロ圏内の人たちには避難指示が出され、20〜30キロ圏内の人たちには屋内避難が指示された。私は１９８６年に事故を起こしたチェルノブイリ原発を、１９９２年に視察した経験があり、事故と放射線影響について一定の理解をしていた。チェルノブイリでは、事故後1週間、周辺住民に事故発生が知らされず、住民は大量の放射線を被ばく（外部被ばく）した。また、現地でとれた野菜や牛乳などを摂取し続けたため、食品に含まれる放射性物質が体内で放射線を出すことにより生じる内部被ばくも多かった。

私は２００５年から07年までの2年間、福島支局長を務めた。福島県には多くの友人、知人がいて、事故は他人事ではなかった。各地の放射線量、事故の態様を調べ、20キロ圏外に住んでいる県民が避難すべきかどうかを考えた。答えは、「すぐに避難するよりは、現状を見守るほうがよい」だった。空間線量から計算すると、福島県民の被ばく線量はチェルノブイリ周辺住民より3桁程度低い。当時の民主党政権の枝野幸男官房長官が「ただちに健康影響が出ることはない」と繰り返し、それが批判を招いたが、事実、ただちに健康影響が出る線量ではなかった。一方、避難には多

ファイナルイベントで講演する筆者

くのリスクがある。避難行動そのもので、持病のある人や高齢者の健康には大きな影響がある。避難が長期化すれば、自宅や職場、地域住民のコミュニティを失う。放射線リスクを減らすための行動が別のリスクを増大させる。比較考慮すると、「新たな放射性物質の大量放出がない限り、住み続けるほうが生活の総合的リスクは少ない」と結論できる。毎日新聞社の関連会社であるラジオ福島から電話出演を求められた私は、こうしたことを話した。聴取者からは「これを聞いて、ようやくご飯が食べられた」といった声が寄せられた。私は「記者の目」で、「冷静に事態を見守ろう」との記事を書いた。

翌4月、20キロ圏外にあるにもかかわらず、空間線量が高い福島県飯舘村が国の「計画的避難区域」に指定され、全村避難を指示された。私は福島支局長時代、毎日新聞社が主催する「地方自治大賞」に福島県の優れた自治体として、飯舘村を推薦したことがあった。飯舘村の菅野典雄村長（当時、以下も全て当時の肩書を記載する）は、女性の地位向上、子育て支援、環境保全などで先駆的な事業を打ち出していた。その推薦を機に、菅野村長とは親交があった。菅野さんに次のような手紙を書き、ファクスで送った。「菅野さん　厳しい日々を送られていることと存じます。私は何もできない自分にふがいなさを感じる毎日です。別紙で、計画的避難区域の設定がいかにばかげたものであるかを、文書にまとめました。社内の幹部や編集局の人たちに配っていますが、まだ社論とはなっていません。このまま、飯舘村がつぶされようとしているのを、何とか阻止できないかと思っていますが、私の力では今のところ、何ともできません。菅野さんは無理解な国や、力になってくれないであろう県を相手に、ご苦労されていると思います。何とか、村役場の機能を村役場に残し、残留を強く希望する方々は避難しなくてもよいという形に持っていけないでしょうか。国と交渉するにあたって、以下の点がポイントかと思います」として、村役場機能を村役場に残す、できるだけ避難地域を分散させせないなどを提案した。

別紙では、「低線量でも発がん率は高まるという直線しきい値なし仮説に基づいても、飯舘村の全員（約6000人）が平均20ミリシーベルトの被ばくをした場合の、将来のがんによる過剰死は5〜10人です。『皆さんがこのまま飯舘村に住み続けた場合、皆さんの中で5〜10人、将来がんで亡くなる方が増えるかもしれませんし、ほとんど増えないかもしれません。それと、全員が村を出て避難するのと、どちらを選びますか』という選択なのです」と説いた。放射線影響は喫煙や生活習慣などの別の要因による増減に埋もれてしまうほどのリスクだ。一方、全村避難は前述した生活全般への多大なリスクを生じさせる。飯舘村が政府の方針に逆らって、全村避難の決定を覆すことはできない。菅野村長は条件闘争をした。

条件は多岐に及ぶが、重要だったのは3点ある。一つは、老人養護施設「いいたてホーム」を避難対象から外したことだ。原発20キロ圏内の病院、老人施設から避難した高齢者には、避難途中を含めて、避難後短期間のうちに亡くなった人が多数いた。避難のリスクは高齢者にとって非常に大きい。菅野さんは「いいたてホーム」の室内放射線量がごく低いレベルにあることをデータで示し、入居者はそのまま居住、職員は通いで仕事を続けるという措置を認めさせた。二つめは、従業員10人以上の事業所の存続を求めた。いったん、事業所を閉鎖した場合、帰村しても事業再開が難しくなる。事業所存続も認められた。三つめは、住民の多くを飯舘村に近い福島市に避難させたことだ。これにより、時々、福島市から飯舘村に行き、家の管理などができるし、帰村もしやすい。飯舘村は2017年3月、帰還困難区域の長泥行政区を除き、避難指示が解除され、6年ぶりに帰村を果たした。菅野さんがいなければ、あるいは飯舘村が消滅したかもしれない。

私はこうした経過を、ファイナルイベント参加者に話して、「菅野さんは多くの高齢者の避難による死亡を防ぎました。帰村の条件を整え、村を守りました」とコメントしたうえで、菅野さんに一言をお願いした。菅野さんは参加者にA４版４枚の紙を見せ、「私は斗ヶ沢さんにラブレターをもらいました。これを今でも取っておいています。斗ヶ沢さんが書いてくれたことは、その後、いろいろなことを判断するうえで、指針になりました」と語った。原発事故の社会的影響は多大で、福島県民や周辺県の住民が大きな被害を受けたが、放射線影響に関する限り、全くなかったと言い切れる。

この後、私は毎日新聞社が実施してきた「ＭＯＴＴＡＮＡＩ」キャンペーンなどの環境活動と、毎日メディアカフェの9年間の活動について語った。記者報告会、サイエンスカフェ、企業・団体のＣＳＲ活動、ＮＰＯの活動報告、東日本大震災被災地支援のイベントやマルシェ（市場）など、実施したイベント数は１０００件に達した。毎日メディアカフェについて、早野さんは「理系と文系が融合したような毎日メディアカフェは、理系出身で新聞記者の斗ヶ沢さんにふさわしい活動だと思います」とコメントし、糸井さんは「コロナの影響でオンラインが増えましたが、リアルで会うのとは違うと感じます。リアルで人が集まることの意義を示していると思います」と語った。

1時間30分のイベント終了後、参加者の多くはパーティーにも参加した。参加者のうち事前に送ってくれた80人の１５０字自己紹介を集めた紙が渡され、参加者はそれを見ながら、新たな出会いを作っていった。毎日メディアカフェはこうして、9年間の活動に幕を下ろした。

人をつなぐ、物語をつむぐ　毎日メディアカフェの9年間の挑戦　●もくじ

①毎日メディアカフェ始動～市瀬慎太郎さんとの出会い

毎日メディアカフェの構想が持ち上がったのは、２０１３年12月だった。その年、毎日新聞社と連携関係にある下野新聞社が新聞協会賞（経営業務部門）を受賞した。宇都宮市内に「ＮＥＷＳ ＣＡＦＥ」を開店し、そこで下野新聞を読むことができ、時々、イベントが開催されるという試みだった。これを受けて、毎日新聞社の役員の一人が、同様のことを毎日新聞社でもできないかと模索した。経営環境の厳しい毎日新聞社では、持ち出し（赤字）となる新規事業を始めることはできない。事業収入が得られる仕組みを作れないという理由で、役員は構想を断念した。これを聞いた私は、旧知の仲である市瀬慎太郎・イーソリューション社長に相談した。市瀬さんは２００７年に毎日新聞社のＣＳＲ部門として設立された「水と緑の地球環境本部」のアドバイザー的存在だった。私は２０１０年に本部長に就任した際、すぐに市瀬さんと面識を得た。

市瀬さんは日本大学を卒業後、紙を扱う卸売会社に入った。父の経営する紙の卸売会社「株式会社市瀬」に入る前の修業だ。４年間の修業の後、株式会社市瀬に入社した。紙の卸売会社は印刷会社系、出版社系に二分され、株式会社市瀬は出版社系だった。印刷会社系は売り上げが大きいが利益率が低く、出版社系は売り上げが大きくないものの、安定的に高値で売れるという違いがあった。ウインドウズの普及とともに、インターネット社会に入ると、出版社が衰退する恐れがあった。

市瀬さんは新しいビジネスを始める必要があると考えた。三菱製紙や平和紙業の人から「これからは環境です。環境に取り組まなければ、ビジネスで負けます」という話を聞いた市瀬さんは新しい道筋を見つけたと思った。さとうきびで作る非木材紙「バガス」の利用を本田技研工業の担当者に話したら、「面白い、その紙を買います」と言って、環境報告書の紙に使ってくれた。いくつもの企業がバガスを採用してくれた。当時、再生紙の使用が環境保全にとって好ましいというのが多くの人の理解だった。

しかし、再生紙の製造過程で、エネルギーが消費され、CO_2を発生させることになる。市瀬さんは「適切に管理された森林から伐採された木材を使うのが最も良い」と結論し、バージンパルプを売り出すことにした。三菱製紙から、適切に管理されたことを示す森林認証（FSC認証）の紙を作るから売ってほしいと依頼された市瀬さんは、いくつかの企業に持ちかけ、その紙を使ってもらうことになった。こうした活動をしているうちに、環境報告書を作れないかという相談を、企業から受けた。環境報告書を作るノウハウはない。その実績のある個人事務所の人とタッグを組んで、約10社から受注を受けた。

東京電力にFSC認証の紙を使うよう営業に行った際、「尾瀬の木道に使う木材は、年間約10キロメートル分を入れ替えている。それが約60トン分ある。それを使って紙にできないか」との相談を受けた。調べてみると、木道に使う木材の外側は腐っているが、内側はきれいだった。中越パルプ工業と相談して、廃材を使った「尾瀬の木道エコペーパー」が誕生した。多額の売り上げを計上した。

林野庁と協議して始めた「3・9ペーパー」の取り組みもあった。1997年に京都で開催された気候変動枠組条約第3回締約国会議（COP3）で、日本は対1990年比で6％のCO_2を削減するという国際的な約束をした。このうち、2・1％は発電所やガソリン、家庭での消費削減などで削減し、残る3・9％は、森林の持つCO_2吸収量でまかなう計画だった。これを達成するためには、木材の自給率を上げなければならない。しかし、国産材には競争力が不足している。国内の森から発生した細い丸太や曲がった丸太は、紙の原料となるパルプ・チップに使われるが、買い取り価格が安い。森林経営者が輸送費を負担すると、ほとんどが赤字となる。そこで、市瀬さんは印刷物を制作するユーザーが森林所有者に代わって輸送費を負担するビジネスモデルを作った。「森林吸収分3・9％」と、森林への感謝（サンキュー）を込めて、「3・9ペーパー」と名付けた。外国産材を使った紙に比べて割高にはなる。それでも、環境報告書を制作する企業にとっては、森林を守る活動や地球温暖化防止に協力していることになる。多くの企業から受注することができ、尾瀬の木道ペーパーに続くヒット企画となった。

取締役の一人となっていた市瀬さんは2007年、環境を軸にした新規事業部を設立するよう、役員会に諮った。しかし、「紙の販売を主力とすべきだ」という意見が大勢を占め、市瀬さんの案は否決された。社長である実兄もその意見だった。市瀬さんは独立を決意し、40歳でイーソリューションを起業した。環境報告書の作成のほか、コンビニチェーンのミニストップと「マイはし」を作るなどの協業をした。

ちょうどそのころ、市瀬さんの仲間たちが地球温暖化防止のキャラクター「そらべあ」を考案していた。ホッキョクグマの「そら」と「べあ」が温暖化により氷が割れ、母クマと離れ離れになってしまうという物語で、泣いている「そら」「べあ」の涙を止めるために、地球温暖化防止の活動をしようと呼びかけるというコンセプトだった。同じ年に設立されたばかりの毎日新聞社水と緑の地球環境本部が「そらべあ」に着目し、そらべあを本部のシンボルキャラクターにするとともに、毎日新聞販売店の新聞回収袋に「そらべあ」を印刷するよう希望した。そらべあを制作したグループはそれに応じ、水と緑の地球環境本部と市瀬さんの連携が始まった。のちに、市瀬さんたちは「ＮＰＯ法人そらべあ基金」を設立し、企業の支援で全国の幼稚園・保育園に太陽光発電設備「そらべあ発電所」を贈る活動や、環境教育に取り組んだ。２０２２年度までに寄贈された発電設備は84基を数える。

水と緑の地球環境本部は環境省と企業をつなぐ「環境パートナーシッププラザ」を開催するようになった。環境省の課長クラス以上、企業の部長以上が集まって講演を聞き、名刺交換をする場だ。しかし、多忙な幹部を対象としているので、頻繁に開くことはできない。そこで、行政や企業の環境活動担当者が集い、環境分野のさまざまな課題を考える「Ｄｏ！コラボ」という集まりを始めた。私は水と緑の地球環境本部長就任後、市瀬さんと相談して随時、Ｄｏ！コラボを開催していた。東日本大震災支援を目的としたDo！コラボもしばしば開いた。毎日メディアカフェの母体となった活動だった。

市瀬さんとは苦い経験がある。本部長就任から半年ほど経ったころ、市瀬さんは「エコ住宅情報館」という企画書を持ってきた。毎日新聞社のあるパレスサイドビルの一角に、住宅分野での最新の環境技術を紹介する展示場を設け、そこでセミナーやイベントを開催するという企画だった。日本の多くの住宅は北欧などの高断熱の住宅に比べて、エネルギー効率が悪い。その社会課題を解決することを目的としていた。魅力のある事業だと考えた私は市瀬さんとともに住宅関連企業を営業に回った。しかし、応じてくれたのは1社だけで、事業を断念せざるをえなかった。市瀬さんは次に、「エコ住宅情報館」をウェブサイト上で展開することを考えた。これは、リアルの展示場に出展するのに比べて、安価で出展できる。いくつかの企業の協賛を得て、2012年にウェブサイトでエコ住宅情報館を開設した。イベントを何回か開催したものの、新たに協賛してくれる企業はなく、活動はしりすぼみになった。協賛を継続してくれる企業もなく、わずか1年で活動休止に追い込まれた。ウェブサイト開設にかかった費用を回収することはできなかった。市瀬さんはのちに、そのときの住宅関連業界の仲間たちとともに、一般社団法人日本エネルギーパス協会を設立し、住宅のエネルギー効率アップに貢献する活動をして、十分な実績を上げている。エコ住宅情報館は時代を先取りしすぎたとも言える失敗だった。

「ニュースカフェのような活動を、収益事業としてできないか」という私の相談に、市瀬さんは「水と緑の地球環境本部のオープンルーム（縦横約6メートル×6メートル）を毎日メディアカフェとして、一般の人が自由に入れるようにする。そこでは、時々、イベントを開催する。企業・団体に年間20万円の協賛金をいただいて運営する。協賛企業・団体は1年間に3回まで、毎日メディアカフェでイベントを実施することができ、イベントは毎日新聞東京都内版で記事掲載される」という基本骨格を提案してきた。「これでいけそうだ」と判断した私は、水と緑の地球環境本部担当の真田和義執行役員と相談し、経営会議に「毎日メディアカフェ」の企画書を提出した。経営会議で事業の意義と展望を話したところ、「5社以上の協賛を獲得したら開設を認める」との結論を得た。年間20万円という設定は、企業のCSR部門をターゲットにしたためだ。宣伝部や広報部などの部署に比べて、CSR部門の予算は少ない。これを考慮して、「CSR部門が出せる金額」にした。

市瀬さんは自身がアドバイザーを務めるプレシーズ社（東京都千代田区）にも協力を求めた。鈴木俊郎代表取締役、小澤尚郎社長は快諾し、営業・運営面での協力体制が整った。実務的には、社員の冨永浩敬さんが中心となった。市瀬さんは「毎日新聞社にはエコ住宅情報館での借りがありますから、がんばります」と言って、冨永さんとともに、つながりのある企業のCSR担当者に声をかけた。最初に応じてくれたのは、カシオ計算機の木村則昭CSR推進室長だった。カシオ計算機が協賛を決めたことにより、ほかの企業も協賛しやすくなった。味の素、バンダイ、ライオンなどの企業が協賛してくれた。CSR活動に積極的な企業をターゲットに、私と市瀬さんで営業に回った。

構想から4か月後の2014年3月、8社の協賛が決まり、毎日メディアカフェは4月8日に**オープニングイベント**を開催した。武田芳明東京本社代表のあいさつに続き、科学環境部の元村有希子記者の講演会を開催した。元村記者は私が科学環境部長を務めていたときに部員だった縁がある。毎日新聞のコラムやテレビ出演を通じて、ファンが多く、カフェの最初のイベントにふさわしい記者だと考えた。毎日メディアカフェのサイトも開設した。イベント告知ページのほか、CSRナビゲーターの松田まどかさんが協賛企業・団体のCSR担当者にインタビューした記事を掲載するページを設けた。松田さんは環境問題に詳しいタレントとして活動しており、毎日メディアカフェ設立後は私たちの活動に加わっていた。松田さんのインタビュー記事は普段、社内で目立つ部署ではないCSR担当部署にとって、うれしい記事であり、各社から歓迎された。

②メディアカフェ初期のイベント

翌週の4月14日には、「**神田紫の講談教室**」を開いた。神田紫さんは講談界の重鎮の1人。毎日新聞社が取り組んでいた「富士山再生キャンペーン」に協力してくれていたことから、面識があった。講談教室が参加者に好評だったため、月1回の定例開催にした。講談教室では、神田さんが講談について簡単に説明した後、講談のテキストを神田さんが語り、それに習って、参加者が講談を語る。使った講談のテキストは数多くあるが、その一つに「徂徠豆腐」がある。江戸時代の学者、荻生徂徠の話だ。浪人だった徂徠は豆腐屋が来ると、いつも豆腐を買った。豆腐屋は「豆腐が好きなのですね」と言うと、徂徠は「金がなく、豆腐しか買えないのだ」と答える。同情した豆腐屋は、おからに味をつけて徂徠に届けるようになった。ところが、あるとき、徂徠はいなくなってしまう。しばらくして、豆腐屋は隣から出た失火で焼けてしまう。そのとき、大学者になっていた徂徠は「あのときのお礼に」と立派な店を贈った。この店の豆腐は「出世豆腐」と呼ばれ、たいそう繁盛した。この講談は「情けは人のためならずという一席です」と締めくくる。人生訓を説く講談だ。初期から参加した人たちは独特の「講談なまり」を習得し、見事に講談を語るようになった。神田さんが開催した講談イベントで、講談を披露した参加者もいた。

4月17日には、農業者と早稲田大学の「早稲田環境塾」による討論と農産物・加工品販売をする**「早稲田環境塾『東京・高畠─青鬼サロン』」**が日中に開かれた。午後6時30分からはTBSテレビ「朝ズバッ」コメンテーターでもある与良正男・毎日新聞論説委員が安倍政権の現状を解説し、安倍政治の本質に迫る**「与良正男の『安倍政治って何？』」**を開催した。

24日には、荒川河川敷で回収されたごみの実物、清掃活動の様子を撮影した写真などを展示する**「NPO荒川クリーンエイド企画展『荒川のゴミの現状』」**を開催し、NPOとの連携も始まった。毎日新聞読者からは「待ってました！と言いたいグッドな企画です」といううれしいメールもいただいた。毎日メディアカフェは当初、イベント開催を火曜日、木曜日の週2日と限定していたが、次々に企画が生まれ、イベント回数は増えていった。曜日にかかわらず、開催するようになった。

5月13日、**「ランナーのための栄養学」**が開かれ、女子栄養大学の上西一弘教授が講演した。企画したのは、毎日メディアカフェの真向かいでランナーズステーション「ＲｕｎＰｉｔ」を毎日新聞社と共同で運営しているＫＤＤＩと、女子栄養大学出版部。上西さんはこの年1月の箱根駅伝で2年ぶり4回目の総合優勝を果たした東洋大学陸上競技部を栄養学の面からサポートしていた。上西さんは「スポーツ選手が特に摂取したいミネラルは鉄やカルシウムです」と説明し、市民ランナーが心がける5か条として、「食事はバランスよく定食スタイル」「ジョギング後、速やかに炭水化物とたんぱく質を摂取する」などを挙げた。

女子栄養大学出版部『栄養と料理』編集長の監物南美さんはこのイベントの後、「栄養と料理」セミナーとして、いくつかのイベントを企画してくれた。私たち運営スタッフが感動したのは、2015年1月13日の『栄養と料理』セミナー「**北村英治のＪａｚｚ　Ｃｏｏｋ**」だった。ジャズクラリネットの草分けとして知られる85歳の伝説的ミュージシャンが毎日メディアカフェで語り、演奏してくれたのだ。Ｃｏｏｋは料理するという意味の英語だが、ジャズ用語ではアドリブを指す。北村さんは大の料理好きで、「栄養と料理」誌に音楽と料理にまつわるエピソードを書いたエッセイを連載していた。北村さんは「子どものころにマヨネーズを作るのが家庭での自分の役割でした」という思い出や世界の著名ミュージシャンとの食を通じた交流について紹介し、「おいしいものを食べると豊かな気持ちになる。その幸せ感が演奏を通して届けられます」と話した。最後に「白い渚のブルース」など3曲を披露した。

5月15日には、「**どうなる日中、日韓関係**」を開催した。中国総局長を務めた経験のある坂東賢治、ソウル支局長を経験した中島哲夫の両専門編集委員によるトークイベント。坂東編集委員は「日中関係は両国政府のリーダーシップが期待できない。民間の力や経済関係で危機に陥らないようにしなければならない」、中島編集委員は「日韓関係は悪化しているが、戦争をするような間柄ではない。この2、3年のうちに大きな摩擦が起こるだろう。それをどう乗り越えていくかが大事です」と話した。

5月28日には「**日本ダービー直前予想**」が開催された。社員から毎日メディアカフェのイベント企画案を募ったところ、競馬好きの社員が提案してくれた。30年を超える競馬歴のある私が応じないはずはない。すぐに、競馬面担当の松沢一憲編集委員に相談し、イベント実施が決まった。毎日新聞は1996年、一般紙では初めて競馬面（毎週金、土曜日夕刊）を常設した。松沢編集委員は近走の道中の位置取りから馬の調子や陣営の勝負度合いを判断する「Vライン」理論を編み出し、いくつかの本を出版している記者だ。イベントには、競馬面でメーン予想をしている競馬評論家の丹下日出夫さん、競馬面の松沢編集委員、増永道夫記者、競馬番組リポーターの目黒貴子さんに登壇していただいた。前哨戦となる皐月賞などのレース映像を見た後、各人が有力馬や穴馬についてコメントした。最後にそれぞれが本命馬を発表した。

6月1日の第81回日本ダービーでは、松沢編集委員が本命にしたワンアンドオンリーが優勝した。競馬企画は毎年の日本ダービー、有馬記念の前に開催されるようになった。競馬ファンで、毎日新聞ニュースサイトで競馬コーナーを持っていた愛称「マキバオー」の中嶋真希記者も登壇者に加わった。競馬企画はコロナ禍に入る前まで続いた。

5月30日は、中嶋真希記者の企画で、報告会「**被災地の子どもたちはいま**」を開催した。東日本大震災被災地で取材している写真家の安田菜津紀さんと、フリーランス編集者の渡部真さんが取材内容を語った。陸前高田市に住んでいた安田さんの義母は津波で亡くなった。安田さんは震災後、同市の学校で、学校行事を記録したり、子どもたち向けの写真教室を開くなどの活動をしながら、撮影を続けていた。津波の海に船を出して九死に一生を得た漁師がいったん漁をやめようと思ったが、「おじいちゃんの釣った白い魚を食べたい」という孫の一言で漁の再開を決意した話など、震災後を生きる人々の姿を、心を込めて話し、来場者を感動させた。

7月2日、食品ロス削減をテーマに「**CSRセミナー**」を開催した。まだ、食品ロス問題がそれほど周知されていない時期だった。食品ロス問題で積極的に発信していた農林水産省の長野麻子・食品産業環境対策室長は納品・賞味期限の緩和など企業の商慣習の見直しや生活者の意識・行動の変革を呼びかける「ノーフードロス・プロジェクト」について説明した。味の素環境・安全部の長谷川泰伸部長はアミノ酸を取り出した発酵液から肥料や飼料を作りロスを削減する取り組みや、食材を無駄なく食べ切る「エコうまレシピ」を紹介した。

7月9日には、記者報告会「**バルサルタン臨床試験疑惑**」が開催された。毎日新聞は2013年3月、降圧剤バルサルタンの効果を調べた京都府立医科大学の臨床試験に販売元のノバルティスファーマの社員が関与し、同社から大学側に1億円以上の奨学寄付金が渡っていたことを特報した。その後、同社と元社員が薬事法違反の罪で起訴される事態になった。この取材を担当した科学環境部の八田浩輔記者が1年以上に及ぶ取材を報告し、「背景にはゆがんだ産学連携がある。今後も似たような問題が明らかになるのではないか」と語った。

２日後の７月11日には、東日本大震災の津波で児童と教職員計84人が犠牲になった宮城県石巻市立大川小学校の問題を取り上げた「**大川小学校の真相解明はどこまで進んだのか〜見えてきた検証委員会の課題**」を開催した。登壇者はこの問題の取材を続けてきたフォトジャーナリストの加藤順子さんとジャーナリストの池上正樹さん。加藤さんは「遺族は助かる命だったのではないかとの思いと、事故やその後の不適切な対応の責任を誰も取っていないことに不信感を抱いています」、池上さんは「第三者検証委員会の報告書は真相解明とは程遠い内容です」と指摘した。

毎日メディアカフェはフリーランスのジャーナリストに門戸を開いた。価値のある取材、報道をできるだけ多くの人に知ってもらいたいと考えたからだ。加藤さん、池上さんには２０１６年９月12日に開催したセミナー「**緊急開催！　築地市場の豊洲移転問題を考える**」でも登壇してもらった。

毎日メディアカフェは設立からの３か月間で、走りながら骨格を固めていた。毎日新聞記者による記者報告会、社外のジャーナリストの報告会、企業のＣＳＲイベント、ＮＰＯの活動報告、東日本大震災被災地支援などがイベントの柱になった。

③ 出前授業イベント「学びのフェス」も開始

開設から2か月後の6月、協賛企業の一つであるバンダイの岩村剛さんから「夏休みに子ども向けのイベントを開催したい」との希望が寄せられた。これを受けて、市瀬さんは「ほかの協賛企業・団体にも呼び掛けて、小学生向け出前授業を一堂に集めたイベントを開催しましょう」と提案してきた。8月開催で協賛企業・団体などに声をかけると、カシオ計算機、味の素、ライオンなどの企業がすぐに出展を決めてくれた。毎日ホールを会場に、各出展企業がブースを設け、1時間目から6時間目までの授業をする。科学記者時代に何度も取材したことのあるNPO法人ガリレオ工房にも出展を打診した。ガリレオ工房は中学校、高校の理科教員を中心とした理科実験開発・普及のNPOで、広く名前が知られている。素晴らしい理科実験コンテンツを多数持っているので、ぜひ出展してほしい団体だった。滝川洋二理事長に依頼すると、すぐに承諾が得られた。原口智、るみ夫妻が担当者として来てくれることになった。

社内では、毎日小学生新聞と連携することにして、「**毎日小学生新聞×毎日メディアカフェ　学**

びのフェス」という名称にした。告知は毎日小学生新聞での記事掲載と、毎日メディアカフェサイトでの告知だけだったので、参加者が集まるかどうか不安だった。

開催当日の午前10時、毎日ホール前の廊下にはたくさんの親子の姿があった。午前11時の開始を前に、長い行列ができていた。私たちはほっとすると同時に、これだけの人数をさばけるのかと不安になった。カシオ計算機は電卓をいったん分解し、それを組み立てることにより、エコな設計を学んでもらう授業、バンダイはガシャポン容器を再利用して、ハンコを作る授業をした。ライオンはボディーソープの泡が汚れを落とすことを確かめる実験をするなど、各社は楽しく学べるコンテンツを用意してくれた。

始まってみると、混乱した。私たちは合理的な予約システムを作っていなかったため、授業をたくさん受けられる子どもと、そうではない子どもが発生してしまい、親から不満を言われるケースが相次いだ。しかし、企画自体は好評だった。終了後の飲み会で、カシオ計算機の木村さんは「学びのフェスを春休み、夏休みの風物詩にしよう」と語った。翌年春、夏にも開催し、出展企業・団体数、参加小学生数も回を追うごとに増加した。2016年からは会場を千代田区北の丸公園の科学技術館に移し、規模を拡大した。運営は市瀬さん、松田まどかさん、プレシーズの面々が担ってくれた。

④ 福島支局長時代の経験が生きる

毎日メディアカフェの責任者である私には、イベントの記事を書くことはもちろん、企画・プロデュース力、そして、協賛企業・団体を獲得する営業力が求められた。新聞記者である私が、十分とは言えないまでもそれらをこなせたのは、福島支局長時代の経験が大きいと考える。それを振り返りたい。

ケニア副環境大臣のワンガリ・マータイさんがアフリカ人女性初のノーベル平和賞を受賞したのは2004年12月。翌2005年2月、マータイさんは毎日新聞社の招きで来日した。毎日新聞社入り口でマータイさんを迎えた一人だった私は、マータイさんのオーラに圧倒された。マータイさんは観堂義憲東京本社編集局長と対談し、私はその対談記事のデスク役を担っていた。マータイさんは観堂局長のどの質問にも、野球でセンター前にクリーンヒットを打つように、極めて適切な返答をした。その聡明さに私は驚かされた。観堂局長が「日本政府は3R、リデュース、リユース、リサイクルを進めています。その根底には、日本で古くからある、もったいないという、ものを大

ワンガリ・マータイさん

切にする精神があります」と説明すると、マータイさんは「それは素晴らしい。世界に広げましょう」と応じた。翌日から、マータイさんはメディアのインタビューに、「もったいない」を連発するようになった。マータイさんの「もったいないを世界に」という提案に呼応して、毎日新聞社はMOTTAINAIキャンペーン事務局を設立して、もったいない精神を次世代につなぐ、世界に広げる活動を始めた。

私は2005年4月、福島支局長に着任した。支局長の仕事で重要なことの一つは、販売店との緊密な関係を築くことにある。私は着任早々、福島市の最有力販売店である三宅喬会長と懇意になった。4月上旬、東京本社の会議から帰った三宅会長と飲んでいた際、「マータイさんという人はすごいらしいね」と言われた私は、「すごい人です。会長、マータイさんを福島に連れてきましょう」と答えた。

2日後、提案文書を持って、佐藤栄佐久福島県知事を訪ねた。私は「マータイさんという素晴らしい人がいます。ぜひ福島県に招きたい。しかし、それには大義名分が必要です。福島県がマータイさんの呼びかけに応えて、47都道府県の最初に、もったいない運動を始めた県になりませんか」と提案した。佐藤知事はその意義をすぐに理解してくれた。その場での回答はなかったが、すぐに「県が前面に出ることはできないが、3R運動に取り組んできた県商工会連合会が呼びかけて、それを県が支援するという形ならできる」と連絡してきた。毎日新聞に「福島県がマータイさんの呼びかけに応じて、もったいない運動を推進」という記事を掲載した。私は環境活動に取り組んでいる団体、個人を集めたシンポジウムを開催するなど、もったいない運動を展開した。福島県議会や福島市議会が「もったいない運動宣言」を全会一致で採択するなど、機運は盛り上がった。

私は外堀を埋める作戦と内堀を埋める作戦の2本立てで考えていた。1回目の来日で東京都や大阪府、京都府などを訪れたマータイが次に訪れるとしたら、まずは名古屋市や福岡市、札幌市など。東北を訪れるなら、仙台市になる可能性が高い。外堀を埋める作戦は、マータイさんが来福する大義名分を作ることであり、それは成功した。内堀を埋める作戦は、社内工作だ。三宅会長ら販売店主が東京本社に訪れた際は必ず、社長や幹部に「マータイさんを福島に来させてください」と声をかけるようにお願いした。新聞社の経営陣は有力販売店主の要望を無下にできない。作戦は奏功し、MOTTAINAIキャンペーン事務局は11月に予定されていた来日の際、マータイさんを福島に行かせると約束した。と同時に、500万円を事務局に支払うよう求めてきた。事情は分からないではない。マータイさん招聘にはお金がかかっており、それを協賛企業が出す講演料でまかなう必要がある。東京都内で講演してもらえば、500万円の講演料を出してくる企業はいくつもあるだろう。1日がかりで福島県に行かせる以上、それだけのお金を集めてもらわないと困るということだ。

福島県で500万円をぽんと払ってくれる企業はない。私は2通りのお金集めを考えた。一つは協賛企業・団体を募ること。これは30万円に設定した。協賛してもらうと、講演会のポスター、新聞記事などに名前が掲載される。福島県内の異業種の人たちが集まる勉強会に顔を出していた私は、そこでの人脈をたどって営業し、6企業・団体に協賛してもらうことができた。もう一つは個人協賛だ。昼間にマータイさんの記念種まきと無料講演会、夜に歓迎レセプションを開催することに決め、1口1万円の個人協賛金を払ってくれたら、レセプションに招待するという形にした。福島県は協賛金を出せないが、福島県庁職員は県知事以下幹部を中心に、個人協賛してくれた。三宅新聞店の三宅一秀社長など販売店の方々の協力も得て、集まった個人協賛金は約420万円に達した。本社のMOTTAINAIキャンペーン事務局に支払う500万円と、講演会会場費やレセプション費用などを合計すると約800万円になる。足りない200万円は販売店に負担していただくことにして、費用問題をクリアした。

11月11日に予定されたマータイさん来福の件を県庁記者クラブで発表する前日の夜、MOTTAINAIキャンペーン事務局から「マータイさん来日が延期になった」との電話を受けた。ケニア大統領が大統領選に向けて閣僚に協力してもらうため、閣僚の海外渡航を一時的に禁止したのだった。マータイさん来福の準備を万全に整えていた私は、あまりの不運に気力を失った。1か月間はほとんど何もすることなく過ごした。

幸い、ケニアの閣僚禁足令は年末で終わり、マータイさんの2006年2月の来日が決まった。福島訪問は2月14日のバレンタインデーだった。参加無料のマータイさん講演会は市内で最も収容人数の多いホールで開催し、ほぼ満席の1800人が集まった。マータイさんは子どもたちとの種まきの後、講演した。

マータイさんはケニアの貧しい山村で生まれ育ち、ケニアの独立（1963年）を前に、国内の優秀な子どもを海外に留学させる制度の対象になった。米国で生物学を学んだマータイさんは帰国後、ナイロビ大学で教べんを取る。生物学研究でケニア各地を回ったマータイさんは土地が荒れていること、その原因が森林伐採であることに気づいた。それを回復させるために、女性たちと植林活動を始めた。木が育つと、実がなり、女性たちは現金収入が得られる。家庭内での発言力も増す。人が活動すると、民主主義的な考え方が必要になる。こうして、マータイさんの活動は女性の地位向上、民主主義の普及につながり、ノーベル平和賞の栄誉を受けた。ときには権力に逆らったとして投獄されながらも活動を続けたマータイさんは、その波乱の半生を、大きな身振りを交えながら熱く語った。予定時間を大きくオーバーして終了すると、万雷の拍手がマータイさんに贈られた。

夜のレセプションには、400人が参加した。誰もがマータイさんとの握手を求め、マータイさんはそれに気さくに応じた。この場で、新たな物語が生まれた。レセプションの前、私は福島県郡

紙幣から作られた金鉢くん

山市で共同作業所「げんき」を運営する富塚まり子さんから、ある依頼を受けた。「げんき」は病気や事故で中途障害になった人がリハビリを兼ねて仕事をしている作業所で、仕事の一つとして毎日新聞の古紙を使って、植木鉢を作っていた。それをマータイさんをはじめとした参加者に配りたいというのだ。もちろん、すぐに承諾した。富塚さんは植木鉢を参加者に配った。

翌朝、私は異業種勉強会で親交のあった鉢村健・日本銀行福島支店長からの電話を受けた。「昨日の植木鉢を作っている共同作業所とつないでくれませんか」という依頼だった。「日銀には、使えなくなった紙幣が集まってきます。その大部分は焼却処分していますが、もったいないので再利用したいと考えていました。共同作業所で植木鉢にしてもらいたい」とのことで、私は「げんき」に連絡して、鉢村さんとつないだ。鉢村さんは裁断された日本銀行券（紙幣）を持って、「げんき」を訪れた。新聞紙と紙幣では紙質が全く異なる。植木鉢を作っている担当者は、脳梗塞で半身がまひしている50代の男性だ。その男性は2週間かけて、紙幣に合わせて装置を改良し、お札の植木鉢を完成させた。

鉢村さんは日銀福島支店が裁断紙幣を「げんき」に提供し、作られた植木鉢を一定程度買い上げ、福島支店のイベントなどで配布する仕組みを作った。毎日新聞でこの取り組みを報道すると、全国から多くの反響が福島支店に寄せられた。作業に従事する男性はそれまで無給だったが、わずかながら、給与をもらえるようになった。鉢村さんは「紙幣が焼却されるというもったいないことを防ぎ、共同作業所の人や地域が元気になることができる」と意義を語った。この植木鉢は「金鉢くん」と名付けられて、今も販売されている。1個につき、1万円札換算なら50万円分の紙幣が使われている。毎日メディアカフェ・ファイナルイベントで、私は「げんき」から「金鉢くん」を購入し、参加者に「50万円相当のお土産を用意しました」と言って渡した。

福島県でのMOTTAINAIキャンペーンからは、もう一つの物語が生まれた。私が参加していた異業種の勉強会で、2006年6月、福島県矢祭町の自立推進課・図書館建設グループ長の高信由美子さんが講師となった会があった。矢祭町は根本良一町長が全国で最初に平成の大合併の動きに加わらない「合併しない宣言」をした自治体だった。根本町長がテレビの討論番組に出るなどしたことから、全国に知られるようになった。町は「小さくてもきらりと光る町」を目指していた。当時、市町村の5カ年計画、10カ年計画はコンサルタント会社に作成を委託する自治体が少なくなかったが、矢祭町は町の有志による会議で5カ年計画を策定していた。町民の意見や要望を問うアンケートで、「図書館をつくってほしい」との要望が多く出された。町はこれを受けて、駅前にある武道場を改築して、蔵書3万5000冊規模の図書館を建設することを決めた。この規模の図書館を新築するには10億円程度の費用を要するが、改築費は1億数千万円ですむ。問題は蔵書だった。高信さんは「町の公民館などにある蔵書を集めても7000冊ほどしかない。新しく本を購入する予算もなく、それが悩みです」と話した。

それを聞いて、私が思い浮かべたのは、同じ福島県の「たもかく」の事例だった。たもかくは只見木材加工共同組合の頭文字を取った名称の株式会社だ。「本を寄付すると、山林と交換します」という奇抜なアイデアで、全国から大量の本を集めた。

矢祭町は全国的な知名度があり、町が本の寄贈を呼びかけると、必ず多くの人が応えてくれるのではないか。私はそう考え、勉強会終了後、「毎日新聞で本の寄贈を呼びかけませんか」と高信さんに提案した。翌日、根本町長から「ぜひお願いします」という電話があった。支局の記者に、図書館の専門家を取材して、実現可能性を探るよう指示した。ある図書館専門家は「面白い試みだが、文庫本や漫画など、図書館にあまりふさわしくない本が多数集まるのではないか」と記者に答えた。掲載前、根本町長は私に「せめて送料は町の負担にしようと思います」と言った。私は「根本さん、送料を自己負担してでも送ってくれる方に期待しませんか」と答えた。送料を自己負担してでも、送ってくれる人はどれぐらいいるだろうか。いくばくかの不安はあるが、矢祭町が本の寄贈を求めているという記事を支局員に書いてもらい、2006年7月に記事が全国版に掲載された。記事には、根本町長の談話として、「家に眠っている本はもったいないので、矢祭町で生かしてください」との言葉が紹介されていた。

ふたを開けてみると、答えは出た。記事掲載の翌々日から、次々と本が送られてきた。町は送られてきた本を体育館に保管した。懸念していた文庫本や漫画はほとんどなかった。夏目漱石全集、太宰治全集などの全集や名作、新刊本が多くを占めた。その理由は本に添えられていた手紙から推測できた。70代女性と推定される方は「夫が亡くなり、4畳半の部屋は本で埋まっています、この本を、売りたくはない、ごみに出すわけにはいかない。しかし、私もあと何年生きるか分かりません。この記事を読んで、矢祭町の方々に生かしてほしいと思いました」との旨を書いていた。絵本を送ってきた女性は「私が子育て中に子どもたちに読み聞かせた本です。矢祭町の子どもたちに贈ります」と記していた。自身の新刊図書を送ってきた著者もいた。送ってきた人たちのほとんどは「自分が大切だと思うからこそ寄贈した」のだ。

問題は膨大な量の本の整理だった。町は本の分類やラベル張りをするボランティアを募った。町民や福島大学の学生らがボランティアになった。福島県立図書館の司書がこれもボランティアで本の分類やラベル張りの仕方を教えた。送られてきた本は蔵書予定数をはるかに上回り、町は急きょ、図書館に隣接した倉庫を建て、そこに蔵書の大半を保存し、図書館の本と時折入れ替えるという方針にした。膨大な図書を分類・整理できたのは、矢祭町民の住民力があったからにほかならない。

私は根本町長の要請で、2006年11月、町で講演させていただく機会を得た。その際、「図書館の名称が決まっていないのであれば、矢祭もったいない図書館にしませんか」と提案した。根本町長が記事でコメントしたように、もったいない精神が生み出した図書館だからだ。07年1月、私の提案通りに命名された「矢祭もったいない図書館」がオープンした。本の寄贈者の氏名は図書館のアクリル板に記載された。この時点で、全国から寄贈された本は29万冊。最終的には41万冊に達した。町はこれ以上受け入れられないため、贈呈を希望する人には、ほかの自治体を紹介することにした。矢祭もったいない図書館はこの年、「Library of the Year」の優秀賞を受賞した。

マータイさんが福島にまいてくれた種は十数年後に、新たな物語をつむいだ。それを伝えてくれたのは、東北大学理学部の後輩で、私と同様に福島支局長、科学環境部長になった西川拓記者だ。マータイさんは福島市立飯坂小学校の児童と一緒にコナラやクヌギなどのドングリを植えた。成長した苗木は2009年、飯坂小学校と市立月輪小学校の児童により市内の史跡公園「じょーもぴあ宮畑」に植樹され、今では高さ数メートルの木に育っている。西川記者は20年10月21日、「マータイさんドングリ宇宙へ」という記事を書いた。茨城県の一般財団法人「ワンアース」(長谷川洋一代表理事)が21年、地球を周回する国際宇宙ステーション(ISS)の日本の実験棟「きぼう」に記念品を持ち込み、地球に送り返して教育や産業に役立ててもらう事業を計画し、福島市の記念品として、マータイさんのドングリの実が選ばれた——との内容だった。飯坂小学校、月輪小学校の代表が史跡公園で採取したドングリを採取し、約10グラムのドングリが21年6~7月に宇宙を旅した。

西川記者は21年10月14日には、「MOTTAINAI　地球環境の未来を考える　ゆかりの小学校、身近な取り組み」という見出しの記事を書いた。飯坂小と月輪小はマータイさんが福島市を訪れた2月14日を「もったいないの日」とし、児童会が主体となって環境保護に取り組む活動を始めた。両校は21年、マータイさん訪問から15年になるのを機に、「もったいない」の意義を再認識し、次世代に受け継ごうと、それぞれ環境保護に取り組むことにした。活動内容は、児童会の環境委員会で子どもたち自身が考えた。飯坂小は、2月15〜19日を「もったいない週間」とし、ポスターや校内放送で周知するとともに、全校児童を対象に「日々の生活でもったいないと思うもの」のアンケートを実施し、ランキングを作成した。全クラスにごみ袋を配布し、この週に出たごみの少なさを競う「もったいない選手権」も開催した——。マータイさんの思いが福島市の子どもたちに引き継がれていることを教えてくれる記事だった。

科学環境部長から「水と緑の地球環境本部」本部長へと異動した2010年、私と矢祭町の縁が復活した。その年、矢祭町特産品開発協議会は東京都内で、「矢祭もったいない市場」という名称の産直を始めた。形が不ぞろいで市場に出せない野菜も含めて、矢祭町の農作物、特産品を東京で販売する試みだ。最初は品川区で開催した。これを知った私は同協議会に連絡して、「毎日新聞社内で、矢祭もったいない市場を開きませんか」と提案した。場所はのちに毎日メディアカフェとなる水と緑の地球環境本部オープンルーム。同協議会のメンバーが視察に来て、即座に開催を決めた。同年5月、毎日新聞社内での矢祭もったいない市場が始まった。当初は毎月第2、第4水曜日の2回開催だった。

開始から1年に満たない2011年3月11日、東日本大震災と福島第1原発事故が起こった。矢祭町は内陸部にあり、地震の被害は少なく、津波被害もなかった。幸い、放射性物質の降下量も県

矢祭もったいない市場

内では少ない地域だった。矢祭もったいない市場は3月は休んだものの、4月に再開した。持ち込んだ食品は全て政府が定めた放射性物質の基準をクリアしたものだった。再開後初めての矢祭もったいない市場は壮観だった。毎日新聞社員やパレスサイドビルのテナントの人々、昼食を食べに来る近隣の会社員などが次々と訪れた。福島県民を応援したいという熱気が感じられた。持ってきた野菜や農作物加工品は完売となり、1日で約40万円を売り上げた。ところが、4月下旬の開催では、売り上げは激減した。当時、「内部被ばく」を心配する人が増えていた。内部被ばくは食物などに含まれる放射性物質が体内に取り込まれ、放射線を出すことにより生じる被ばくのことだ。内部被ばくを心配する人は福島県産の農作物を避けるようになっていた。「新鮮で安くておいしいから」と、常連になってくれた人たちの少なからぬ人が姿を見せなくなった。1日に数万円の売り上げしかない日もあった。1年ほど厳しい時期は続いた。

矢祭もったいない市場の販売員として来ていた1人に、矢祭町でシイタケ農家を営む増子正代さんがいた。増子さんは原木シイタケを栽培し、生シイタケを販売していた。しかし、原発事故後、生シイタケはほとんど売れなくなった。キノコ類には放射性物質が付着したり、取り込まれたりしやすいとされていた。増子さんの収入は激減した。そうしたとき、増子さんは町内の集まりで、シイタケを使った煮物などの料理を持ち込んだ。すると、皆、気にすることなく料理を食べた。増子さんは「シイタケを加工すれば、気にせずに食べてもらえる」と考え、「旨しいたけ佃煮」などいくつかの加工品を試作した。矢祭もったいない市場でも加工品を販売した。売れ行きは良く、増子さんは次々と新商品を開発した。シイタケだけではなく、「大根しょうゆ漬」「にんにく塩糀」など、ほかの農作物を使った加工品も手がけた。増子さんの営む「山のごちそう本舗」の売り上げは、原発事故前の5倍以上になった。まさに、ピンチをチャンスに変えた人だった。

矢祭もったいない市場に加えて、岩手県東日本大震災復興支援展示即売会も２０１８年から始まった。コロナ禍による休止期間もあったが、毎日メディアカフェ終了まで、被災地支援マルシェは続いた。

⑤ツイッター人脈を活用

再び、毎日メディアカフェに話を戻そう。初期には、私の人脈、特にツイッターでつながった方の企画をいくつも開催した。私がツイッターを始めたのは2010年。知人に勧められてアカウントを取得したが、訪れた場所のことを「○○ナウ」とツイートして、何が楽しいかと疑問だった。ほぼ1年間、何もツイートせずに過ぎた。ツイッターが有益な情報発信手段だと知ったのは、東日本大震災と福島第1原発事故のときだ。編集局兼務だった私は「記者の目」で「事態を冷静に見守ろう」と主張する記事を書いたが、一線の記者ではないため、ニュース原稿を書く立場にはない。「空間放射線量は急激に減衰しており、これは半減期が8日の放射性ヨウ素が多いことを示す」という記事を出稿してみたが、編集局に採用されることはなく、幻の原稿になった。そこで、私はツイッターで、データに基づく放射線影響の分析を発信することにした。冒頭のプロローグで記したように、福島県民がすぐに避難すべき状況ではない。それをデータに基づき、論理的に主張するツイートを繰り返した。それにより、私は「御用記者」のレッテルを張られた。ウェブ上に「御用記者リスト」なるものがあり、堂々と（？）名を連ねた。私は原発推進派であり、政府や電力会社の意向に沿い、原発事故の影響を過小評価する記者だと非難する人たちがいた。

私はそれまで脱原発を基本姿勢として記事を書いてきた。脱原発の旗手として著名な高木仁三郎さん（故人）を最も取材して記事にしたのは私だと思うし、高木さんの若すぎる死去（２０００年、享年62歳）の際には、ワシントン支局にいながらも、追悼の「記者の目」を書いた。私がいずれは原発に頼らない社会にすべきだと考える理由は、原発が有限なウランの存在を前提としていることと、重大事故の危険性をぬぐえないことの2点からだった。私が事故後に訴えたのは、「原発への評価と、放射線影響を分けて考える」ことだ。反原発・脱原発を主張する人は、原発事故に由来する放射線による健康影響をことさら大きく主張する傾向にあった。「原発事故による放射線影響は多大だから、危険な原発を止めるべきだ」という論理だが、それは間違っている。放射線による健康への影響は、それ自体としてデータに基づいて科学的に判断されるべきだ。

事故の少し前、毎日新聞に掲載された高レベル放射性廃棄物処分に関する広告に関連して、専門家と私の対談がウェブに掲載されていた。私はその中で、「私は原発は過渡的エネルギーであると考えます。核燃料を再処理して利用する核燃料サイクルは中止すべきだと思います」と明確に主張していた。私に原発推進の御用記者のレッテルと張ろうとした人も「確かに脱原発と言っている」とツイートした。

ごくわずかのフォロワーしかいない私の応援者となってくれたのが、面識のなかった糸井重里さんだった。私のどのツイートをご覧になったのか定かではないが、「冷静に、ときに熱く、福島の問題を語っている」と、私のアカウントのフォローを勧めてくれた。1日でフォロワーが数千人も増えた。糸井さんの影響力はすさまじい。私は伝説のコピーライターである糸井さんにお会いしたいと考え、連絡を取って会いに行った。飾らない人柄に好感を抱いた。

当時、原発事故に関するツイッターの世界で、有名人の一人は東京大学理学部教授の早野龍五さんだった。早野さんともツイッターでつながった。私はツイッターでしかつながっていない人たちと、実際に話をしたいと考え、「ツイッター友の会」を企画した。毎日新聞社のあるパレスサイドビルでツイッターのオフ会を開催したのだ。これに、早野さんが参加してくれた。早野さんは日本の物理学界では著名な仁科記念賞を受賞している学者だが、にこやかな笑みを欠かさない人だった。こんなつながりを持つ糸井さんと早野さんが『知ろうとすること。』（新潮社）という本を出版した。私が見過ごすはずはない。すぐに、糸井さん、早野さんにトークイベントの開催を打診し、快諾を得た。「知ろうとすること。」は主に原発事故の放射線影響について、糸井さんの問いに早野さんが答える形で構成されている本だ。

⑥「知ろうとすること。」イベントを開催

毎日メディアカフェのホームページに糸井さん、早野さんのトークイベント「**『知ろうとすること。』からはじめよう**」の開催を告知すると、数日のうちに、定員180人が埋まった。糸井さん、早野さんの集客力は破格だった。2014年10月29日に開催されたイベントでは、私がコーディネーターを務めた。中身の濃い内容で、含蓄のある言葉が随所にあった。抜粋して以下に紹介したい。

――震災直後のことを振り返ってください。

糸井さん　あの時は「何も分からなかった」というのが僕の思いです。当時、「どちらの選択も尊い」と明言しました。あのころ、東京には「どう避難するか」を考えている人がいた。その一方で、「俺は逃げないぞ」という人もいた。僕自身はどこかに出ても、残っていても、後でみんなでやらないといけないことが絶対にある。だから「残った」だの「出た」だのという話をあまり強調

すると、チームプレーに差し支えると思ったのです。だから「俺はいるよ。出てうまくいったとしても、また戻ってくるに違いないから、出た方がいいとか、残った方がいいとか人に言わないで勝手にやる。だからどちらの判断も尊い」と言いました。

――早野さんは給食陰膳調査の提案を毎日新聞（2011年10月20日付）に寄稿しましたね。これはどういう考えですか。

早野さん 当時から「測ったところでどうせ0ベクレルかそれに近い値だろう。検査に無駄にお金をかけているだけでは」という批判もありました。僕は当時、首都圏では0ベクレルだろうと確信を持っていましたが、福島県内では場合によってはたまに1食に2～3ベクレルの値が出るかもしれないと思っていました。2011年の夏に文科省の担当者に給食を測ろうと提案したのですが、「もし出たら現場が混乱するから測りたくない」と言われました。ウェブでアンケートを取りました。その結果、7000人くらいの回答が寄せられ、多くはやった方がいいとお答えいただきました。これを見ても、人々の納得のためには正しく測って公開を続けるのが必須なのではないかと思いました。そこで、毎日新聞に寄稿したのです。

糸井さん そのころはある程度、事実が積み上がっていて問題は見えやすくはなっていたと思います。早野さんの意図はツイッターを読んでいるだけで、よくわかりました。「0でなかったらどうするんだ」という発言に対して、「0でないなら、ない時のやり方はあるし、おそらく0だというのを見せる」というやり方はわかりやすいなあと。でも、「いまごろか～」と思ったんじゃないかな。「もっと早く」は逆に言うとできにくかったのかな。震災直後と10月の段階ではだいぶ違う。

最悪の事態はどうなるのか、というのがテレビの画面から流れてきたり、最悪の事態だけを語る人に対しても、みんなが「それなりにありうる」と思って聞いたり、読んだりしていたのはおそらく11年の夏ごろまでじゃないですかね。

僕が「あれれ」と思ったのは、どういうリスクがあるかを語る人が、どうしたらいいかを一言も語らなかったことです。それが困ったなと思っていました。テレビも新聞も雑誌も、平常な状態ではなかったので、危ない話の方が耳目を引きつけられる。最悪の事態が来ると強調する人が、どうすればいいかと聞かれたときに「知りませんよ」と答えたことを覚えています。僕はそこにかなり反応しました。みんなのために「危ないぞ」という役割はあります。でも、どうするかという話に「やったのは東電と国だから知らない」という態度ではついていけない、と思ったのです。この件はツイートもしていないし、誰にも話してもいません。ただ、自分で「俺はこの考えについていけないな」と思った。

そこで、4月に「自分が参考にする意見」のツイートをしました。（注：「ぼくは、じぶんが参考にする意見としては、『よりスキャンダラスでないほう』を選びます。『より脅かしてないほう』を選びます。『より正義を語らないほう』を選びます。『より失礼でないほう』を選びます。そして『よりユーモアのあるほう』を選びます」というツイート）。そのころは早野さんの仕事も見ていましたし、「知りませんよ」も見ていた。最悪の事態もありうるだろう、と覚悟もしました。それでも「知りません」のほうにはいられないと思い、気持ちを整理したのがあのツイートの文章です。

――2011年の夏にはちょうど「内部被ばくが怖い」という話が広がっていました。そのときに提唱した給食陰膳調査はタイムリーな仕事でした。

早野さん　ツイッターでかなりの発信をしましたが、それ以上に実は読むことが大事でした。内部被ばく問題をどうにかした方がいいと真剣に思ったのは、ちゃんとリアルタイムでツイートを読んでいたからです。フォローはしていないけど、賛否に関係なく、いろんな意見を読む。そこから次に何をすれば「自分の時間の使い方としてベストか」を考えました。ツイッターは非常に良い指針となりました。

糸井さん　ツイッターもフォローというのは「あなたに賛成」というニュアンスが入りますよね。知りたいけど、賛成ではないという意見に目を通す必要はあります。僕はこの前、「フォローを50人しかしていないやつに言われたくない」と言われました。その方からすると、耳をふさいで生きていると見えるわけですね。「あいつがいろんな人の意見を満遍なく聞いて判断をしていると思ったら大間違いで、自分にとって都合の良い意見を耳に入れている」と批判しているつもりなのです。でも、僕には「名称未設定フォルダ」というのがありまして（笑い）。意見を拾うために時々、パトロールしてチェックしています。早野さんと問題意識は同じで、いろんな意見を知っておく。

――内部被ばくについて給食陰膳調査は口から入るものをチェックし、さらにホールボディーカウンター（WBC）で体の中にどの程度あるのかという数値も集めていました。両方を同時に測定し、データを集めるのは当初から狙っていたのでしょうか。

早野さん　いや、僕はそれほどプロじゃなかったし。2011年11月までWBCの実物を見たこどがなかったです。もちろん、知識はありましたが。給食で陰膳調査をやろうといったのはコストパフォーマンスがいいからです。給食1食を測れば、大勢の子どもの内部被ばく量を知ることにつながる。保育園も多くは1日2食、これを週に6日出しているところもある。南相馬市の保育園と学校給食で始めました。最初はポケットマネーで、その後は皆さまからの寄付金を活用させていただきました。

WBCを真剣に取り組みはじめたのは、南相馬市立総合病院の坪倉正治医師と福島県立医大病院の宮崎真医師との出会いからです。坪倉先生が私のところに来たのは尿検査がきっかけでした。セシウムはおしっこで出ていきますから、検査では出ていく方を測るわけですね。南相馬でもある会社が尿検査をやって、「セシウムが出た」という結果を出し、ニュースなどで取り上げられたことがありました。それの取り扱いについて、かなり悩まれて相談に来ました。「なんで数値が出るのか」「どのような装置なのか」といったところから質問が始まり、夕方から夜の11時ごろまで、話しました。これは現場に行かないと分からない、ということで現場に行くことになりました。

2か月くらい調べていると、福島県内に当時あった全ての種類のWBCの結果を見ることができた。見比べて分かったことは、内部被ばくが思っていた以上に少ないことでした。同時に、とんでもない数値を出す装置は調べないといけない、ということも分かった。現場で困っている先生方がツイッター上で僕を見つけて、引きずり出した。それが3年間以上、深く関わることになる最初のきっかけでしたね。

——早野さんの調査で内部被ばくは低いということが分かりましたが、いまなお怖いという人も

います ね。福島の女子高校生が「私は将来、子どもが産めるのか」と心配する言葉、これがその象徴だと思います。

糸井さん　この本のことで僕と早野さんが初めて会ったのが……。

早野さん　2013年9月くらい。このころには、福島の内部被ばくは心配する必要がないと十分に確信を持って言えるレベルになった。論文も書きました。論文を書けば学者の仕事は終わりですが、もっと多くの方に伝えたいと思いました。福島県内にも心配している方がいる。福島県の中と外では情報格差もある。福島県のことはまずいこと以外は報道されにくい。そこで、これまで調べて何が分かったか、まとめの本を出したいと思ったのです。本の編集者と一緒に糸井さんの事務所を訪ねました。そのときにはまだコンセプトが決まらず、いろんなことを話していましたね。いただいた質問の心配（「子どもを産めるのか」）の問題は、現場でデータを見ている我々は「心配する必要ない」と言いたかった。

糸井さん　いわば火事があった時に、消防士さんが「鎮火」というみたいな。でも、まだ火種が少し残っているとみんな思っている。

早野さん　そうそう。だから今までとは違うメディアで、ツイッター上で情報に触れてこなかった人にも届けたかった。

糸井さん　初めてお会いしたときに「勝負あった」という言葉が出ました。すごく覚えています。僕が近所の人と話すときは「早野先生は勝負あったという言い方をしていたよ」と言います。これでだいぶ心が落ち着くようです。論争をしなくてもいいくらい、問題が見えてきたことが分かるからです。ですが、これを丁寧に伝えようとすると袋小路に入っていく。どこまでいっても終わらない。だから最初は「本を作るといっても難しい」という話をしました。

早野さん　そうでした。最初は袋小路をどう抜けるかとか、誰に向かって出すのかということをずいぶんと話し合いました。最初のころ、糸井さんが絵を描きましたよね。

糸井さん　絵といっても簡単なものです。最初に2本の線を引きます。それぞれの線の外側にはばらばらと人がいる。そして、真ん中に大勢の人がいる。僕のイメージでは65％は真ん中にいると思っていました。

早野さん　僕は80％くらいと思った（笑い）

糸井さん　普段、仕事のときでも賛成の人がある数いる。反対もある数いる。ものが動いていくと、どっちが正しいとか言わなくても、自然と向きができてきます。真ん中にいる人たちが「私はこう思う」と、すーっといく向きがある。真ん中の方に向けた本はなかったなと思った。周囲の人たちに「俺はもうその考え、やめたんだよ」って言ってくれる層が必要になるんじゃないか。そこに向けた本にしよう、と思ったんですね。

早野さん　本の感想をツイッターとかで読むと「こういうことをもっと早く言ってほしかった」とあるのですが、やっぱり3年過ぎないとできなかったことがいっぱいある。データの蓄積もそうですし、糸井さんと最初に「ほぼ日」で対談した時に「そろそろいいかな」という言葉がありました。こう思う時間が必要なんですよね。

――出版後の反響を教えてください。

糸井さん　相当、注意深く、丁寧に作ったつもりの本です。文庫で出すことは決めていましたので、初版は万単位で印刷されましたが、売れるかどうかはわからなかった。ところがなんか勢いが感じられたので、これは「足りなくなるかもな」と思いました。思ったより早野さんが宣伝に協力的なんです（笑い）。

早野さん　「御用学者」と、金を出せばなんでもやる「資本主義の手先」がくっついて出す本（笑い）。だから、相当あしざまに言われるだろうというのも覚悟した。現に一部で言われていることも知っています。でも、いただいた感想や書評を見ていると、皆さん本当に素直に読んでくださっていて喜んでいます。発売日前に重版も決まりました。2人のツイッターのフォロワー数を足すとかなりの数になって、そこで知った方も多いと思うのですが、本当はそれ以外の方に読んでいただきたい本です。

――今後の被災地や福島とどう向き合いますか。

糸井さん　初期の段階からしつこく言っているのは「自分たちが何かできるものだと思わずにやりたい」。今でも、この方針は守っています。これは（稲穂を見せて）、会社の隣のビルの屋上で作ったお米です。福島県郡山市の米農家の藤田浩志さんのところのモミを使って、牛乳パックに土を入れて苗を作り、それを植えて、ここまで実りました。福島のお米を僕らが育てて何をやりたいかというと、検査済みの意味が分かりたい。0ベクレルだというお米を育てて、食べてみましょうと。福島の林業とも組み合わせて、家に田んぼを作るというキットを販売しようと思っています。家にバケツで育てるよりも、農業らしいキットを作ってみたい。福島の田んぼセットが名物になるかもしれない。「ベクレルが……」と脅かすムードだけじゃなくて、自分の手で実際に育てたお米を食べて「へたくそだな～」と言うのもいいし、じっと見てお米育てることはすごいことなんだと感じるのもいいと思います。

――最後に一言ずつ、トークを聞いた方に向けたメッセージをお願いします。

糸井さん　僕自身は数字も理屈も覚えていません。人に説明するためじゃなかったら、僕は僕が分かればいい。論争するために生きていないので、「なるほどなぁ」って思えるかどうかを大切にしています。熱心にそれだけやっている人に「このデータも知らないのか」と言われたら心が揺らぎますよね。そのデータはどこから来ているのかとかを調べている人の生活というのは仏教でいえば「出家」なんです。僕らは「在家」なんで、朝晩のお勤めをしていればいいんです。在家は「何か説明しろ」と言われてうまく説明できないのはダメじゃないんです。それくらいの軽い気持ちで、自分の問題としてとらえ直してほしい。これは、そのための本です。「こいつ、こんなことも分からないで聞いているんだ」と思ってもらえればいい。在家のすすめです。

早野さん　やりにくいよね、ここまで言われると（笑い）。ひたすら数字を見てきた人間から言うと、役割が違うんですよね。この役割が違う二人が組んで本を出すことができたのが良かったと思っています。ネットやソーシャルメディアを上手に使ってください。のめり込むと悪い気分になります。でも、うまく使うと、とてもポジティブな気持ちになることもあるし、ポジティブな結果を出すこともできます。ネットは小さな現実離れした世界です。そこで論争をして勝った、負けたといっても、福島の現場には全く関係ない。気軽に楽しく、熱くならず、ポジティブにいろんなことを考える道具として使っていきましょう（拍手）。

分野は違うものの、知性に満ちた2人の対談がいかに実りのあるものだったか、この抜粋で感じていただけたと思う。

糸井さんは翌2015年4月11日に開催された、**「福島を知ろうとすること」**開沼博×糸井重里『はじめての福島学』刊行記念トークイベントでも、開沼さんの対談相手として登壇してくれた。開沼さんは福島県いわき市出身で東京大学文学部卒業、同大学院学際情報学府博士課程単位取得退学。修士論文を改訂増補して2011年6月に出版した『「フクシマ」論　原子力ムラはなぜ生まれたのか』（青土社）が第65回毎日出版文化賞（人文・社会部門）を受賞した。

気鋭の社会学者である開沼さんが著した『はじめての福島学』（イースト・プレス）刊行記念のトークイベント。タイトルの「福島を知ろうとすること」はもちろん、糸井さんと早野龍五さんの共著『知ろうとすること。』を意識している。『はじめての福島学』の内容を踏まえながら、私たちは福島に対してどう関わっていけばよいのかを語り合ってもらった。以下はその抜粋だ。

糸井さん　開沼さんはしゃべっている文体にしている。なぜ、そうしたのかに思いをはせました。何とか伝えたいという努力に頭が下がりました。しゃべっている文章を手で書かないと伝わらないと著者が考えた。読んでいる人間が疑問を感じるタイムイングで入れ込んでいかないと通じない話だから、こうしたのだと思います。書き言葉だとそれができない。なぜ本を出すか、当ててやろうではなく、このことを読んでもらいたいという思いが感じられました。

開沼さん　伝えなければということが一番でした。放射線の問題、雇用の問題など、伝わっていない。最初は福島を知る10の数字みたいな本を考えていたのですが、25の数字にしました。入り込ませる形式として、受験参考書の講義を語り起こした形式がロングセラーになっています。そういう形式にしました。書いているのですが、語り起こしの文体を採用しています。

糸井さん　戦いをするのには僕は飽きています。その人が現場に行ったら、何ができるのかという目で見ています。論争で勝つか負けるかではなく、使えるかどうかで人は区別するようになったと思います。福島県出身の開沼さんの本気さが本に表れています。

開沼さん　これが話題にならないと、という気持ちはありました。あおり系、陰謀論の本もあります。難しい言葉を聞きたくないという声があります。福島本を出さなくなるという危機感もありました。一般の人にも刺さるような本にするよう考えました。

糸井さん　開沼さんが言っていることは難しいことではない。「そんなことは知っていた」という人がいます。もっと、本音の部分、生活の部分で考える必要があります。

開沼さん　このデータの話をすれば議論がとまらず、感情的にならないですむと言ってくれた人もいたし、届かない人には届かないという意見もありました。糸井さんにとって、福島の問題は難しかったですか。

糸井さん　何ができたか、僕には分かっていない。触れることをしたい、1ミリが見えればいいと、福島に関わっています。僕は当事者ではない。分からないというところから始まっています。

誰が見ても理不尽なことだけ、それはいけないよと言う程度のことをするだけで、現場の人には役立ちます。ヒントは何か、ちょっとだけ見えているのは風化です。風化は良くもあり悪くもある。講演会で早野龍五さんが「内部被ばく問題は勝負あったと思っています」と言っていました。（早野さんの好きな）歌舞伎の言葉みたいですが。科学者として言い切れる場所まできたということは、皆さまの前に製品化してもよいと思いました。それが「知ろうとすること。」です。郡山市の農家の藤田浩志さんのところのモミだねを使って稲を育てましょうという商品キットを作っています。2年前にそんなことをすると、「お前ら、そんなことを」ということに、いちいち反論しなければならない。検査済みということだけ書いています。モミだねと土を使って、育ててみると、実感として、何を騒いでいるのかと思うでしょう。

開沼さん　福島の本ではありますが、格好つけると、民主主義を回復する本だと言っています。まず、事実を押さえて、そのうえでの議論が必要です。

糸井さん　どんなキャッチフレーズを作っても、だめなものはだめです。「洗って、乾かして、たたんでくれる洗濯機新発売」というコピーにかなうものはありません。広告を先に作っておいて、それ本当かよと言って、それを作るというのが広告の理想だと思っています。事実として売れるに決まっているものを作るのが一番です。

開沼さん　本の中では福島にかかわる方法があるのかを考え、「買う行く働く」というコピーを提案しています。喜怒哀楽のうち、楽しい、喜ばしいということにつなげられるといいと思います。小さく見えても成功事例を作ることが重要だと思います。

　このようなやりとりが交わされた。福島関連のイベントはそれ以降も数多く開催した。のちに詳細を報告するが、いったん、ほかの分野のイベントを紹介したい。

⑦ 著名人も続々と登壇

毎日メディアカフェは原則として、登壇者に謝礼を出さなかった。「社会課題解決に向けて発信したい人に、無料で場所とシステムを提供する」という基本方針にした。参加申し込みとその管理、当日の設営や受付などの業務を毎日メディアカフェ事務局が担うため、登壇者は容易にイベントを開催できる。さらに、毎日メディアカフェのフェイスブックでの詳報、毎日新聞東京都内版記事が掲載されるというメリットもある。コロナ禍の前は、イベントの後、登壇者と希望する参加者による懇親会を開催していた。一部の時期を除いて、東京都内版の記事とフェイスブックの詳報の原稿は私が書いた。イベントの多くは午後6時半から午後8時という設定だった。イベントが終了する午後8時に、東京都内版に記事を出稿する。それから1時間半ほどでフェイスブックに3000字前後の詳報をアップして、懇親会終了までに東京都内版の記事のゲラと、フェイスブック詳報を登壇者、参加者に見せるという、酷な任務を自分に課していた。

２０１７年７月12日、毎日メディアカフェのイベント「**やり抜く力を育てる〜スズキ・メソードと日本将棋連盟、トップ対談**」が毎日ホールで開催された。スズキ・メソードの早野龍五会長と、日本将棋連盟の佐藤康光会長の対談だ。

当時、中学生棋士の藤井聡太四段のプロ入り後29連勝の新記録達成や、将棋の壮大な世界観を描いた映画「３月のライオン」の公開など、将棋にまつわる話題が相次ぎ、将棋人気が高まっていた。その将棋界の舵取りをしていたのが、17年２月に就任した佐藤会長だった。早野龍五さんは16年８月、音楽教育を推進するスズキ・メソードの５代目会長に就任した。その際に、毎日メディアカフェ協賛団体になってくれた。協賛団体の企画として、早野さんが佐藤さんとの対談を実施した。早野さん自身がスズキ・メソードで育った人だったように、佐藤さんもスズキ・メソードで４歳からバイオリンを学んだ。今も演奏を折に触れて披露する「バイオリンを弾く棋士」でもある。対談は早野さんが聞き役となり、佐藤さんに将棋の世界を語ってもらった。一部を紹介する。

早野さん　頭の中がどうなっているのか、見てみたいですね。座学と実習がありますが、どう勉強するのですか。

佐藤さん　電車に乗ったりしたときにも頭の中に将棋盤が入っているので、勉強することはできます。24時間いつでもどこでも勉強できます。一人で勉強する時間は必要ですが、練習将棋を指すことで全体的なトレーニングになりますね。

早野さん　科学では、この方程式を知らないといけないというのはありますが、定跡を覚えていないとだめというのはありますか。

佐藤さん　それはありますね。定跡は知識なのですが、先入観にもなる。当然、知ってはいるのですが、うのみにはしない。部分部分のセオリーはありますが、終盤はその時その時に読まなければならない。

早野さん　強くなるには。

佐藤さん　過去の激闘を自分なりに並べ直して、強さを学ぶ。詰め将棋の問題を解いたり、名勝負の棋譜を並べながら勉強しました。

早野さん　コンピューターから学ぶことはありますか。

佐藤さん　ソフトが強くなって棋士が苦戦していますが、若手はコンピューターに影響を受けていますね。私は人から聞いた指し方を使うのが好きではなく、自分で発見したいという天の邪鬼なところがありまして。コンピューターは人間にない常識があり、自分を高めるために使うということです。

早野さん　探索と評価をセットでプログラムするのでしょうが、人間が読むときは何をしているのですか。

佐藤さん　速く読むのも強いのですが、読まないのも強さです。大局観、ぱっと見た時に形勢判断ができて、どうすれば良いのかを判断する。これは過去の蓄積ですね。それを生かして、しらみつぶしに読むことはありますね。

早野さん　長考の時には何を考えているのですか。

佐藤さん　ここが急所という局面で長考するのですが、長考したからいい手をさせるわけではない。迷っている時間も多いのですね。二つか三つのどれがいいかと。羽生善治さん（元名人）と対戦した時、長考して指したのですが、その6手後に読みにない手を指されて、いったい何を長考したのかと後悔して、それがマイナスになったことがありました。

早野さん　棋譜はどのぐらいありますか。

佐藤さん　約20万局残っています。私は公式戦を1500局ほど指しましたが、局面は記憶に残っています。こう考えたからこう指したというのは覚えています。

早野さん　他の棋士の頭の中は分かりますか。

佐藤さん　基準が違うなという人はいます。積み上げてきたものがありますので。自分はチャレンジすることが好きなので、指し手にびっくりされることがありますが。歴史を重視する人もいるし、同じ戦法の人もいます。加藤一二三先生は50年以上も棒銀を指されています。

早野さん　将棋連盟のサイトに「考え続ける力を身につけるのは将棋以外でも役に立つ」という言葉がありました。子どもたちが将棋に熱中することの意義は。

佐藤さん　分からないから考える。分からないけど考え続けるというのは大事なことです。精神的な面であきらめない、根気強く続けられる。取捨選択して読みに入れるといいのですが、最初は分からないままに読む。9割方間違っているわけですが、蓄積によって、取捨選択できるようになるといい。

早野さん　子どもたちに一曲弾けるようにするまでにハードルが高いのですが、共通性はありますか。

佐藤さん　試行錯誤しなければたどりつけないものがあるという点で、共通項があるのかなと。

早野さん　研究は役に立つことをやれと言われる。将棋も役に立たないですよね（笑い）。どこに価値があるのでしょうか。

佐藤さん　現在の形になって500年。誰が原型をつくったか分からないのです。将棋は奥が深い。奇跡的なゲームだと思っています。答えがあるのかないのか分からないのですが、真理に近づいていく。こんなに要素が詰まっているゲームはないと思っています。

（事務局からの質問）「やり抜く力を育てる」には。

佐藤さん　目標を決めて、それに向かってあきらめずに努力する。気持ちを持ち続けることによって、力が育つのかなと思います。

早野さん　文科省の学習指導要領で生きる力といっていますが、世の中に出ても大学で習ったことを仕事にして生きていける人はほとんどいない。小さい子どものうちに、何かやったという経験があるということが大事ではないか。音楽を弾けるようになるといった、やりとげる喜びを味わう、何かに集中してやることがやり抜く力を育てると思います。

将棋プロでは、「ひふみん」の愛称で知られる将棋界のレジェンド、加藤一二三・元名人も登壇した。2018年12月12日のことだ。「**加藤一二三さんトークショー・ひふみん流 幸せの見つけ方**」は、加藤さんが自身の信仰に基づく生き方をつづった新著『幸福の一手　いつもよろこびはすぐそばに』（毎日新聞出版）刊行を記念して開催された。加藤さんは１９４０年1月1日生まれ。54年、14歳で当時史上最年少の中学生プロ棋士となり、「神武以来（このかた）の天才」と呼ばれた。58年、史上最速でプロ棋士最高峰のA級八段に昇段。82年に悲願の第40期名人になった。２０１７年6月、77歳で引退。現役期間は62年10か月（歴代1位）。公式戦通算対局数２５０５局（歴代1位）。敬虔なキリスト教信者（カトリック）で、１９８６年、ローマ法王から聖シルベストロ教皇騎士団勲章を受章。棋士引退後は、将棋講師を務めるほか、数々のバラエティ番組にも出演し、人気者になっていた。

新著は「人間関係は肯定するところから始まる」「温かい言葉を心の中に貯金する」など、自身の体験に基づいた、心に残る言葉が数多く記されていた。

講演で、加藤さんは「先ほど、16歳の藤井聡太七段が最年少、最速で１００勝を達成したというニュースを見ました。大記録です。将棋界はブームになっています。この加藤一二三と藤井さんが対戦して、一気に盛り上がったのです。藤井さんは60年ぶりに出てきた天才ですが、数々の記録をずっと前に加藤一二三が作っていたということになります。私は信仰を持っているので、神様のおかげだと思います。私が引退して3、4年たってから藤井さんが出てきたとしたら、つまらなかったでしょう」「生涯の中で最もうれしかったのは、名人戦で中原誠名人に勝って、名人になったことです。10番勝負を戦い、最終局は95％負けている将棋を勝ちました。神様のお恵みと確信しています」と話した。

信仰については、「人間は神様に愛されているから存在するのです。善人にも悪人にも配慮くださっています。神様から愛されていなかったら、存在していません。繰り返し神様にお願いするほうがいい。憎しみがあってはいけないし、清く温かく好意の目で見ることが大事です。人の悪口を言わないようにしましょう。人を追い詰めない、寛容であることがキリスト教の特徴です」と語った。

質疑応答の後、記念撮影をした。本を持って決めポーズをしたひふみんに、会場の女性から「かわいい!」の声がかけられた。サイン会では、長蛇の列が続いた。加藤さんは一人ひとりに丁寧にサインし、言葉を交わしたり、握手をするなどして、穏やかでサービス精神にあふれる人柄を見せていた。

毎日メディアカフェに登壇した著名人は数多くいる。作家の平野啓一郎さんは2015年7月20日、当時毎日新聞朝刊に連載中の平野さんの小説『マチネの終わりに』のトークイベント「**クラシックギターを語る**」で、音楽評論家の濱田滋郎さんとともに登壇した。二人は小説の主人公で天オクラシックギタリスト、蒔野《まきの》が演奏する曲などについて語り合った。

落語家の林家たい平さんは2015年11月21日、『林家たい平の落語のじかん』(毎日新聞出版)出版記念のトークイベント「**毎日たい平寄席**」に登壇した。たい平さんは「落語を聞いて笑う。そういう引き出しがあるだけで、人生が豊かになります。落語は想像力の世界。戦争に巻き込まれた人、いじめを受けている人がどう思うかを想像すれば、戦争やいじめがなくなるかもしれません。

想像力のエンジンを回すために、いろいろな体験をしましょう」と、こくのある話をした。

２０１７年3月4日には、女性学研究者の田嶋陽子さんと大阪国際大学准教授で「全日本おばちゃん党」代表代行の谷口真由美さんが対談した。女性の生きやすい社会づくりに取り組むフェミニストを紹介する大阪本社版の連載記事「**たのもー！　フェミ女道場**」**の記念企画**で、田嶋さんは「女性は性別役割分業で女らしく生きることを強いられている。問題は法律や社会システムにある。人権意識をきちんと持ち、経済力を身につけ、自分らしく生きてほしい」、谷口さんは「男女平等と言いながら、オッサンの社会になっている。おばちゃん党は笑いを使って、夫婦別姓問題などの知識や考える材料を提供したい」と話した。

このときに生じた縁で、法学者の谷口さんは、毎日メディカフェ教育シンポジウムなどで再三、登壇している。２０１９年2月26日には、「**前川喜平さん・谷口真由美さん対談　リアル・ハッキリ言わせていただきます！**」で、前川喜平・元文部科学省事務次官と対談した。

米国ハーバード大学卒業の国際派芸人で、「パックン」の愛称で親しまれるパトリック・ハーランさんは２０１７年12月4日、『**世界と渡り合うためのひとり外交術**』**（毎日新聞出版）出版記念のトークイベント**に登壇した。「ひとり外交」とは、国際社会で生き抜くための行動という意味。ハーランさんは「コミュニケーション力を身につけるには、自覚、自信、自己主張がポイントです。興味、関心、愛を持って海外の人と接してみてください」と呼びかけた。

2018年4月20日には、**「大下英治が語る、歴代『幹事長秘録』と安倍政権の行方」**が開かれ、作家の大下英治さんが登壇した。新刊『幹事長秘録』（毎日新聞出版）の出版記念だった。大下さんは自民党幹事長を2回務めた田中角栄元首相の「幹事長は最高のポジションだ」との言葉を紹介し、与党幹事長の権限の強さを指摘した。

「ハゲタカ」などの小説で知られる真山仁さんは初の社会派エッセイ『アディオス！ ジャパン～日本はなぜ凋落したのか』（毎日新聞出版）出版記念のイベント**「真山仁&渋谷敦志トークイベント『ハゲタカ、日本、世界を語る』」**（2018年10月3日）で、フォトジャーナリストの渋谷さんとともに登壇した。真山さんは日本の政治経済、原発、沖縄の基地問題などについて問題提起した同書について、「日本がどうなっているかは小説ではなく、ノンフィクションで書きたかった。現場での肌感プラス俯瞰的な視点を持って現状やあり方を考え、発言していきたい」と語った。

「公務員ランナー」として有名になったマラソンの川内優輝さんは2019年9月3日のトークイベント**「プロランナーとして目指すところ～川内優輝選手を招いて」**に登壇した。川内選手は埼玉県職員時代に、2013年の別府大分毎日マラソンや18年のボストンマラソンで優勝するなどしたトップランナー。19年春、プロに転向、あいおいニッセイ同和損保の所属選手になった。川内選手の座右の銘は「現状打破」。「体調を崩して何のために走っているか分からなくなった時、新聞で現状打破という言葉を見て、自分に必要なのは自立して自分で全てをやる現状打破の心だと思いました」という。同社と川内選手は地域活性化を目的に、マラソンと展示や交流を組み合わせた「マラソンキャラバン」に取り組んでいる。川内選手は「地域を盛り上げたいと考え、それを一緒にできる会社に所属先を決めた。走ることを通じて世界が広がり、さまざまな人と出会えることが走る楽しみです」と話した。

2019年9月11日には、「**内田樹さん『いきづらさについて考える』出版記念講演会**」に思想家、武道家である内田樹さんが登壇した。同書は毎日新聞出版刊。内田さんは「今の政権の特徴を一言で表すと幼児性。スキャンダルや失言が相次ぐのは、子どものように自制が利かないからです。日本人に必要なことは、日常生活の中で、もう少し人間的に成長したい、もっと見識を高めたいと願うおだやかな宗教的成熟ではないか」と持論を語った。

毎日メディアカフェ登壇後にブレークしたのは、ソーメン二郎さんだ。2018年7月の「**ソーメン二郎の『ソ道』のススメ**」の講師を務めたそうめん研究家のソーメン二郎さん（本名・植田鉄也）の実家は三輪そうめんで知られる奈良県桜井市の製麺所。二郎さんはイベントプロデューサーの本業の傍ら、そうめんの普及に努めている。二郎さんは1200年に及ぶそうめんの歴史、機械麺と手延べ麺の違い、おいしい食べ方、新しいレシピなどを紹介した。「手延べそうめんを作る人は高齢者が多く、10年後には半分以上が廃業する見通しです。これまで業界は宣伝に力を入れてこなかった。おいしい食べ方を広め、そうめんブームを巻き起こしたい」と抱負を話した。

このころから、都内にそうめん専門店が増え、ソーメン二郎さんはメディアに頻繁に登場するようになった。

⑧記者報告会を活発に展開

ＳＮＳの普及に伴い、新聞やテレビなどの既存のマスメディアに対する批判が顕在化した。「マスメディアは真実を伝えない」「マスメディアそのものが権力となっている」といった批判だ。「マスゴミ」という侮蔑表現が使われることもある。センセーショナルな報道、誤報をしてもなかなかそれを認めない体質、事件被害者への取材でのメディアスクラムなど、マスメディアにさまざまな問題があることを私は否定しない。しかし、少なくとも、私自身や毎日新聞記者の多くは真実に迫ろうとしているし、社会に有益な報道をしようと思っているはずだ。そうした姿勢を知ってほしいという思いから、記者が自身の取材と、それを通じて考え、感じたことを話す「記者報告会」を重視した。

記者報告会は、いくつかの種類に分けられる。一つは新聞協会賞や日本記者クラブ賞など新聞業界の受賞者の記者報告会。最初は２０１４年８月25日に開催した「**日本記者クラブ賞受賞記念　山田孝男の風知草を語る**」だった。毎日新聞月曜日朝刊でコラム「風知草」を連載する山田孝男特別編集委員は「小泉純一郎の『原発ゼロ』」（13年8月26日）で、脱原発に踏み出した小泉元首相の発言をいち早く報じて論争を喚起するなど、問題提起型のコラムで社会を動かし、ジャーナリズムを活性化させたことが評価された。講演で、山田特別編集委員は「国民は脱原発したいが、どうやって変わるのかという道筋が見えないから態度を保留している」と分析し、「目指すべき方向はどこか。断固として脱原発の旗を掲げなければならない」と語った。

同年10月7日には新聞協会賞受賞記念講演会「**老いてさまよう～認知症不明者問題の取材現場から**」を開催した。銭場裕司記者をキャップとする取材班は、大阪市の施設で約2年間、名前が分からずに「太郎」という仮名のまま暮らしていた認知症の男性がいることを報道した。この記事とその後の取材班の追跡取材が実を結び、「太郎」さんは家族との劇的な再会を果たした。このほか、線路に迷い込み轢死した男性の家族に巨額賠償請求が求められた問題など、さまざまな人間ドラマとともに、「認知症のいま」をあぶり出し、社会を動かした渾身のキャンペーンは2014年度の新聞協会賞、菊池寛賞をダブル受賞した。報告会で銭場記者は、存在を公表することが男性の利益になるのかどうかを葛藤したことや、医師や自治体職員から取材を渋られたりした経過を明かした。銭場記者は「成年後見人の司法書士など、周りの人の熱意があったから取材を続けられた。今後も認知症の身元不明者の公開をめぐる話題について取材を続けたい」と抱負を語った。

銭場記者はこの後、イベントの企画に協力してくれた。18年4月25日、認知症の男性が列車にはねられた死亡事故でJR東海と裁判を闘った男性の長男、高井隆一さんを招いての講演会を毎日メディアカフェで開催した。さらに、19年4月下旬、「いただきます」ウイークを実施した。1年3か月にわたる毎日新聞社会面の連載企画「いただきます」をまとめた『**いただきます　平成　食の物語**』**（ブックマン社）の出版記念企画**。イラストを担当したイラストレーター、佐々木悟郎さんの作品31点を展示した原画展から始まり、50分働くと一食無料になる「まかない」のシステムで知られる未来食堂（千代田区一ツ橋）を運営する小林せかいさんの講演、女性棋士の食事と奮闘を描く漫画「将棋めし」の漫画家・松本渚さんと、35歳で特例の試験を突破して将棋プロになった瀬川晶司六段の対談、自身の介護体験を生かした簡単でおいしい介護食づくりを提案する料理研究家・クリコさん（本名・保森千枝さん）の講演などを、連続開催した。

17年10月5日には、梅村直承記者報告会「**新聞協会賞受賞　ボルトも驚がく　日本リレー史上初の銀**」が開催された。毎日新聞東京本社写真映像報道センター所属だった梅村記者は16年のリオデジャネイロ五輪で撮影した写真「ボルトも驚がく　日本リレー史上初の銀」で17年度の新聞協会賞（編集部門）を受賞した。写真は陸上男子400メートルリレー決勝で、王者ジャマイカのアンカー、ウサイン・ボルト選手が競り合っていた日本のケンブリッジ飛鳥選手に驚きの視線を送る一瞬を捉えた。新聞協会の長い歴史の中で、スポーツ写真が協会賞を受賞したのは初めてだった。

梅宮記者はリオ五輪でどんな写真報道をしたのかを写真で見せながら紹介し、「毎日新聞は記者5人で写真を撮っていました。表情、気持ち、涙から試合を想像していただく、選手に迫ることを求め続けました。今はインターネットで動画が見られます。そんな時代だからこそ、一瞬の動き、表情をとらえられないかと考えました。どうやって、競技や五輪そのものを伝えられるか。躍動する表情をとらえるために、焦点距離の長いレンズを使いました。２００ミリよりも６００ミリの超望遠レンズにこだわりました」と語った。

さらに、19年3月29日、**『強制不妊　旧優生保護法を問う』出版記念記者報告会**が開かれた。毎日新聞のキャンペーン報道「旧優生保護法を問う」は18年度の日本新聞協会賞（編集部門）を受賞した。障害のある人々が不妊手術を強制された実態を明らかにした一連の記事を全面的に改稿し、新事実も盛り込んだ単行本『強制不妊』（毎日新聞社出版）が3月に刊行された。それを記念した記者報告会で、取材班から、仙台支局の遠藤大志記者、生活報道部の上東麻子記者、医療福祉部の藤沢美由紀記者、地方部の栗田慎一デスクが参加、毎日新聞出版雑誌本部長の潟永秀一郎さんが進行役を務めた。

最初に、栗田デスクが強制不妊問題について、「優生保護法は1948年に国会議員提案で成立しました。障害の種類をいくつか掲げて、『不良な子孫の出生を防ぐ』と明記して、不妊手術を強制した法律です。1996年まで続きました。優生保護法を所管した厚生省の統計によると、強制と同意を合わせて少なくとも2万4991人います。報道を始めたのは法律の改定から22年目です。その間、この問題を提起してきた人はたくさんいます。今年、ようやく国会が被害者に対して補償する法律を制定する見通しです」と概要を説明した。

宮城県の60代の女性、佐藤由美さん（仮名）が義姉に支えられ、「不妊手術の強制は憲法違反にあたる」として、国会賠償と謝罪を求めて提訴する方針であることを、毎日新聞が２０１７年12月３日朝刊で特報した。これを機に、キャンペーンが始まった。

この記事を書いた遠藤記者は「１９９６年の法改定で強制不妊の条項が外されました。それから、なぜ20年以上、放置されてきたのか。問題が見過ごされてきたわけではない。97年には『優生手術に対する謝罪を求める会』が発足しました。宮城県の70代女性の飯塚淳子さんは中学時代に障害児認定されて強制手術をされました。97年、国に謝罪を求める活動を始めました。ところが、飯塚さんは手術の記録がなかった。宮城県が破棄していたからです。それで、大きな動きにはならなかった。研究者の市野川容孝・東京大学大学院教授は論文などで問題を指摘してきました。そうした方々の蓄積があって、我々は何が問題なのか、アクセスできる状況があった。報道はその延長線上にあると思います。手術を受けた方は知的障害があったり、教育が受けられなかった方、非行で矯正施設に入れられていた方など、社会的に排除されていた方で、声が上げられなかった。差別、偏見を恐れて言い出せなかった方もいます。１９７０、80年代に優生保護法改正の動きがありましたが、人工妊娠中絶問題がテーマで、強制不妊条項まで気づけなかったという経緯があります」と語った。

続いて、上東記者が「飯塚さん、佐藤さん、北三郎さんなど当事者の証言は重かったです。飯塚さんは7人きょうだいの長女で、朝から晩まで弟妹の面倒をみていました。学校を出た後、障害者施設に入れられ、職親と呼ばれる家庭で奉公しました。そこでは、馬乗りになって叩かれることもありました。逃げ出したこともあったが、また戻されました。知能テストで精神薄弱と認定され、職親の奥さんに連れられて、愛宕橋の診療所で不妊手術を受けさせられました。その後遺症から か、生理のときに体調が悪い。結婚しても子どもができないという気持ちを持ちながら生きてきました。厚労省には、手術は合法だからと言われました。北さんは父と義母に育てられましたが、義母に子どもが生まれると、家に居場所がないように感じ、生活が荒れました。街でけんかすることもあり、教護院という児童福祉施設に連れて行かれました。そこでだまされて、不妊手術を受けさせられた。結婚して、子どもができないと言われるたびに狭い思いをしました。奥さんが白血病で亡くなる前、真実を話しました。被害者である北さんがなぜ奥さんに謝罪しなければならなかったのか、と私は感じました。佐藤さんは知的障害があって、中学3年生で手術を受けさせられました。どの方も、家族にとってかけがえのない方です。ものを言えない人たちへの人権侵害ということがこの問題の本質だと思います」と話した。

性的少数者の取材をしている藤沢記者は「強制不妊手術については、中央官庁、国会の取材を担当しました。それとは別にLGBTなど性的少数者の方たちの取材をしています。共通することがあると感じます。性同一性障害特例法では、トランスジェンダーの人たちが戸籍上の性を変える場合、不妊手術を受けることが必要とされています。それを望む人も望まない人もいます。お金をかけ、健康を損ないながら受けています。当事者が声を上げられない、家族に言えない、周囲に隠して生きているケースも多い。優生保護法に疑問を持っても、そんなものだと思っていたという人がいるように、疑問を持つ人はいても、その状況が変わらない。優生保護法と同じことを繰り返してはいけない」と訴えた。

取材の特徴について、栗田デスクは「キャンペーン報道は通常、何人かの決まった記者がチームで取材します。今回は違いました。記者たちが日常業務をしながら、参加した。いわばオープン型です。不妊手術は全国各地で行われていたので、どこでも取材できる。東京で足りない部分は大阪や名古屋、北海道の記者が取材する。狙ったわけではなく、結果としてそうなりました。入社10年ぐらいの記者が多くかかわった。20年前を振り返ると、非常識なことがたくさんありました。例えば、障害者に対する目線がそうです。社会が少しずつバリアフリー化して、地下鉄で柵があるのが当たり前になってきた。バリアフリー化する過程で育った人は、問題に気づける素地がある。キャンペーン報道に若い記者が参加したのは、そういう背景かと思います」と分析した。

同年、旧優生保護法をテーマにした映画「Ｍｏｔｈｅｒ ｈｏｏｄ」（萬野達郎監督）が制作され、米国ラスベガスで開催された「Action on Film Festival」で最優秀外国作品賞に輝くなど国内外で高い評価を受けた。栗田デスクは19年10月16日、萬野監督を招いた映画上映、講演会のイベントを毎日メディカフェで開催した。

社外の賞の受賞でも、記者報告会を開いた。澤田克己記者報告会「**韓国『反日』の真相を語る〜第27回アジア・太平洋賞特別賞受賞記念**」は２０１５年12月7日に開催された。外信部副部長兼論説委員である澤田記者の著書『韓国「反日」の真相』（文春新書）は第27回アジア・太平洋賞特別賞を受賞した。「反日」の言動が繰り広げられる一方、日本文化が人気を集める韓国。澤田記者は著書で「町中で反日的な空気を感じることがない」と記し、「見えない反日」がなぜ生じたのかを、道徳的「正しさ」を重視する儒教、1987年の民主化、中韓接近など、韓国の歴史や社会の動きを追いながら分析している。澤田記者は「韓国は1990年ごろの経済成長と民主化で自信をつけ、対日関係は垂直から水平の関係になった。日韓両国は新しい構造に対応する必要があります」と指摘した。慰安婦問題については、「日本政府は村山談話、河野談話、アジア女性基金の適切な宣伝をしてこなかったため、それでは足りないという批判を受けて、行き場がなくなった。違う形を模索し、それでも残る不満を政治指導者が説得すべきです」と述べた。

もう一つは、本の出版を機に話してもらったケースだ。2016年2月22日、緊急記者報告会「**東芝不正会計 底なしの闇**」を開催した。報告したのは今沢真・経済プレミア編集長兼論説委員。担当する毎日新聞ニュースサイトの会員向けコンテンツ「経済プレミア」で、東芝不正会計問題を「東芝問題リポート」と題して連載し、これに加筆して『東芝不正会計　底なしの闇』(毎日新聞出版)を出版した。今沢編集長は私の静岡支局での2年後輩で、苦楽を共にした仲間だ。今沢編集長は問題の発端から、第三者委員会の調査による組織ぐるみの利益水増しの判明、歴代3社長に対する東芝の損害賠償訴訟提訴、子会社の米国ウェスチングハウス社の減損処理など、事態の推移を分かりやすく報告した。「歴代社長2人の対立、名門企業の甘えが背景にある。再生には、子会社の減損を誰が隠したかなど、残された謎を東芝自体が解明し、公表することが課題だと考えます」と指摘した。

今沢編集長は17年4月6日に再び記者報告会「**東芝の闇**」を開催。18年2月28日には新著『日産、神戸製鋼は何を間違えたのか』(毎日新聞出版)の出版記念イベント「**企業不正と第三者報告書～日産、神鋼の不祥事に何を学ぶか**」を開いた。久保利英明弁護士との対談形式で、今沢編集長は日産の無資格検査、神戸製鋼の品質検査データ改ざんの経過を報告し、「現場での不正を役員は知らない。現場の孤立、経営者の無関心を感じました」と話した。久保利弁護士は「ゼンショーの労働環境をめぐる問題の第三者調査委員会委員長を務め、会社にとっては厳しい内容の調査報告書を出しましたが、経営者が改善策を打ち出すと、株価は以前よりも上がりました。不正の被害を受けるのは消費者であり、企業は安全について問題があれば、すぐに公表すべきです。経営者が責任を持って判断し、公表すれば、市場は評価します」と語った。

2016年3月17日、会川晴之記者報告会「**核拡散の実態を追う**」を開催した。北朝鮮の核実験やミサイル打ち上げなどのニュースが相次ぎ、核問題が世界で注目されていた。会川編集委員は14～15年、イラン、パキスタンの核開発の現場、日本の核拡散の現場を丹念に取材し、核拡散の実態を描く連載「核回廊を歩く」を掲載した。連載をまとめた『核に魅入られた国家 知られざる拡散の実態』(毎日新聞出版)出版を記念して開いた。会川編集委員は「現場を歩く」「関係者に直接話を聞く」を基本に100人以上に取材したことや、軍事関係取材の困難さを物語るエピソードを語り、「核問題は過去の話ではなく、現在進行形のことであり、知識と関心を持ってほしい」と呼びかけた。

工藤哲記者の報告会「**高齢者セルフネグレクト問題を取材して**」は2018年3月6日に開催された。体力低下や認知症などで、身の回りのことができなくなるセルフネグレクト（自己放任）の高齢者が増加している。その現状を追うキャンペーン報道に携わった工藤記者が著書『母の家がごみ屋敷　高齢者セルフネグレクト問題』（毎日新聞出版）を出版した記念に開いた。工藤記者は家族の死で独り暮らしになった高齢者がごみを捨てられず、ごみ屋敷状態になった例や条例による対策を報告し、「誰にでもそうなる可能性がある。自治体の対応には差があり、国も現状把握を始めたばかりです。記事を通じて、この問題への理解が広がり、対策が講じられることを願っています」と話した。

記者報告会「**立憲民主党は政権与党になりえるか～結党の舞台裏と今後の展開**」は2018年4月10日に開かれた。17年10月の衆院選で、立憲民主党は結党からわずか20日後の投開票で躍進を果たした。毎日新聞取材班が結党の舞台裏と選挙戦を描いた『枝野幸男の真価』（毎日新聞出版）の出版を記念して開催されたこの報告会では、取材班の尾中香尚里記者（社会部編集委員）と田中成之記者（政治部デスク）が立憲民主党の抱える課題などを話し合った。

2018年11月8日の終活セミナー「**これからの『葬儀』の話をしよう**」は、社会部の滝野隆浩編集委員が『これからの「葬儀」の話をしよう』（毎日新聞出版）を発刊した記念に開いた。滝野編集委員は「平成は『葬送大激変』の時代で、共同墓や散骨、樹木葬などが当たり前になりました。

葬儀はかつて地位や会社が担ってきたが、家族や個人に任されるようになっています。そのときのために準備し、仲間づくりをしておきたい」と語った。同書を監修した「お墓博士」の長江曜子・聖徳大学教授は墓や葬送の現場、各国の墓について紹介し、自身が理事長を務めるNPO法人あかねが取り組むエンディングノートについて説明した。

2019年4月10日の小倉孝保記者報告会「**私が中世ラテン語辞書について書いたわけ**」は『100年かけてやる仕事――中世ラテン語の辞書を編む』（プレジデント社）刊行を記念して開催された。英国で2013年、『英国古文献における中世ラテン語辞書』が完成した。この辞書の作成プロジェクトがスタートしたのは第一次世界大戦前の1913年。辞書は100年かけて完成した。英国を含む西欧では中世、公的な文書はほぼすべて中世ラテン語で記述されてきたが、中世ラテン語には辞書の決定版がないため、それを作ろうとした。プロジェクト初期、英国各地にある文献から中世ラテン語を採取したのはボランティアの市民だった。ロンドン特派員時代にこのプロジェクトを知り、関係者を訪ね歩いた小倉記者が取材の経過、英国人気質、特派員の仕事などを語った。

2019年12月13日の記者報告会「『**誰が科学を殺すのか**』**の舞台裏**」では、科学環境部の須田桃子、斎藤有香、荒木涼子の3記者が登壇した。科学技術分野の論文数が先進国で唯一減少するなど、日本の研究力衰退が指摘されている。衰退の実態を背景に迫る科学面の長期連載「幻の科学技術立国」をもとにした『誰が科学を殺すのか　科学技術立国「崩壊」の衝撃』（毎日新聞出版）の出版を記念して開催された。須田記者は政府が進めてきた公的研究費の「選択と集中」の弊害を指摘し、「研究の多様性を認め、ＥＢＰＭ（証拠に基づく政策立案）を実行してほしい」と提言した。斎藤記者は大学研究員の現状を紹介し、「研究資金の確保に追われ、研究の質が下がり、資金が得られないという負のスパイラルになっていると感じた」と述べた。荒木記者は再生医療の研究費配分や事業の問題点をあげ、「無駄を認めないことが研究力低下の一因だと思う」と話した。

初期に登壇してくれた藤原章生記者は２０２０年11月19日、**『新版　絵はがきにされた少年』発刊記念トーク**を開いた。藤原記者はアフリカを舞台とした11の物語からなる『絵はがきにされた少年』（開高健ノンフィクション賞受賞）を10月に新版として柏艪舎から出版した。同書の登場人物を紹介し、「興味を持ってもらえるよう、文体や書き出しを工夫した。アフリカに5年半いたことで、差別、偏見に敏感に反応するようになった。なぜ人は差別するのか、違い世界をどう理解するかを問題提起しています」と語った。

専門家やＮＰＯなどと一緒に登壇した記者も多い。２０１４年10月4日の**「指導死を知る、防ぐ」**では、「指導死」親の会代表世話人の大貫隆志さんと、子どもの自死問題を取材してきた大阪社会部の亀田早苗記者が登壇した。大貫さんの次男は長時間の生徒指導を受けた翌日に自死した。大貫さんはこうしたケースを「指導死」と名付け、防止を求めて活動している。大貫さんは「いじめによる自死に比べて表面化しにくい」、亀田記者は「指導は誰も見ていないので、内容が隠されてしまう恐れがある」と語った。

2018年6月5日の記者報告会「**子どもへの性暴力をなくすには**」では、本紙くらしナビ面で同年2月に連載した「消えない傷　性的虐待に遭って」取材班の坂根真理記者が、この問題に詳しい上谷さくら弁護士と語り合った。坂根記者は「20~70代の方から50通以上の体験談が寄せられました。性的虐待の被害者がいかに多いか、そして心の傷は時間がたっても消えないことを示しています」と語った。毎日新聞記者から弁護士に転身した上谷さんは「子どもの暴力被害は深刻で、子どもが助けを呼ぶことができないケースが多い。子どもが気づくよう、専門家による性教育を実施し、被害を発信できるシステムを築く必要があります」と提言した。

続いて、校閲記者報告会を紹介する。毎日新聞校閲グループは非常に高い士気と能力を持っている記者たちの集団だ。私自身、記者時代、デスク時代にどれだけ校閲記者に助けられたか分からない。校閲グループからの問い合わせで、間違いに気づき、訂正を免れたことは10回を下回らないだろう。記者やデスクの多くは「校閲さん、さまさま」と思っている。取材記者と違って、縁の下の力持ちで、目立たないが、すごい働きをしている校閲記者たちの姿を、ぜひ多くの方に知ってもらいたいと考えた。最初は平山泉記者に登壇を依頼した。平山記者は毎日新聞の1面の顔であるコラム「余録」の筆者と丁々発止のやり取りをしていたことで、社内でも知られる敏腕校閲記者だった。

校閲記者の話にどれだけ参加者が集まるのか、私は半信半疑だった。ところが、告知を開始すると、次々に申し込みがあった。申込者の職業を見て、フリーランスの校閲者、校正者が意外と数多くいることに気づかされた。

2015年3月26日に開催した「**校閲記者報告会**」で、平山記者は校閲記者には、誤字脱字を見つける▽記事で使われる用字・用語を新聞社の表記に統一する▽固有名詞や数字、事実関係に誤りがないかどうかを調べる――など、さまざまな作業があると説明した。この後、意図的に間違いをちりばめた架空の1面ゲラを用意して、参加者に校閲体験をさせた。統計記事での計算ミス、最初に「遠田教授」として登場した人物が記事の後半では「遠山氏」となっている例など、意外に気づきにくい間違いがある。全ての間違いに気づいた参加者はなかった。平山記者は「校閲は間違いを9割見つけたとしても、一つでも見逃せば0点です。誤りをゼロにするのが私たちの仕事です」と語り、参加者を感心させた。

余談だが、平山記者は子どものころから「ひらやまいづみ」と書いてきた。現代仮名遣いで「いずみ」とされているため、仕事上は「いずみ」とせざるをえず、悔しかったという話をした。私はお世話になっている校閲さんに戦いを挑んだことがある。私の戸籍名は「斗ヶ澤秀俊」だ。しかし、毎日新聞社に入り、「斗ヶ澤」は「斗ケ沢」になった。「澤」は旧字体のため、「沢」にされることは仕方ない。私が問題だと思ったのは、「ヶ」を「ケ」とすることだ。「ケ」に違和感のある私は「ヶ」にするよう、校閲グループと交渉したが、「字体の問題とは異なり、人によって変えるわけにはいかず、従ってほしい」と言われ、しぶしぶ了解した。平山記者が似たような気持ちを持っていたとは、意外だった。

校閲記者報告会は人気が高いことを知った私はそれからも校閲記者報告会を何回か開催した。2017年7月6日の報告会では校閲グループの新野信記者が報告し、「読者は新聞が信頼性の高い媒体で、きちんとした記事が載っているという前提で読んでいる。校閲は新聞社の品質管理部門であり、正確な情報を分かりやすい文章で届けること、読み手の視点を持ち続けることを目標にしています」と語った。

校閲グループ（現「校閲センター」）はその後、校閲やことばについてのサイト「毎日ことば」をリニューアルした「毎日ことばｐｌｕｓ」（https://salon.mainichi-kotoba.jp/）を開設して登録数が伸びているほか、校閲の基礎知識や技術を身につけることができる動画「校閲力講座・入門編」リリースなど、活動の範囲を大きく広げている。毎日文化センターでの校閲講座も人気を博している。平山記者は「毎日メディアカフェで校閲の講座を開き、多くの方が来てくださって手応えを得たこと、一人で校正をしている方々と出会い、そうした人たちをつなぐような場をつくりたいと考えたことが、その後の活動の出発点になったと思います」と振り返る。

ほかに、その時々のニュースに関連した記者報告会を開いたこともある。特に話題になったのは、「ＳＭＡＰ愛に満ちあふれた紙面」を作った2人の編集記者の報告会「**ＳＭＡＰ紙面と編集記者の仕事**」（２０１６年2月10日）だった。毎日新聞東京本社編集編成局情報編成総センターでスポーツ面を担当していた佐々木宏之記者、塩崎崇記者は、「ＳＭＡＰ解散か？」のニュースが流れた16年1月13日、ＳＭＡＰのヒット曲名を見出しに使うことを考え、「青いイナズマ」「らいおんハート」など計8曲（地域によっては9曲）の曲名を、1月14日朝刊スポーツ面にちりばめた。この紙面は「ＳＭＡＰへの愛情に満ちあふれた紙面」として、ソーシャルメディアで拡散され、多くのテレビ番組で取り上げられた。ともに１９９６年入社の同期である佐々木、塩崎両記者はなぜ、それを思い立ったのか、見出しを付けた際の工夫、読者からの反響など、ＳＭＡＰ紙面にまつわる秘話を報告した。

佐々木記者はまず、「その日は朝からＳＭＡＰの話題で持ちきりでした。私は44歳、塩崎記者は42歳。世代的にＳＭＡＰに近い。熱心なファンというわけではないのですが、一緒に時代を過ごしてきたという親近感がある。同僚の結婚式で『夜空ノムコウ』を歌ったことがあります。解散するのではないかというのはショックでしたね。ＳＭＡＰはずっといてくれると思っていました」と話した。次に、紙面作成当日の様子を、2人で再現した。佐々木記者「ＳＭＡＰで行くぞ」、塩崎記者「社会面（の見出し）とだぶるんじゃないの」、佐々木記者「曲名で行こう」。これだけのやり取りだった。「ひらめきでした」と語る佐々木記者、「それに乗っかった感じですね」と応じる塩崎記者。同期入社の記者たちのあうんの呼吸だった。「数多くの読者の方がＳＭＡＰの曲だと分かるようなメガヒット曲を使おう。記事の内容とかけ離れたものになっては、記事に対して、アスリートに対して失礼になる。原稿の趣旨に合った曲名を選ぼう」というのが見出しをつける基本姿勢だった。

実際の作業では、最初につけようとした見出しとは別の見出しになることもあった。見開き紙面の右面を制作したのは塩崎記者。プロ野球ＤｅＮＡ・三浦投手の自主トレに付けた見出しは「プロ25年目にＫＡＮＳＨＡして」。塩崎記者は「最初は『青いイナズマ』をつけようとしたが、『青いイナズマは巨人の松本選手だろう』と言われてやめました」。西武・秋山選手の自主トレは「今年も　らいおんハート」。「最初、弾丸ファイターを使おうと考えましたが、『らいおん』を使えるのはここだけなので」。ボクシングの田中選手の2階級制覇挑戦宣言の見出しは「2階級　がんばりましょう」。塩崎記者は「これ以外は思い浮かばない」とコメントした。左面担当は佐々木記者。大相撲・嘉風の「作戦通り　弾丸ファイター」は、「相撲でファイターはどうかと思ったが、原稿に『いい当たりした』があったので」。『世界に一つだけの花』はどうしても入れたかった曲。ＮＦＬラムズが21年ぶりにロスに本拠地移転するというニュースに、お帰り世界に一つだけの「地元の華」という見出しをつけた。メーン記事の見出しはサッカーＵ23五輪最終予選の日本―北朝鮮戦の「青いイナズマ白星発進」。「青は日本代表の象徴です。開始5分のゴールを見て、よし！と。Ｕ23には感謝しています」と話した。限られた地域では、ＳＭＡＰ曲の見出しが9個あった。これはＵ23の記事についた「夜空ノムコウに夢を開くか若侍」。勝っても負けても使える記事だったので、勝った後はボツになった。

塩崎記者は「正直に言って、あんなに反響があるとは思わなかった。いつもかっとうしながらやっています。こんなへんな見出しを付けないでくれと言われないか心配しながら作っていました。面白いというレベルから始まって、ここまでメッセージ性があるとは思いませんでした」、佐々木記者は「SMAPへのリスペクトであり、オマージュでした。結果的に愛情を持って作ったのだろうと思っています」と振り返った。実は曲名見出しをちりばめる手法は新しいものではない。例えば2008年に作曲家・遠藤実さんが死去した際のスポーツ面などの前例があるという。

SMAP紙面には大きな反響があり、メールや手紙は100件を超えた。佐々木記者は「やって良かったと思いました。新聞という形があるからできること。新聞は古いメディアと言われますが、新聞はまだまだ可能性があるなと思います。正確に伝えるということを損なっているという批判意見もありました。そういうご意見があって当然です。しかし、国民的関心事だし、気持ちを込めた。人間が作っているのだから、血が通った新聞を作りたい」、塩崎記者は「ここまでの反応をいただけるとは思いませんでした。反応はどう出るか分からないという怖さも感じますし、紙面を作る仕事の重みを感じました」と感想を語った。最後に、佐々木記者は「これからも、世界で一つだけの紙面をダイナマイトで作ります」とSMAP愛にあふれた言葉で締めくくった。

現役記者だけではなく、毎日新聞OB、毎日新聞出身者の報告会も開いた。思い出に残るのは、2019年6月20日に開催した佐々木宏人OB記者報告会「**神父射殺事件を取材して見えてきたもの**」だ。佐々木さんは私の16年先輩の元毎日新聞記者で、毎日新聞東京本社経済部長、広告局長、名古屋本社代表などを歴任した。毎日メディアカフェのイベントに一参加者として来ていて、懇親会の場で私と話していた際、前年に出版した本のことが話題になった。佐々木さんは終戦3日後の1945年8月18日に横浜市のカトリック保土ヶ谷教会で、横浜教区の戸田帯刀神父が射殺体で発見された未解決事件を取材して、２０１０年から8年間にわたり、「福音と社会」（カトリック社会問題研究所）にノンフィクションを連載した。これをまとめた『封印された殉教』（上下巻、フリープレス社刊）が18年10月に出版されていた。私は佐々木さんに毎日メディアカフェで話をしませんかと誘った。78歳での登壇だった。

佐々木さんは「74年前の神父射殺事件が現代とどうつながっているかを考えたい。平和について考えなければならないいま、平和を求めて射殺された神父のことを知ってもらいたい」と趣旨を語り、報告を始めた。

「山梨県出身の戸田神父は保土ヶ谷教会で、射殺体で見つかりました。取材を始めた当時は、カトリック界でも知っている人はほとんどいませんでした。38回連載しました。戸田師はリベラル思考の持ち主でした。１９４１年札幌教区長になりましたが、『今こそ日本が戦争に勝っているが、アメリカやイギリスは強国だからこれを向こうに回して戦えば、将来どうなるかわからぬ』と戦争の行方に懐疑的なことを４人の神父に語ったとして、軍刑法違反で逮捕されました。３か月拘留され、無罪判決を得ました。１９４４年の横浜教区長着座式で『生命をかけて、日本のため、世界平和のために働きます』と語りました。当時は平和という言葉を語るのはとても勇気のあることです。終戦の翌日、司教座講堂・山手教会を接収中の海軍横浜港湾警備隊本部に行き、『軍隊がキリスト教会を占領しているとなると、占領軍が来た後たいへんなことになる』と言って、返還を求めました。その２日後に射殺されました。海軍から連絡を受けた憲兵が射殺したというのが定説です。事件から10年あまり後の昭和31~32年ごろ、40代の男が『私が犯人です。憲兵だった。謝罪をしたい』と吉祥寺教会に自首してきました。ところが、東京教区はなぜか男に会わず、『赦しを与える』と電話連絡しました。男はそのまま行方知らずになりました」

佐々木さんは事件の今日的意義について、「憲法改正の動きがあります。私は憲法9条だけではなく、憲法20条の信教の自由が重要だと思っています。戦前の思想弾圧については知られているが、宗教弾圧のことを知る人は少ない。市民レベルで連携して、良心の自由、言論の自由、信教の自由の基本的人権を守ることが必要です」と訴えた。参加者の「誰の犯行か」との質問には、「憲兵だと考えます。戸田師の倒れ方から、至近距離で撃たれたことが分かります。右目を貫通していますが、恐らく眉間を狙ったのでしょう。銃の扱いに慣れた人だと分かります。自首してきた男は犯人であり、苦渋の上に自首したということはありうると思います。殺人事件は当時、時効が15年でした。その前に自首してきています。良心の仮借に耐えかねたと考えられます」と答えた。ジャーナリストの気骨を感じさせる報告会となった。

これには後日談がある。のちに紹介するメディア研究者で近未来研究会コーディネーターの校條論さんが佐々木さんの記者報告会に参加していた。懇親会で互いの自宅が近いことを知り、足の不自由な佐々木さんを校條さんが最寄り駅まで送っていった。その縁で、校條さんは佐々木さんの記者人生に関心を持ち、インタビューを始めた。最初は面談、コロナ禍に入るとオンライン取材を続け、noteに「ある新聞記者の歩み」として連載している(https://note.com/smenjo/m/

m949966550484）。すでに29本（2023年6月時点）を掲載し、継続中。毎日メディアカフェがつないだ縁の一つとなった。

ジャーナリスト&ノンフィクションライターの川井龍介さんは私の静岡支局の1年先輩だった。東京本社に行って1年ほどでフリーランスに転じた。静岡支局時代には、川井さんとともに、第五福竜丸事件30年（1984年）を前に、第五福竜丸元乗組員と事件の関係者を訪ね、それを長期連載にまとめた。第五福竜丸事件は1954年3月、太平洋ビキニ環礁での米国の水爆実験で、静岡県焼津市のマグロ漁船・第五福竜丸が被災し、乗組員23人のうち、久保山愛吉さんが死亡した事件だ。静岡県版での連載は84年のJCJ奨励賞を受賞した。川井さんと私の共著『水爆実験との遭遇』（三一書房）も出版した。着眼点とセンスの良さ、取材力に富んだ尊敬するジャーナリストだ。

川井さんには、2016年12月7日、**「幻の名著『ノーノー・ボーイ』を語る」**と題して話をしてもらった。『ノーノー・ボーイ』は日系2世のジョン・オカダさん（故人）が1957年に出版した小説。戦争中に徴兵を拒否して刑務所に入れられた主人公イチローを通じて、国家や民族について問うている。日本でも翻訳が出されたが、絶版となったことから、川井さんが翻訳して、旬報社から出版した。川井さんは今では貴重な初版本の現物や、取材で入手した著者ジョン・オカダの生前の様子が分かる写真を披露した。「この本は『自分が何者であって、どう生きたらいいのか』と問う主人公の苦悩を描いています。これは、移民2世であるため二つの国と文化を内に抱え、かつその両国が戦争するという特殊な状況のもとで、心のおき場所をなくした苦悩です。今の日本でも、会社や学校などの組織の中で、程度の差こそあれ自分が他者と異なる疎外感を味わう状況はいくらでもあります。その意味で、主人公イチローの抱える苦悩は、今の若者も抱えうる普遍的なテーマです」と語った。

川井さんはフリーランスになって以降、第五福竜丸元乗組員や船の取材を続けた。船は東京水産大学の練習船となった後、東京都江東区の夢の島に捨てられた。保存運動の結果、1976年に開館した東京都立「第五福竜丸展示館」に保管・展示されている。2022年8月、川井さんは『数奇な航海　私は第五福龍丸』（旬報社）を出版した。それを機に、10月28日、第五福竜丸展示館の安田和也主任学芸員とともに「**第五福龍丸～その数奇な航海を語る～**」に登壇していただいた。船の正式名称は「第五福龍丸」だが、当時から新聞は「福竜丸」と表記した。川井さんは正式名称を用いている。川井さんは取材した三重県の造船所、焼津市の関係施設、元乗組員の写真を見せながら、「事件について書かれた本はあるが、船の一生を書いたものはなく、船を主人公に歴史を書いてみました」と執筆の意図を語った。安田さんは「展示館は学校の平和教育などで活用されていますが、コロナ禍で来場者が減りましたが、オンライン出前授業などで伝えています」と話した。

記者報告会とは別に、毎日新聞記者には数多く登壇してもらった。私の同期入社の盟友である小川一記者には、毎日メディアカフェ1周年記念のイベントで登壇してもらった。当時、東京本社編集編成局長だった小川記者と、ニュースサイト「シノドス」編集長で毎日新聞の報道をチェックする第三者機関「開かれた新聞委員会」委員の荻上チキさんとの対談イベント「**メディアのいまと未**

来を語る」で、2人はメディアの役割や展望を話し合った。小川記者は佐藤岳幸記者、吉永磨美記者などとともに、スマートフォンを使った動画の作成方法を学び、社会への発信を目指す「毎日女性会議」を定期開催しており、毎日メディアカフェはこれに協力した。小川記者は取締役になった後も、毎日メディアカフェのよき理解者だった。

記者が企画したイベントで心に残るのは、2017年11月11日のセミナー「**母が挑んだ医学研究**」シャロン・テリーさん講演会、PXE患者会準備会だった。テリーさんは2人の子どもが希少疾患の弾性線維性仮性黄色腫（PXE）と診断されたのをきっかけに、夫とともに、市民科学者となり、PXEの原因遺伝子を特定した。PXEの当事者団体を設立して、治療法研究を主導する一方、患者会や大学、企業など1万以上の団体でつくる非営利組織「Genetic Alliance」の代表も務めている。講演会を企画したのは写真映像報道センターの丸山博記者。丸山記者は自身がPXEと仮診断された。PXEは弾性線維が変性するため、主に皮膚・眼・血管の障害が出る病気で、全国に約300人の患者が確認されている。丸山記者はPXEのことを調べるうちにテリーさんのことを知り、テリーさんが国際希少疾患研究コンソーシアムの会議で来日したのに合わせ、講演を依頼し、快諾を得た。丸山記者は講演会を日本のPXEとそれに起因する網膜色素線条症の患者が初めて集まる場としての位置づけようと考え、各方面に呼びかけた。

セミナーで、テリーさんはPXEを詳しく説明し、遺伝子特定の経過について「自分と夫が図書館に通い、大学の実験室を借りて、3年間実験をして見つけました」と明かした。参加者で網膜色素線条症の女性は「検査がすごくまぶしくていやで、どうせ治療法がないならと、50歳になるまで検査を受けませんでした。一番いやなのは失明することです。子どもが2人いますが、病気を持っていると、差別を受けるのではないかと、つらい。失明しなくてもすむ治療法が見つかってほしい」と悩みを打ち明けた。

丸山記者は仲間たちとともに、翌2018年、PXE Japan（弾性線維性仮性黄色腫、網膜色素線条症　当事者の会）を設立した。定期的にオフ会という患者・家族の集まりを開催している。

※当事者の会HP　https://www.Pxejapan.org/

先に書いたように、毎日メディアカフェはフリーランスのジャーナリストにも門戸を開いた。2例を紹介する。まず、パラリンピック選手の写真を撮り続ける写真家、越智貴雄さんの講演会「**切断ヴィーナス〜私の足はかっこいい**」（2014年10月9日）。越智さんは2000年シドニー大会でパラリンピック選手の姿に感動し、義足の女性を撮り始めた。取材を通じて、義足製作の第一人者である臼井二美男さんと知り合い、臼井さんの作る美しい義足を付けたアスリートや会社員ら11人を撮影した『切断ヴィーナス』（白順社）を出版した。越智さんは「義足の女性たちは皆、自信を持ち、堂々としていました。撮影を通じて、自分が力づけられました。写真集を見て、こうした人たちへの理解が広がるとうれしい」と語った。モデルの1人である村上清加さんも同席した。村上さんは貧血で線路上に転落し、電車にはねられて右足を失った。退院後、義足を装着して走り始め、100メートル走でパラリンピック出場を目指す選手になった。村上さんは「義足は臼井さんの愛情と魂の塊です。かっこいい義足を多くの人に見てほしい」と話した。

もう一例は、2017年4月24日の「**被災地を記録し続ける**」。東日本大震災の被災地取材に取り組むフリージャーナリストの渋井哲也さんと写真家の安田菜津紀さんが対談した。渋井さんは復興の現状を記録した『絆って言うな』(皓星社)、津波被害にあった岩手県釜石市の鵜住居防災センターの悲劇を追った『命を救えなかった』(第三書館)を相次いで出版していた。渋井さんは「亡くなった人の存在を残したいし、今を生きる人の言葉を伝えたい」と語った。安田さんは同業の夫、佐藤慧さんとともに、岩手県陸前高田市をはじめ、東日本大震災で被害のあった各地の取材していた。安田さんは「自分たちが記録していることが次の世代を生き抜くヒント、未来への手紙になるかもしれない」と話した。

⑨元村有希子のScience café

シリーズ企画として、人気を集めたのは「元村有希子のScience café」だった。科学環境部長の元村有希子記者が科学者から話を聞くイベントだ、九州大学教育学部出身で科学記者になった元村記者は、科学の専門用語を多用することなく、かみくだいて話すことのできる才能を持っている。科学者から話を引き出す役は適任だった。

２０１７年6月1日、元村有希子のScience café「**分からないけど知りたい！ 宇宙の始まり**」が毎日ホールで開かれた。ゲストは後田裕・高エネルギー加速器研究機構（ＫＥＫ）教授。新型加速器「Super ＫＥＫＢ」で作り出した素粒子の振る舞いを観察し、宇宙創成期の物質誕生の謎に迫るプロジェクトを主導している。

元村さんは「どうして、第1回に素粒子を選んだ理由は分かりますか。科学雑誌業界では、売れ行きが落ちると、素粒子をやるというのがあります。それは素粒子のことを分かりたいと思って買う。ところが、分からないので、次に出た時、今度こそ分かるかなと思って買ってくれるからだそうです」とユーモアたっぷりに企画の意図を語った。
後田さんは茨城県つくば市のKEKに建設中の「Super KEKB」について説明した。

「素粒子は宇宙を構成する最小の単位です。素粒子の研究は宇宙の始まりを研究することにもなります。宇宙の年齢は138億年ですが、素粒子研究はその最初の1秒までのことを研究しています。素粒子には、3世代6種類のクオーク、3世代6種類のレプトンがあります。ヒッグス粒子という質量を与える粒子もあります。自然界に働く力には、電磁力と弱い力、強い力、重力がありまず。電磁力と弱い力を統一した標準理論という理論があります。よくできた理論ですが、標準理論で説明できないこと、分かっていないことがあります。例えば、宇宙の質量のうち、私たちが分かっている物質はわずか5％と考えられています。ほかは暗黒物質、暗黒エネルギーだとされますが、暗黒エネルギーはあるかどうか議論があります。物質と同じだけの反物質があるはずなのですが、見つからない。粒子には、電荷だけ反対で、ほかはほとんど一緒である反粒子があります。これも、どこかに行ってしまいました。粒子と反粒子の性質のわずかな違い（CP対称性の破れ）は実験的に確認されました。粒子と反粒子が出合うと光になる。初期宇宙では、粒子と反粒子が同数できました。それが出合って光になるのでは、いつまでたっても星はできません。どこかで、反粒子がなくなったのです。ノーベル物理学賞を受賞した小林誠氏、益川敏英氏の小林・益川論文はクオークが6種類であれば、CP対称性の破れを説明できることを示しました。Bファクトリー（B中間子生成工場）での実験で、小林・益川理論の正しさが確認されました。宇宙の始まりに近づく

ために は、新たな加速器が必要です。そこで計画されたのがSuper KEKBです。周長3キロの加速器です。加速器KEKBのエネルギーを変えずに、宇宙の始まりに近づく。Super KEKB／Belle Ⅱ実験には、23か国から750人の研究者が参加しています。今年度末には電子と陽電子を衝突させる実験を開始します」

元村記者との質疑応答では、こんなやり取りがあった。

元村さん　小林さん、益川さんは理論物理学者ですね。後田さんは実験をする人。その違いは。
後田さん　理論屋さんはぶっ飛んだ人が多いですね。
元村さん　頭が良いのはどちらですか。
後田さん　平均的には理論屋さんですかね。しかし、理論はあれこれありますが、実験が追いついていない。自分はそれをやろうと思いました。
元村さん　実験で大切なことは。
後田さん　一人ではできません。我々の実験も750人いなければ、すごいことはできない。慢性的な人手不足です。

参加者との質疑応答もあった。

参加者　動機、原動力は何ですか。

後田さん　素粒子をやりたくてしょうがないので、ＫＥＫに来ました。だれも知らないことを最初に分かるかもしれない。それが楽しくて人間をしています。

参加者　宇宙好きなのですか。

後田さん　宇宙好きの人はいますが、私は違います。あくまで小さな素粒子に興味があり、それが宇宙とつながっているのです。

参加者　どう役に立つのですか。

後田さん　直接には社会に役に立ちませんが、１００年後か２００年後には役に立つかもしれません。基礎と応用は車の両輪で、どちらもやらなければならないと思います。１００年前に電波が見つかりました。専門家は役に立つかどうか尋ねられ、何の役に立ちませんと答えました。今は電波がないと何もできません。発見した時には役に立つかどうか分からないのです。

科学の楽しさや意義を感じさせるイベントになり、「元村有希子のScience café」は好スタートを切った。

続いて、元村記者が選んだテーマは地球外生命だった。２０１７年７月14日に開催された元村有希子のScience café「**地球外生命は存在する！　命はぐくむ星の話**」で、ゲストは国立天文台の縣秀彦・天文情報センター普及室長。縣さんは「生命が存在できる条件として、液体の水、有機物、適切な温度が必要だ」と指摘し、これまでに見つかった太陽系外惑星3600個のうち、10〜20個には液体の水が存在するなど、生命誕生の条件を満たす可能性があることを紹介した。地球外生命探査の意義については「生命とは何かを知ることにつながり、人間の意識や考え方に影響を与えると思う」と話した。

当時、クラゲに特化した展示で来館者数を急激に伸ばした鶴岡市立加茂水族館が話題になり、クラゲブームが起こっていた。2017年8月31日の元村有希子のScience caféは「**深海を漂うクラゲ、その不思議な魅力とは?**」だった。ゲストは深海クラゲを研究している海洋研究開発機構のドゥーグル・リンズィーさん。オーストラリア生まれで、東京大学大学院農学生命科学研究科で博士課程修了（農学博士）。海洋研究開発機構（JAMSTEC）海洋生物多様性プログラム主任技術研究員として、クラゲ類などの深海生物の研究に取り組んでいる。慶應義塾大学留学時代、ホームステイ先が俳人の須川洋子さんだったことから、日本語で俳句を始めた。須川さんの主宰する芙蓉俳句会に所属し、2002年、第一句集『むつごろう』で第7回中新田俳句大賞を受賞。ほかに句集『出航』も出している日本語の堪能な研究者だ。

元村記者は2008年10月18日の毎日新聞朝刊に掲載された「アカチョウチンクラゲ」の写真を示し、和名の命名者がリンズィーさんだったと紹介した。アカチョウチンクラゲはその名の通り、赤提灯に似た形をしている。

リンズィーさんは「大学院修士課程で東京大学海洋研究所に入りました。シラスの研究をしていたのですが、博士課程では、深海ではどの生物が何を食べているのかの研究をしていました。有人深海探査船『しんかい２０００』にも乗りました。エビ、魚を研究したかったのに、『しんかい２０００』から見えるのは、クラゲばかり。７、８割はクラゲです。それで、これを研究しなければならないだろうなと、クラゲをやることにしました」とクラゲ研究を始めた理由を語った。

リンズィーさんのクラゲを題材にした俳句に『掬う掌のくらげや生命線ふかく』『さまざまなかたちでくらげの夏終わる』がある。「クラゲの体の95％以上は水でできています。壊れやすいけれども生命力が強いのがクラゲの特徴です。６０００種類以上のクラゲがいます。そんなにもたくさんの種類のクラゲがどうやって共存しているのか。例えば、鳥は歌声や巣作りの仕方が違っているので、すみわけできます。クラゲはそうした違いがない。交尾のダンスはしないし、生殖器もない。全種が肉食性で、季節性移動もない。生息場所の隔離もない。それなのに、６０００種類もいるのは不思議です。クラゲの多様性が高いことにより、プランクトンの多様性も高くなっていることが考えられます」と述べた。

リンズィーさんはいくつもの新種、新属、新科のクラゲを発見している。さらに上位の「新目」も見つけた。クシクラゲの仲間だ。「新目の生物を見つけるということは、世界で初めて犬を見つけたというほどの発見です」とリンズィーさんは例えた。最後に、「役に立つ研究は重要ですが、深海にこんなものがいるとわくわくする。研究にはお金がかかりますが、夢やロマン、好奇心を持ってもらうことができる」と研究の意義を語った。

元村有希子のScience café「**気候変動から暮らしを守る『適応』って?**」は12月8日に開かれた。ゲストは国連の気候変動に関する政府間パネル（ＩＰＣＣ）の報告書総括代表執筆者を務めた茨城大学の三村信男学長。三村さんは地球温暖化の現状を示し、「影響は自然環境と人間社会の極めて広い範囲に及ぶ。温暖化に適応した生活、産業に変えていく必要があります」と指摘した。翌18年の通常国会で適応策を法制化する動きがあることについて「法律がない現状では、自治体が温暖化への適応策を立てにくい。法律が制定されると一気に対策が進むことが期待されます」と評価した。

当時、話題を集めていた「チバニアン」について知る元村有希子のScience café「**知りたい！チバニアン　地層が語る地球の歴史**」は２０１８年1月22日に開催された。国際地質科学連合は17年11月、地磁気が最後に逆転した痕跡を示す千葉県市原市田淵の地層を、前期 - 中期更新世地質年代境界の国際境界模式地（ＧＳＳＰ）に内定した。正式認定されれば、新生代第四紀更新世中期の地質年代の名称が「チバニアン」と命名される。チバニアンは「千葉時代」を意味するラテン語。地質時代名に日本の地名がつくのは初めてとなるため、注目されていた。

ゲストはこの地層を研究している茨城大学理学部地球環境科学領域の岡田誠教授。岡田さんは「連続的に海底で積もった地層であること」「多くの種類の化石が産出すること」など、基準地認定のための条件を挙げ、市原市の地層について「こんなに新しい地層が陸上に出ている所はほとんどない。ものすごい勢いで海底が隆起しなくてはならず、地震、火山などによる地殻変動が多くなければならない」と貴重さを語った。イタリアの2地域の地層と認定を激しく争った経緯も説明した。地層に残る地磁気（古地磁気）を調べて地磁気逆転の痕跡を示せたのは市原の地層のみだったが、２０１５年以降、イタリアの2地域で、地磁気が弱い時に多くできるベリリウムの放射性同位体の比率を測る間接的な手法で、地磁気逆転の証明を始めた。岡田さんたち日本の研究者もその間、同様の手法や花粉の化石を調べるなどさらなる研究をして、内定につなげた。岡田さんは「正当に評価してもらえた。３０００か所以上ある世界遺産よりも希少価値は高い。教科書にも載り、理科・地学教育の聖地になる」と語った。

イベント開催から2年たった２０２０年1月17日、韓国で開催された国際地質科学連合理事会で、市原市田淵の地磁気逆転地層が前期・中期更新世地質年代境界のＧＳＳＰに決定され、これにより、約77万４０００年前～約12万９０００年前（新生代第四紀更新世中期）の地質年代の名称が「チバニアン」と呼ばれることになった。ＧＳＳＰは世界で74か所目、日本では初めての認定だった。

２０１８年2月23日には元村有希子の Science café「**脳の発生から見た自閉症**」が開かれた。ゲストは大隅典子・東北大学大学院医学研究科教授。脳研究の専門家で、脳の発生を分かりやすく解説した『脳の誕生』（ちくま新書）などの著書がある、人体最大の臓器である脳は呼吸や体温調節などの生命維持から、高度な思考まで司っている。1個の細胞からなる受精卵が分裂し、脳ができていくプロセスは、神秘に満ちている。その過程で生じる不具合が、自閉症や発達障害につながっていることが、最近の研究で分かってきていた。大隅さんは脳の発生、発達の仕組みを説明した後、自閉スペクトラム症（自閉症）発症との関係について解説した。「自閉症は発生では遺伝的要因が大きいが、母親の妊娠中に投与された薬物の影響や両親の加齢なども関係している」と述べ、自身が取り組んだ動物実験の結果を披露した。MMRワクチン投与が自閉症の一因とする論文が出ていたが、「データ捏造に基づく論文が撤回されたのに、ネットでワクチン説が正しいかのように誤解させる情報が残っている」と指摘した。

3月15日には、このシリーズでは珍しく起業家が招かれた。元村有希子のScience café「**義足エンジニアという仕事**」のゲストはXiborg（サイボーグ）社長の遠藤謙さんだった。大学院でロボットを研究していた遠藤さんは、後輩が骨肉腫になり、片足を切断して義足ユーザーになったことがきっかけで、義足に関心を抱いた。同時期に、米国の義足研究者と知り合い、渡米して学んだ。2014年に起業して、競技用を含めた義足の開発、義足を使う陸上選手の育成に取り組んでいる。遠藤さんは歩行時の筋肉の動きを研究して義足を開発する過程や、17年10月に江東区で競技用義足を試着できる「ギソクの図書館」を開設した経緯を報告した。遠藤さんは「メガネというのは、テクノロジーとしては、視力が悪い人の視力を元通りに戻す、視力を上げることです。目が悪いという、社会的弱者になり得るような原因を消しているテクノロジーの一つです。裸眼視力を気にしなくても生活ができているという、すばらしいものです。義足の場合、足がない状況が、裸眼視力が悪いことにあたります。矯正された身体能力で普通に生活できるとしたら、もしかすると障害者と呼ばれなくなる日が来るのかもしれない。社会的弱者と言われる人たちがどんどん減っていくようなものを作っていけたら社会変革につながるということをモチベーションにして、日々研究をしています」と話した。

遠藤さんはこの後、東京パラリンピックで注目され、「五体不満足」著者の乙武洋匡さんの義足を開発して歩かせたことでも有名になった。

元村記者自身が話すScience café「**私、科学のミカタです**」も開催された。元村記者の新著『科学のミカタ』（毎日新聞出版）の出版を記念した企画で、２０１８年4月12日に開催された。新著は「こころときめきするもの」など枕草子ふうの章立てで、幅広い科学の話題を分かりやすく紹介した61編で構成されている。元村記者は「科学の面白さは、謎が解けることだけではなく、謎を解く人（科学者）、謎が謎を呼ぶところにある。科学記者は科学を理解するのではなく、科学を理解している人にアクセスする仕事だと思います」と語った。

元村有希子のScience café「**イルカから見た世界**」は5月16日に開かれた。ゲストはイルカの認知機能を研究する東海大海洋学部教授の村山司さん。村山さんは、イルカがヒトと同様の見え方をしていることを確かめる数々の実験結果や、シロイルカの「ナック」が物とそれを表す文字、鳴き方をセットで記憶し、文字を選んだり鳴いたりできることを示した興味深い実験を紹介し、「イルカは小学校高学年程度の知能があると思う。名詞は理解するので、今後は動詞を教え、コミュニケーションがとれるようにしたい」と夢を語った。

元村有希子のScience café「**ボニンブルーと生きる　小笠原の生物多様性**」は6月12日に開かれた。ゲストは小笠原諸島・父島に移住して自然の写真を撮影している写真家・映像作家のMANA野元学さん。小笠原諸島は「東洋のガラパゴス」と呼ばれる固有種の楽園で、2011年に世界自然遺産に登録された。野元さんは赤土が織りなす絶景「ハートロック」や、イルカ、マンタ、ザトウクジラ、アオウミガメ、多種類のカタツムリ、固有種の植物など約150枚の写真を見せながら、豊かな生物多様性を語った。イグアナ科のグリーンアノールなどの外来種への対策の現状も報告した。野元さんは「世界に誇れる自然遺産が東京都にあることを理解し、小笠原に来たり、自然保護に協力したりしてほしい」と呼びかけた。

7月20日には、元村有希子のScience café「**地球温暖化に負けない農業**」が開かれた。ゲストは温暖化への「適応」を研究する茨城大准教授の増冨祐司さん。温暖化に伴う農作物被害や気象災害を軽減する対策を後押しする気候変動適応法が6月に成立したことを受け、増冨さんは「温暖化の影響はすでに表れており、それに対処する適応の研究が必要です」と指摘した。増冨さんは、米の白未熟粒の発生率が気温上昇とともに増加することを示す研究結果を報告し、「茨城県のJA谷田部、農家の人たちと、現場での研究を進めています。白未熟粒の発生を抑える方法を見つけ出したい」と抱負を語った。

9月4日には、AI（人工知能）をテーマとした元村有希子のScience café「**AIに心は宿るのか**」が開催された。AIの急速な進歩は、世界をどう変えるのか。AIに小説を執筆させ、文学賞を獲得するという目標を掲げて取り組んでいる松原仁・公立はこだて未来大学教授に、AI研究の最前線と可能性について聞いた。松原さんは東京大学大学院工学系研究科情報工学専攻博士課程修了。通産省工技院電子技術総合研究所（現産業技術総合研究所）を経て2000年公立はこだて未来大学教授。著書に『AIに心は宿るのか』（インターナショナル新書）などがある。2014～16年に人工知能学会会長を務めた。

はじめに、松原さんがAIについて概説した。

「AIは現在、1950年代、1980年代に続く3回目のブームです。AIにはきちんとした定義がない。目標は二つです。第1に、賢いコンピューターを作る。人間のような知性を持った人工物を作ることが工学的目標であるということです。第2には、コンピューターを題材にして知能について探求するのが科学的目標であるということです。AIの成果は普通に目にします。代表的なのはスマートフォンのアプリです。ネットで買い物をすると、こんなものも買いませんかと勧めてくる。推薦システムというAIの成果です。掃除ロボットもバッテリーが少なくなると、自分で充電しに行きます。機械学習、ディープランニング（深層学習）です。AIは画像認識、パターン認識が得意です。人の顔の認識に使えるので、パスポートの確認で使われています。転売目的に買うことを防止するため、コンサートで本人認証をするときにも使われます。人だとだまされても、ＡＩはシビアです。目と目の間の距離とか、あごの形とかで判断します。ＡＩのほうが人間の判断よりも精度が良い。囲碁や将棋では、ソフトがプロ棋士に勝つ時代になりました。ＡＩが人間を超えた分かりやすい例です。将棋や囲碁でＡＩが人間に勝てるのは、ルールが決まっているからです。ルールが不明確あるいは範囲が非限定の場合は人間のほうが得意です」

この後、コンピューター将棋やＡＩでの小説や俳句の創作の取り組みを紹介し、「人間がコンピューターよりも得意なことは何か。想定外の状況における判断、新しい枠組みを思いつくこと、新しい価値を創造すること、枠組みを動的に変化させること、細かい手作業、精神的サポートなどが考えられます。ＡＩにより仕事が変わるのであって、仕事を奪うのではない。ＡＩは人間を滅ぼさない。人間＋人工知能として賢くなっていく。今もいろいろなことをスマホに聞いて意思決定しています。それが進んでいくということだと思います。人工知能をいいものにするのも悪いものにするのも人間次第です」と語った。「ＡＩに心は宿るのか」の松原さんの答えは「自分自身以外に心があるかは分からない。他人にも心があると想定したほうがスムーズにいく。ＡＩが進歩すれば、ＡＩにも心があると想定したほうがスムーズにいく。よってＡＩにも心が宿るというのが僕の考えです」とのことだった。

科学分野で最も興味を持つ人が多いのは「宇宙」をテーマとした話だ。２０１８年10月26日、元村有希子のScience café「**宇宙のギモン、なんでも答えます**」が開かれた。ゲストは宇宙物理学者の須藤靖・東京大学大学院理学系研究科物理学専攻教授。専門は観測的宇宙論および太陽系外惑星の理論的・観測的研究。著書に『情けは宇宙のためならず』(毎日新聞出版)などがある。

最初に、元村さんは「宇宙をテーマにするサイエンスカフェは1年以上開いていません。これを聞きたいという希望が多いのは宇宙の話ですが、難しいテーマでもあります。今日は何でも質問に答えるということになりました」と話した。事前に参加者から寄せられた質問に答える形で進めた。

まず、「系外惑星の検出法」。須藤さんは「1995年に初めて太陽系外惑星が見つかりました。例えば、太陽の周りを木星が回っている。太陽も本当は動いています。星を片端から見て、我々に対して行ったり来たりしている星があると、その外側に惑星があるだろう。そういうやり方で見つかります。今の技術なら1秒に30センチ動く星があると分かります。これがドップラー法です。次はトランジット法(通過法)です。太陽の前を金星が通過するとき、1%ぐらい暗くなる。簡単に見つかります。いったん見つかると、高校の天文部の小さな望遠鏡でも見られます。ハッブル宇宙望遠鏡で最初に見つけた惑星は3・5日に1回ぐらい通過する。木星と同じぐらいの大きさの惑星が太陽の周りをすごい速さで回っている。もう一つ、直接見る方法があります。ケプラー探査衛星という専用望遠鏡が10万個ぐらいの星を見ている。3000個ぐらいトランジットのある惑星を見つけています」と話した。

次は、「宇宙の果てはあるのか」。「観測されている宇宙は138億年先まで広がっています。その外に何があるのか。同じような光景があると合意されています。見えている宇宙には果てがありますが、宇宙に果てがあるということとは違います。宇宙は点から始まったというのは間違っています。説明が面倒くさいから、点から始まったように言う。宇宙には真ん中も端もない。ビッグバンは点の爆発ではなく、ほとんど無限の空間で同時に始まったのです。ほとんど無限の宇宙がインフレーションで大きくなりました。これが終わった時期をビッグバンと言うのです。ビッグバンの時点では宇宙は無限です。点と無限は同等で全てが含まれていなければならない」と説明した。元村記者が「無限大の広がりを持った点ですか」と問うと、「そうそう」とうなずいた。地球外生命については、「天の川銀河には1000億個の恒星があります。その10％の100億個は太陽と似た星で、その10％にはハビタブル惑星、水が液体として存在する可能性のある惑星がある。銀河系だけでも10億個あると考えられます。観測できる宇宙内の銀河は10の11乗個なので、その中のハビタブル惑星の数は10の20乗個になります。生命や高度な知性が存在する惑星がある可能性は高い。地球1個にしかないと断言するほうが傲慢です」と語った。

最後に、元村記者は須藤さんが「役に立たない科学のどこが悪いねん、おもろければええやん協会」の会長であることを紹介した。須藤さんは「天文学は経済の役には立ちません。けれど、我々は何のために生きているか。芸術や文学を楽しむのは生産性がなく、役に立たないかもしれませんが、人生の究極の目標です。天文学は生産性がないけれど、面白いから許してあげよう。そういう価値観を共有してもらえると、世の中が住みやすくなると思います」と理解を求めた。

元村有希子のScience café「**ゲノム編集が変える未来社会**」は11月26日に開催された。ゲストは「ゲノム編集」技術を使って、「肉厚マダイ」「早く大きくなるトラフグ」の研究をしている京都大学農学研究科助教の木下政人さん。木下さんは京都大学大学院農学研究科博士課程修了（農学博士）。専門は魚類発生工学。木下さんは遺伝子組み換えとゲノム編集の違いについて、「遺伝子組み換えは、他の生物の遺伝子を導入する技術で、入れたＤＮＡはずっと残ります。一方、ゲノム編集は生物のゲノムをほんの少し切り取る技術です。遺伝子組み換えはサッカーゲノムに野球のバットを入れると例えることができます。ゲノム編集はサッカーゲノムの中のボールの機能を変えたり、シューズの機能をなくしたりすることに例えられます。自然突然変異でできたものと同じで、区別がつきません」と説明した。肉厚マダイの開発では、「肉牛の品種改良の研究で、ミオスタチンという筋肉量を調節する遺伝子が見つかりました。ピンポイントで、ミオスタチン遺伝子を働かなくすれば、筋肉が増えるのです。マダイでは、人工授精後10分以内の卵に、マイクロインジェクションでミオスタチンを入れます。狙った場所のＤＮＡ８個を取り除きます。すると、成長したマダイは体高が高くなり、肉が分厚くなりました。肉量は通常の養殖マダイの１・２～１・３倍です。成長速度は変わらない。筋力は高まっていません。身は柔らかく、味は変わりません。ゲノム編集から４年で大量生産が可能です」と話した。

２０１９年最初のScience caféは１月28日の「**巨大科学とどう向き合う？ 岐路に立つＩＬＣ**」だった。ゲストは東京大学素粒子物理国際研究センターの山下了・特任教授。次世代加速器「国際リニアコライダー（ＩＬＣ）」建設計画を進める研究者の一人だ。物理学者たちが岩手・宮城にまたがる北上山地への誘致を求めているＩＬＣについて、日本学術会議は18年12月、「誘致を支持するには至らない」との見解をまとめた。日本に誘致した場合、８０００億円に上る建設資金の半額を日本が負担しなければならないことから、期待される科学的成果と負担のバランスについて賛否は分かれていた。

最初に、山下さんがＩＬＣの内容や意義、動きを説明した。「ＩＬＣはビッグプロジェクトです。ビッグプロジェクトには、宇宙ステーションや世界最大の加速器ＬＨＣ、核融合のＩＴＥＲなどがあります。国際協力研究でやろうという流れになっています。それには、社会の理解や世界への還元が必要です。国際宇宙ステーションは米国主導で年間約３０００億円かかり、日本は４００億円を負担しています。ＬＨＣは欧州主導で、トンネルなどを含めると1兆円近くかかり、日本も数百億円を負担しています。ＩＴＥＲはフランスに建設中で、当初５０００億円とされたコストが増えると言われています。素粒子物理は一番小さなところを研究しますが、それが分かると宇宙のことが分かります。研究は分散型が適するものと、一極集中が必要な研究があります。ＩＬＣは人類の新しい知を求めて世界が協力しようとしています。それは自然哲学の研究につながります。波及効果もあります。ワールドワイドウェブ（ＷＷＷ）も実は素粒子研究のために開発されました。ＩＬＣは数千人が20年かけて装置を設計します。データは世界の研究者で共有して分析します。研究者同士の協力であり、競争です。技術は世界の広い分野で利用されます。日本がビッグプロジェクトを主導するのは初めてのことです。宇宙の謎を解決する3方法があります。宇宙に行く、宇宙を観る、そして宇宙の始まりを創る。私たちは加速器により宇宙誕生の直後を再現しようとしています。素粒子の大統一理論の構築です。すでに、宇宙が始まって数1000万分の1秒までが分かりました。さらに、ILCで、1兆分の1秒まで再現する。陽子をぶつける方式のLHCは加速しやすいが、素粒子ではありません。ILCは素粒子同士である電子と陽電子を衝突させます。新しい素粒子が生まれるのを直接観測できて、その性質を調べると法則が分かります。円型加速器は出せる速度が決まっています。それ以上の速度にするには、リニア加速器が必要です。ILCは準備段階で48か国、400団体が参加しています。北上山地を候補地にしました。運営費は年間350〜400億円で、国際宇宙ステーションの負担と同規模です。科学技術予算の増加がないと難しいことは確かですが、圧倒的な将来性があると思います。最終的にはビッグバン解明まで目指す。これは40年先の夢です」と語った。

元村記者が「日本学術会議は厳しめの評価をしています。平たく言うと、ビッグサイエンスを否定しないが、効果と費用の投下のバランスが悪いと言っています」と質問すると、「経済波及効果を考えないといけないということです。日本はこれを計算するのが苦手な国です。過去の事例を持ってきて数字を出すことはできても、新しいことの効果は弾けない。消費効果は出せても、人類に与える影響、若い世代に与える影響は正確に弾けません」と答え、「海外につくって日本が協力する妥協案はありますか」との問いには、「研究者にとっては、どこにつくっても同じです。そこで研究すればよい。しかし、日本人として、これをつくることで日本が変わるきっかけになるかもしれないと思っています」と述べた。

2月27日には、元村有希子のScience café「**地球温暖化と災害列島**」が開催された。2018年に西日本豪雨被害が出たことを受けた企画で、ゲストは豪雨や洪水の予測研究が専門の中北英一・京都大学防災研究所教授。気候変動に伴う気象災害について聞いた。元村記者は「昨年の『今年の漢字』は『災』でした。地球温暖化により、気象災害が増えていくのか、どう適応するかなどを話していただきます」とあいさつした。中北さんは西日本豪雨で災害のあった地域の動画を見せ、「平成30年7月豪雨の特徴は、梅雨豪雨としては珍しく、長期間に広い範囲でたくさんの総雨量がもたらされたことです。それによって山腹斜面・河川流域・ダム貯水池が水で満杯になっていました。満身創痍になっていたところに、それほど強くない雨がトンカチの連打のように土砂崩壊、洪水、ダムの小貯水池からの緊急放流をもたらしました」と説明した。

地球温暖化との関連については、「気象庁は豪雨とその後の猛暑は温暖化の影響だと言っています。私は温暖化の将来予測をしていますが、その予測と矛盾しないことが起こり始めています。温暖化の影響が出始めている可能性が高いと思っています。猛暑は確実にそうだと思います。温暖化に伴い、九州北部豪雨のような狭い範囲での豪雨が起こりやすくなると予測されます。今まで災害が起こっていない地域でも起こりうる。東北、北海道でも集中豪雨が起こる頻度が増えると予測されます」と語り、「二酸化炭素（CO_2）排出削減など温暖化の進行を避けようというのが『緩和策』です。一方、温暖化に対応する力をつけていくのが『適応』です。戦後、日本の多くの山がはげ山だったときに台風が来て、大きな被害が出ました。それ以降、治水の力を上げてきました。

ようやく追いついたと思ったら、今度は温暖化の影響が出てきた。これに適応しないといけません。治水の基礎体力をつける、水があふれないようにすることが必要です。豪雨で問題になったのは、なぜ逃げないのかということです。自助・共助で逃げる力をつけなければいけない。逃げないといけないと思うスイッチをいかに早く入るようにするか。過去に災害を経験していたらスイッチが入るのですが。怖いと思わなくても逃げるようにするために、しきいをどう低くするか。避難所をサロンのようにするのは一つの案かもしれません。猛暑も大変です。猛暑のほうが実は死者が多いのです。将来予測を共有しなければならないし、災害からの教訓を学ぶことが必要です」と提言した。

元村有希子のScience café「**はやぶさ2 その先へ**」は4月17日に開催された。地球から3億キロメートル離れた小惑星「リュウグウ」で探査に挑んでいる探査機「はやぶさ2」。年内に任務を終え、2020年末に地球へ帰って来る予定だった。数々の工学的なチャレンジの集大成とも言えるミッションをより深く知るために、「はやぶさ2」プロジェクトのスポークスパーソンである久保田孝・宇宙航空研究開発機構（JAXA）宇宙科学研究所教授をゲストに迎えた。久保田さんは探査機「はやぶさ」では、小型着陸ロボット「ミネルバ」の開発や、小惑星イトカワでの探査機の自律航法誘導を担当した。はやぶさ2プロジェクトでは、記者説明会などでのスポークスパーソンとして、分かりやすくミッションを解説している研究者だ。

久保田さんは「はやぶさ2ミッションは始原天体探査が目的です。私たちの地球は何から生まれたのか、私たちを形づくるものはどこから来たのかを調べます。はやぶさ2はいま、高度20キロメートルにあるホームポジションに近づいています。6月か7月に予定される2回目のタッチダウンに備えて用意周到に準備しています。4月25日ごろに高度1・7キロのところまで降下して、同じ場所の写真を撮って見比べる計画です。そこでかなりのことが分かってくるのではないかと思っています」と現状を報告した。

はやぶさ2は何を目指しているのか。久保田さんは「小学生に宇宙について何を知りたいかを聞くと、宇宙の始まり、宇宙に果てはあるのか、ブラックホールの中はどうなっているか、宇宙人はいるのかといった答えが出てきます。はやぶさ2は生命誕生の謎を探ることを目指しています。イトカワは岩石でできた天体でした。リュウグウは炭素でできた天体です。遠くの天体から地球の物質が来たという説があります。我々をつくっているのも炭素が多いので、リュウグウを調べることによって、我々がどこから来たのかを知る手がかりになります。太陽系ができたときの状態を残している始原天体の科学を進展させることのほか、はやぶさで挑戦した技術をより信頼性の高いものにすること、新たな技術に挑戦し、太陽系探査の可能性を広げることを目指しています」と説明した。

リュウグウへの探査機のタッチダウンはイベントの約2か月前の2月22日に成功していた。久保田さんは「タッチダウン前後の動画を見たときは感動ものでした」と振り返り、「人工クレーター生成の衝突装置であるインパクターをど真ん中に落とせました。計画通りいったので探査機は満点、はやぶさ2チームも満点。非の打ち所のない完璧なミッションです」と胸を張った。

２０１９年春、元村有希子記者は科学環境部長から論説委員になった。社説などの論説を担当する部署だ。これを機に、「元村有希子の Science café」は、「元村有希子のＮＥＷＳなカフェ」へと名称を変更した。

最初の企画となる元村有希子のＮＥＷＳなカフェ「**手で見るいのち**」は5月16日に開催された。骨を触り、いのちについて学ぶ。筑波大付属視覚特別支援学校では、視覚障害がある生徒たちへのユニークな生物の授業が40年以上続けられている。人間は情報の８割以上を視覚から得るといわれるが、この教室では、教科書を使わず、触覚と対話を通した本質的な学びが生み出されている。毎日新聞科学環境部の柳楽未来記者が現場に密着したルポ『手で見るいのち――ある不思議な授業の力』（岩波書店）が２０１９年2月に出版された。この授業の「３代目」教員である武井洋子さんを招いて話を聞き、参加者が実際に骨の標本に触る体験をした。

武井さんは「私は初代の青柳昌宏先生、２代目の鳥山由子先生に続く3代目です。私が教えているのは全盲と弱視の生徒です。授業は中学1年生が対象です。本物の骨格標本をじっくり手で触るという授業です。見るということはすごいことで、一瞬で全体像が分かってしまいます。そこで、見えないように黒い袋に入れてきました」と話し、参加者に袋の中の骨格標本を触るよう促した。机の上には、計10セットの標本が黒い袋に入れられていた。参加者は黒い袋の中に手を入れて、触った。「穴が空いているところがあります」「臼歯がない」「オオカミみたいな感じです」といった感想が出た。武井さんは「授業では、オオカミみたいという感想が出ると、どうしてオオカミだ

武井さん（中央）と話す元村さん（左端）

と思ったのかと、対話しながら進めます。触るというのは部分です。次には全体像をとらえるつもりで触ってください。私たちの下あごはU字型ですが、この標本はV字型です。真ん中で左右に分かれています」と話し、標本を袋から取り出した。

「この骨は犬科を使っています。欧米ではコヨーテの骨を飾る風習があり、骨の標本が売られているそうです。一番安価に手に入るので、コヨーテを中心に使っています。肉食か草食かを知る決め手は何でしょうか。奥の歯が尖っていますね。肉食の動物は自分で狩りをしなければなりません。仕留めるにはどの歯を使いますか。長い牙がありますね。歯が尖っていて、牙があると肉食だと思ってしまうのですが、実は決め手はそこではありません。牙ではなく、牙の埋まっているところを見てください。目で見ては分かりません。触ると分かります。出ている牙よりも埋まっている牙のほうが長いですね。サルのオスには牙がありますが、埋まっている部分が浅い。浅いと、かんだときに牙が抜けてしまうかもしれませんね。サルは威嚇のために牙を使っているようです。牙がどれだけ入り込んでいるかが使える牙かどうかのポイントです。肉食の動物はかんで引きちぎって飲み込みます。引きちぎるときに、奥歯を使います。大臼歯です。大臼歯を意識しながら、うまくかみ合わせてみてください。他の臼歯は上と下の歯がぶつからないようにかみ合わさっているのに、大臼歯だけはかぶさるように、下の臼歯の外側と上の臼歯の内側がすれ合っているのが分かります。すれあって何かを切る道具は何ですか。ハサミです。埋まった牙と、すれ合う歯があるというのが肉食動物の歯の大事なところです」

ここで、違う骨を出した。「大きな動物B」「小さな動物C」。「肉食かどうかを見てください。動物Bの歯を合わせてみましょう。左の上下を合わせると右がずれます。右の上下を合わせると左がずれます。すりつぶして食べる動物で、草食だということになります」。Bはシカの骨だった。

「動物Cは小ささからどういう動物かが分かります。牙があり、奥まで入っています。目が大きいのが特徴です。よく見ているということです。下あごを外して裏側にします。穴が空いています。内耳、中耳の部屋です。それが大きいということは、聴覚が発達している、平衡感覚が優れているということです。目が大きいので、額が狭い。『ネコの額』と言いますね。自分の感覚で特徴をとらえ、考えます。ネコと答えるには、ネコの知識を持っていなければなりません。家畜中心に授業をした後、上野動物園に行って、動物園の動物の骨で授業をします」

元村記者の「子どもたちから教えられることはありますか」の問いに、武井さんは「毎回ですね。毎年同じようにしていますが、常に新しい発見があります。生徒の発見を見て発見している。3学期は全身骨格を見ます。おなかのところに肋骨がなく空間になっていることを生徒がうまく表現したことに、すごいなと思い、感動しました」と答えた。

同席した柳楽記者は「骨を触ったとき、すごく面白い授業だと思いました。最初はこの授業を視覚障害のある人が学ぶという枠でしか考えなかった。だから、授業のよいところを見つけられていなかった。それに気づいて、枠を外して、そもそも学ぶとは何かを見ようと思ったときに、授業の本質に近づけたと思います。視覚障害のある女性が『障害は個性だと言いますが、この学び方は文化だと思います』と言いました。文化と言えば、皆で共有できる感じがあります。確かに、この授業はひとつの文化の形だなと思いました」と語った。

元村有希子のNEWSなカフェ「**雲を愛する技術**」が2019年10月11日、毎日メディアカフェで開催された。ゲストは「雲研究者」という肩書で、豪雨、豪雪、竜巻など気象災害を雲から予測する研究に取り組んでいる荒木健太郎・気象庁気象研究所研究官。台風19号が接近する中での開催になった。荒木さんは慶應義塾大学経済学部を経て気象庁気象大学校卒業。博士（学術）。地方気象台で予報・観測業務に従事した後、現職。防災・減災のために、豪雨・豪雪・竜巻などによる気象災害をもたらす雲の仕組み、雲の物理学の研究に取り組んでいる。著書に『雲を愛する技術』（光文社新書）など。映画「天気の子」（新海誠監督）の気象監修を務めた。荒木さんのツイッターには多くのフォロワーがいて、「雲友」と呼ばれている。

荒木さんはまず、台風19号の話から始めた。「大型で非常に強い勢力の台風です。12日午後3時には、非常に強い勢力を維持したまま、中心付近の最大瞬間風速は60メートルと予測されています。気象庁の情報では、記録的な暴風や大雨の恐れがありますと書かれています。2日前に記者会見しましたが、接近する3日も前に記者会見するのは初めてのことです。それだけ危険な状況です。高潮の可能性もあります。満潮が夕方で、猛烈な風が南から入ってくると波浪が合わさり、非常に危険です。都内に住んでいる方はハザードマップを確認してください。明日出る避難情報を見てください。雨は明日の朝から強まり、雨が続きます。河川の上流域で降り続くと河川の氾濫が起こる可能性があります。明日の夕方に中心部が東京都の西側を通ると、東京都や千葉県は特に危険です。関東は警報級の雨、風になります。危なくなる前に避難することが重要です。昨年の台風21号、今年の台風15号よりも明らかに雲域が大きい。本当に危ないので、周囲の人に危機感を伝えてください。それが皆さんへの宿題です」と、厳しい口調で警戒を呼びかけた。

この後、映画「天気の子」について話した。「ストーリーがベースにあって、科学的整合性がとれるところはとるというスタンスでやりました。屋上に光の差すシーンがあるのですが、薄明光線という現象です。大気中の微粒子に光が当たって、チンダル現象と言って、光の筋が見えるようになる。『天使のはしご』です。薄明光線が差しているところで、雨が降っているという状況ですが、『雨粒に光が当たって反射するので、もっときらめかせたほうがいい』と言いました。劇場で見ると、きらきらしています。焼けている雲のシーンがあります。レイリー散乱といって、太陽光が大気を通る距離が長いと、波長の長い赤い光だけが残ります。太陽高度が高いときは、薄明光線は白っぽくしたほうがいいし、低いときは暖色系を強くしたほうがいいとアドバイスしました。乱層雲というちぎれ雲が飛んでいることがあります。雨が降っているシーンでは、そういうちぎれ雲があると、それっぽくなります。気象庁の記者会見のシーンでは、夏なのに厚めの服を来ていました。半袖で会見している課長の写真を示しました。作業服を着るのが決まりです」と、監修の経過を紹介した。

続いて、本題の雲の話に移った。「雲とは何か。雲は水蒸気が水や氷になったものです。雲の分類は10種類あり、十種雲形と呼ばれます。上層には巻雲があります。積むという字の積雲はもりもりと上に行きます。層雲は横に広がります。乱というのは雨を降らせます。乱層雲、積乱雲があります。積雲は積乱雲になる前の雲です。不安定になると、雄大積雲になります。いわゆる入道雲です。雄大積雲と積乱雲の違いは、積乱雲は雷活動を伴うということです。災害の原因になります。積乱雲が集まって発達すると、熱帯低気圧、台風になります。集中豪雨の原因になることがあります。積乱雲の寿命は30分~1時間ぐらい。発生前から正確に予測することは難しいです。1個だけの積乱雲だと通り雨で終わります。しかし、風上側に持ち上げ続けられる力があると、積乱雲が発生し続けて同じ場所を何回も通過することが起きます。すると、同じ場所で雨が降り続ける集中豪豪雨になります。線状降水帯です。平成29年（2017）九州北部豪雨は線状降水帯が主要因です。ただし、線状降水帯の定義はまだ明確ではなく、研究段階です。平成30年（2018）西日本豪雨は線状降水帯が主要因ではなく、梅雨前線が停滞して広範囲に雨が降りました」

さらに、「ぜひ観天望気をしてほしい。雄大積雲の頭に頭巾雲というのがあります。雲が元気に成長している証しです。上昇している、発達していることが読み取れます。濃密巻雲という雲の先には積乱雲があります。乳房雲は積乱雲の進行方向前方に現れる雲です。こうした危険を呼びかける雲たちの特徴を知ってほしい。危険を知るキーワードがあります。①大気の状態が不安定、②所により雷を伴う――です。観天望気の一歩先で、感天望気をしてほしい。雲への愛をもとに雲の心を感じて、雲と上手な距離感で付き合うようにしましょう。積乱雲は危険を呼びかけてくれる。その声を聞けるかどうか。危険もありますが、雨雲が去った後は、美しい空も見せてくれます」と話した。

質疑応答で研究や活発な発信のモチベーションを問われた荒木さんは「防災をやるために研究しています。災害の実態解明をして、高精度の予測につなげる研究です。それにより、気象庁の発表する防災気象情報がより良くなります。情報発信はふだんから空を見上げたくなる写真を見せて、危ないときには気象情報を聞いて身を守りましょうと呼びかける。防災、防災と思っていると力が入って、続かない。続けるためには楽しくなければならない。雲を愛でつつ、危ないときには気をつけるという継続した防災ができるようになるというのが雲を愛する技術だと、私は考えています」と語った。

荒木さんが警鐘を鳴らした台風19号は、イベント翌日の10月12日19時前に大型で強い勢力で伊豆半島に上陸し、関東地方を通過した。静岡県や新潟県、関東甲信地方、東北地方は豪雨となり、6時間降水量は89地点、12時間降水量は120地点、24時間降水量は103地点、48時間降水量は72地点で観測史上1位を更新した。死者・行方不明者99人、住家の全半壊等4008棟、住家浸水7万341棟の被害をもたらした（消防庁調べ）。

元村有希子記者のNEWSなカフェはコロナ禍により開催が難しくなり、これが最終回となった。元村記者は次のように、感想を寄せてくれた。

――難しい科学のトピックについて、第一人者に根掘り葉掘り聞ける場。賛否の分かれる問題をとことん議論できる場。科学を触媒に、専門家と非専門家がつながる「サイエンスカフェ」を毎日メディカフェで主宰できたことは、とても貴重な経験でした。

講演会で客席から眺めるだけだった科学者が、目の前で自分の質問に答えてくれる。あわよくば2次会で一緒にビールを飲みながらおしゃべりできる。そんな親密な時間を求めて、毎回たくさんの方々が集まってくれました。なるべく多くの人に満足してもらいたいと、テーマや切り口、ゲストの人選に心を砕いたのもいい思い出です。

「科学はもっと、身近になれる」。これが私の信念です。その実践の場を失ったことは残念ですが、カフェを通じて生まれたご縁は一生続きます。また、いつかどこかで。

⑩ MOTTAINAI事務局が環境イベントを企画

毎日新聞MOTTAINAIキャンペーン事務局は、水と緑の地球環境本部（2016年から健康医療・環境本部）の中にあった。同事務局は毎日メディアカフェでキャンペーン関連の企画を実施した。企画したのは七井辰男事務局長と部員の山口昭記者で、吉澤裕之部員が運営に協力した。企画は多岐にわたるが、中でもタイムリーで好評だったのは、「プラスチックごみ問題を考える」セミナーだった。プラスチックごみ、特に海洋プラスチック問題は世界の環境問題の主要テーマの一つになっていた。世界経済フォーラムの報告書（2016年）によると、2050年までに海洋中に存在するプラスチックの量が魚の量を超過する（重量ベース）と予測された。ウミガメや海鳥をはじめとした多くの海洋生物が誤飲などさまざまな被害を受けている。

SDGsはターゲットの一つとして「2025年までに、海洋ごみや富栄養化を含む、特に陸上活動による汚染など、あらゆる種類の海洋汚染を防止し、大幅に削減する」を掲げている。海洋プラスチックごみ問題は2019年6月末に大阪市で開催される20か国・地域首脳会合（G20大阪サミット）の重要テーマの一つとされ、議長国日本がリーダーシップを発揮し、その解決に向けた道筋を示せるか、世界の関心が集まっていた。そうした状況下での企画だった。

２０１９年1月31日、第1回の「**プラスチックごみ問題を考える**」セミナーが開かれた。登壇者は京都府亀岡市が18年12月に出した先進的な「プラごみゼロ宣言」のアドバイザーである原田禎夫・大阪商業大学准教授と福井和樹・環境省海洋環境室長補佐。原田さんは「海のプラごみの６割から８割は陸から川を通じて流れ出した生活ごみで、東京湾で獲れたイワシの７割、琵琶湖の魚の4割、世界の水道水の８割から細かく砕かれ有害物質を吸着しやすいマイクロプラスチックなどが検出されています。日本近海は世界的にもマイクロプラスチックが多く集まっているホットスポットで、その濃度は世界平均の27倍に及ぶとされています。世界では毎年８００万トンを上回るプラごみが海洋に流出していますが、10年後にはその10倍に膨れあがるとみられています」とのデータを示し、ＥＵは２０３０年までに使い捨てのプラスチック包装を全廃する方針を打ち出し、英国がストローや綿棒など使い捨てプラスチック製品の販売を禁止するといった急速に進む脱プラスチックの動きを紹介した。

原田さんは「普段からプラスチック製品への依存を減らすことが重要だ」と訴え、飲料の代金にペットボトルの回収費を上乗せし、消費者が容器を返却したら，回収費を返却するデポジット制度やレジ袋の有料化など経済的インセンティブの活用を提言した。

福井さんは、環境省が立案している「プラスチック資源循環戦略（案）の概要」を解説した。基本原則として3R（リデュース、リユース、リサイクル）の3Rに「リニューアブル（再生可能）」を加え、2030年までに使い捨てプラスチックを25％排出抑制することを目指す。また、消費者や自治体、NPO、企業と連携し、ポイ捨て撲滅や使い捨てプラスチックの抑制、分別回収の徹底など、「プラスチックとの賢い付き合い方」を全国的に推進する「プラスチック・スマート」キャンペーンを展開し、取り組みを国内外に発信していくと語った。

「プラスチックごみ問題を考える」連続セミナーの第2回は3月12日に開かれ、東京農工大学農学部環境資源科学科の高田秀重教授と東京都環境局資源循環推進部の古澤康夫専門課長が登壇した。高田さんは海に流出したプラスチックが波や紫外線によって細かく砕かれ5ミリ以下となった「マイクロプラスチック」による海洋汚染と解決策をテーマに講演した。高田さんによると、世界では年間4億トンのプラスチックが生産されており、石油産出量の8～10％がプラスチックの生産に向けられ、その半分はペットボトルや食品の包装に使われている。ごみの収集・リサイクルなど廃棄物処理から漏れたプラスチックが河川を通して海に流入する。ペットボトルの場合、日本では年間227億本が生産され、回収率は88・8％（2015年）なので、約25億本分が流出することになる。マイクロプラスチックの元はいろいろあり、プラスチックの破片のほか、化学繊維や化粧品に含まれるスクラブ（マイクロビーズ）、人工芝、台所のスポンジからも供給されている。プラスチックは紫外線や波のほか砂浜では光と熱によっても小片化、微細化が進む。世界では5兆個のプラスチックが海を漂っており、インド周辺や東南アジアはその数が多いホットスポットとなっている。日本近海も世界の平均に比べ20倍～30倍高いという。

高田さんは「マイクロプラスチックは水中の汚染物質を吸着しやすく、プラスチック製品にも添加剤が含まれており、生物が取り込んだ有害物質の一部は体内に蓄積する。食物連鎖によって生態系全体が汚染される可能性がある」と警鐘を鳴らし、海洋プラスチック汚染対策として、①ペットボトルを含む使い捨てプラスチックの使用を減らす、②バイオマス由来のプラスチックや生分解性プラスチックの利用促進、③海岸清掃や市民意識の啓発――を挙げた。

古澤さんは、東京都の廃棄物審議会が19年1月に公表した「プラスチックの持続可能な利用に向けた施策のあり方」中間まとめの内容などを説明し、「都民のライフスタイルや消費行動の変化を促したい」と語った。

「プラスチックごみ問題を考える」第3回は5月9日に開催された。最初に国連広報センター所長の根本かおるさんが「2050年には世界人口が96億人に増え、地球が三つ必要になるとされています。生活スタイルを見直さなければならない状況にあります。先日、ケニアを訪問しました。ナイロビで第4回国連環境総会が開かれている最中でした、中心議題の一つとなったのがプラスチックごみ問題でした。本部の敷地の中で、『フリップフロップ号』という船がありました。ケニアの沿岸部で回収されたプラスチックごみ、ビーチサンダルをもとに作られました。カラフルなフリップフロップ号はザンジバル島まで航海し、寄港した場所で、子どもたちへの環境教育、地域住民へのリサイクルのワークショップを開きました。すごい人気でした。フランスのマクロン大統領も乗りました。ケニアではフリップフロップサンダルを回収して動物の置物にして、土産品にもなっていました。ケニアは使い捨てプラスチックの輸入、使用、生産を禁止しています。レジ袋の代わりに不織布を使っています。3月下旬、ケニア政府は不織布も使ってはいけないという決まりを出しました。すぐに破れてポイ捨てされるからです。しかし、高等裁判所が決定の差し止めをして、宙ぶらりんの状況です。日本の技術を活かして使い捨てレジ袋に替わるものを提供することができれば、マーケットが広がり、生活の質の向上にもなると思います。G20サミットでもプラスチックごみ問題が話されます。私たちはライフスタイルを見直す啓発ビデオを作りました。これを世界に配信します。足下からできるアクションの参考にしてください」とあいさつし、啓発ビデオが上映された。

続いては、一般社団法JEAN副代表理事・事務局長の小島あずささんが話した。小島さんが1991年に設立したJEAN／クリーンアップ全国事務局は年2回の全国一斉クリーンアップキャンペーンとごみ調査に取り組み、2006年には毎日新聞社と朝鮮日報社が主催する第12回日韓国際環境賞を受賞した。

小島さんは「海洋ごみは古くて新しい問題です。昔のごみは天然素材がほとんどで、量も少なかった。現在は、プラスチック製品を大量に捨てるようになり、清掃だけでは対応不能になりました。海岸のごみの7、8割がプラスチックです。製品としては長所だった安定性がごみになると短所になります。安定しているから、ずっとそこに残ります。軽くて便利だという長所は、雨や風で簡単に移動する、国や地域を越えて移動することになります。生物への悪影響として、絡まり、誤飲があります。プラスチックは分解しませんが、崩壊します。劣化して細かい破片になり、水産品への混入が増加します。有害化学物質を運ぶことも心配されています」と指摘した。

この後、海洋クリーンアップ活動の歴史を振り返り、「海洋ごみは再利用が難しい。水分、塩分が付着し、汚れており、リサイクルはできません。現場で向き合う住民、NPO、市町村は疲弊しつつあります。全国規模のNPO・NGOへの公的支援はほとんどありません。海洋プラスチック憲章に日米は署名しませんでした。私たちにできることは現実を知り、当事者意識を持つことです。個人の行動への期待だけでは限界があり、社会の仕組みの変革が必要です」と訴えた。

次に、日本プラスチック工業連盟専務理事の岸村小太郎さんが話した。岸村さんは樹脂（レジン）ペレット漏出防止について話した。樹脂ペレットはプラスチック原料を、加工しやすいように3〜5ミリの粒状にした素材だ。「JEANが全国の海岸などで樹脂ペレットを確認したことを踏まえ、漏出防止マニュアルの作成・配布をしました。荒川河川敷を見に行ったことがあります。NPO法人荒川クリーンエイド・フォーラムが清掃していた場所で、ごみがないように見えましたが、よく見ると、かなり樹脂ペレットがありました。何とかしなければならないと思いました。その後、リーフレット『樹脂ペレット漏出防止徹底のお願い』を出しました。漏出防止マニュアルには共通対策、発生源対策、こぼれペレット対策、漏出防止対策が示されています」と報告した。

最終回は6月18日に開催された「**元村有希子のNEWSなカフェ　プラスチックごみ問題を考える第4回　どうする？　日本**」だった。毎日ホールで開かれ、150人が集まった。連続企画である「元村有希子のＮＥＷＳなカフェ」と「プラスチックごみを考える」をドッキングしたセミナーだ。６月末のＧ20大阪サミットを前に、国際社会での日本の責務について議論した。ゲストは、プラスチックを含むすべてのごみの８割を資源としてリサイクルしている徳島県上勝町のＮＰＯ法人「ゼロ・ウェイストアカデミー」の坂野晶理事長と、ＷＷＦ（世界自然保護基金）ジャパンの三沢行弘・プラスチック政策マネジャー。毎日新聞科学環境部の環境チームキャップとして、温暖化の被害軽減策「適応」をテーマにしたキャンペーン「＋２℃の世界」を担当している大場あい記者も同席した。

最初に、大場記者がＧ20サミットに先だって６月15、16日に長野県軽井沢町で開催されたＧ20エネルギー環境関係閣僚会合について、「環境担当閣僚が集まる会合は初めてです。２回のセッションのうち、１回は海洋プラスチックごみ問題がテーマになりました。海洋プラスチックごみ対策実施枠組みが合意されました。米国を含む全ての国が合意したという点がポイントです。内容は海洋への流出量の統計データ、各国の対策などを報告してもらう枠組みが提案されました。しかし、いつまでにどれだけ削減するのかという数値目標はありません。また、中身は自主的な取り組みに任されています。いつまでにどうなるかは分からないというのが実情です」と取材内容を報告した。

次に、三沢さんが「プラスチック汚染問題解決に向けた世界の動向」について話した。三沢さんは「プラスチックの世界の生産量は年間３・96億トンで、１９５０年に比べて２００倍に増えました。年間約１億トンが適切に処理されずに自然界に出ており、このうち８００万トンが海に流出していると推定されています。レジ袋など、ただ同然で配られているものが多い。プラスチックが安すぎて、リサイクルされないのです。環境を守るコストが入っていないという構造的な問題があります。政策面では、世界の80か国がレジ袋、発泡スチロールへの規制を導入しています。日本ではまだ導入されていません。海岸で見つかるプラスチックごみは、たばこ吸い殻、食品容器などが多く、それに対応した対策が講じられています。プラスチック製ナイフ、フォークを2021年までに流通禁止にすることも決まっています。EUは7割を減らせると言っています。日本の海岸で見つかっているごみは、JEANの2017年調査実績によると、漁業ごみ、プラスチック破片、たばこフィルターが多いと報告されています。EUのように、規制が入っていない現状です。国連とエレン・マッカーサー財団が『新プラスチック経済グローバル・コミットメント』を呼びかけました。世界の350社が問題解決に責任を果たしていくと宣言しています。2025年までに不要なプラスチックを根絶するといった約束をしています。日本はまだ2社しか入っていない。プラスチックの使い方を見直し、900万トンの廃プラスチックを減らすことが重要です」と語り、G20対策実施枠組みについては、「削減目標がないのは大きな問題です。自主的な対策に委ねられていることも問題です。膨大なプラスチックが海に流出しているのを止めなければならないことで合意していないので、WWFはそれが残念だというコメントを出しています。モントリオール議定書はオゾン層破壊に大きな効果がありました。こうした取り組みがプラスチック問題でも必要です」と指摘した。

続いて登壇した坂野さんは日本初の「ゼロ・ウェイスト（ごみや無駄をなくす）」宣言をした徳島県上勝町を拠点に、自治体の廃棄物削減計画策定、ゼロ・ウェイスト認証制度の設立・運用、企業との連携事業などに取り組んでおり、２０１９年世界経済フォーラム年次総会（ダボス会議）では、若手リーダーの一人として共同議長を務めた。坂野さんは「上勝町は和食の飾りになるような葉っぱを集めて売る『葉っぱビジネス』でも有名な町です。２００３年にゼロ・ウェイスト宣言をしました。町では、ごみを45分別しています。そんなのできるか、と思うかもしれません。それぐらいやろうとすればできなくはないということです。町に1か所、『ごみステーション』があります。自分でごみを持ってきます。ごみ収集車は走っていません。ごみステーションには表示があり、何を入れるだけではなく、それがどこに行って何になるのか、町の収入になっているのかなどが書かれています。どうなるのかが見えるという透明性が担保されることは大事だと思います。『くるくるショップ』というリユースショップもあります。自分で使わないものを置き、ほしい人が自由に持っていきます。リサイクルではなく、付加価値を付ける『アップサイクル』と呼んでいます。おじいちゃん、おばあちゃんがものづくりをする場所になっています。日本のリサイクル率は20％ですが、上勝町は最高81％です。生ごみは１００％堆肥化されています。リユース率は90％以上、ごみ焼却経費は日本の平均の6分の1です。視察者は年間２０００人もいます。ごみステーションは地域コミュニティの拠点になっています。生ごみがないし、きれいにして持ってくるので、いやな臭いがしません。ごみのいやなイメージの価値転換が起こっている。しかし、2割はリサイクルできません。そもそもリサイクルできる素材ではない、何の素材か分からない商品もあります。素材、製品設計を変えなければなりません。ゼロ・ウェイスト認証制度によるお店の応援・巻き込みを始めました。お店はプラスチックをなぜ使わないかをお客さんとコミュニケーションします。店のマップを作って視察の人に回ってもらいます。飲食店から始め、アパレル店にも広げていきます」と多彩な活動内容を報告した。

Ｇ20大阪サミットでは、「社会にとってのプラスチックの重要な役割を認識しつつ、改善された廃棄物管理及び革新的な解決策によって、管理を誤ったプラスチックごみの流出を減らすことを含む、包括的なライフサイクルアプローチを通じて、２０５０年までに海洋プラスチックごみによる追加的な汚染をゼロにまで削減することを目指す」とする「大阪ブルー・オーシャン・ビジョン」が共有された。その実現に向け、サミット前の「Ｇ20持続可能な成長のためのエネルギー転換と地球環境に関する関係閣僚会合」で採択された「Ｇ20海洋プラスチックごみ対策実施枠組」がＧ20首脳に承認された。

２０１９年9月10日のセミナー「**気候変動を考える――気候正義**」も、タイムリーな企画だった。スウェーデンの15歳の女性グレタ・トゥーンベリさんが２０１８年8月、「気候のための学校ストライキ」という看板を掲げて、より強い気候変動対策をスウェーデン議会の前で呼びかけたことをきっかけに、世界の学生が「Fridays for Future（未来のための金曜日）」の名称で、気候変動対策を求めるデモなどをするようになった。日本でも「Fridays For Future Tokyo」が２０１９年2月からデモを開始した。ＭＯＴＴＡＩＮＡＩキャンペーン事務局は地球温暖化によって次世代の若者たちや途上国の人々が受ける不利益を正そうという「気候正義（Climate Justice）」について考えようと、このセミナーを企画した。

セミナーではまず、国立環境研究所地球環境研究センター副センター長の江守正多さんが報告した。江守さんの専門は地球温暖化の将来予測とリスク論で、気候変動に関する政府間パネル（IPCC）第5次・第6次評価報告書主執筆者を務めている。江守さんは次のように語った。「2015年のパリ協定では、『世界的な平均気温上昇を産業革命以前に比べて2℃より十分低くするとともに、1.5℃に抑える努力を追求する』と定めています。温暖化防止対策なしのケースでは、平均気温は今世紀末までに約4℃上昇します。シミュレーションでは、50年以降になると対策のあるなしの違いがはっきりします。2℃以下に止めるためには、排出量を今世紀中にゼロにする必要があり、今から排出を減らし始めなければなりません。実は世界各国が約束した対策が全て実施されても、長期目標に達する状況ではない。ギャップを埋めていくため、話し合いが持たれています。今、大人がのんきになっていてはいけないという若い人たちが出てきました。気候変動問題では、社会的な不公正があります。一つは世代間の正義です。大人の世代がCO_2を排出してきましたが、深刻な被害を受けるのは将来の世代です。世界で若者のアクションが起こっています。彼らは2050年に社会の中心にいて、気候変動の影響を受け止めなければならないからです。もっと若者に発言権があるべきだと思います。僕はIPCCの次の報告書の執筆に参加しています。IPCCの評価では、すでに1℃温暖化していて、今のペースだと40年前後に1.5℃になります。温暖化により、異常気象が増え、豪雨被害や熱波による健康被害が増加します。1℃温暖化することにより、個々の異常気象が強くなっていると科学的に言えます。もう一つの気候正義のポイントになりますが、より深刻な影響を受ける地域があるということです。北極域、乾燥地域、沿岸低平地、島嶼などに住む途上国の貧しい人たちが最も深刻になります。この人たちはCO_2をほとんど出していないのに、強く影響を受ける。それは不正義ではないかということです。温暖化により生態系の不可逆的な損失が進みます。サンゴ礁は多くが消滅する恐れが指摘されています。1.5℃の気温上昇で平気なわけではありません。せめて、1.5℃で止めたいということです」

次に、国際環境NGO「FoE Japan」常勤スタッフの高橋英恵さんが報告した。FoEは世界74か国で活動し、200万人のサポーターがいる。高橋さんは「温暖化対策は緩和、適応、損失と被害があります。緩和はCO_2削減のための省エネルギー、再生可能エネルギー普及などです。適応はすでに起こりつつある影響の防止、軽減のための備えです。近年、注目されているのは損失と被害です。異常気象による被害、海面上昇に伴う土地の損失など、すでに損失と被害が出ています。温暖化対策はお金がないとできません。気候資金は先進国から途上国への資金提供は気候正義を実現する一つの手段だと思います。気候変動枠組条約第4条でも先進国の義務として定義されています。地球環境ファシリティ、適応基金など五つの気候資金があります。気候基金をめぐる課題として、①収益性の見込まれる緩和策が多い、②人権侵害、生計手段の喪失といった社会的影響も見られる、③損失と被害対策のための資金メカニズムが十分整備されていない、④気候資金の会計処理規程の未熟さなどがあげられます。フランスは拠出金額を倍増しましたが、日本も増やすべきです。それとともに必要なことは、私たち自身の意識を変える、私たちの生活様式を見直すことです。自分たちにできることから落とし込んでいくことが大事だと思います」と語った。

続いて、「Fridays For Future Tokyo」の太田紘生さん、野中海皇（アルハンドロ・ホセ）さんが登壇した。Fridays For Future Tokyoはそれまでに2回、東京・渋谷と霞が関でグローバル気候マーチを開催していた。いずれも大学3年生の太田さんは「学生であることを前面に出して、気軽に関心を持ってもらいたいと思って活動しています」、野中さんは「グレタは今世紀のリーダーの一人として認められていると思います。日本では2月から活動が始まり、グローバルストライキに合わせてマーチを開催し、１２０人が参加しました。その後、僕もメンバーになりました。次のマーチには３００人が参加しました。9月20日に3回目をするので、一緒に考えてもらいたいと思っています」と話した。

この後、参加者を交えた討議をした。江守さんが「国民性、文化的な違いがあり、日本ではストライキ、デモには昔の学生運動への悪いイメージがある。皆さんはライトにやっているという感じがあります」と尋ねたのに対し、野中さんは「いま声を出しても、聞く人が少ない。アクションをする、意思表明をするのがタブーな国だと実感しました。しかし、やり方次第で変えられると思います。真摯な思いを持ち、一緒にやりましょうという姿勢でやっていきたい」、太田さんは「デモに対する目に苦労させられています。マーチということで、より参加しやすい形にして、時間も午後5時からと、集まりやすいように工夫しながらやっています」と答えた。

ＭＯＴＴＡＩＮＡＩキャンペーン事務局が企画したイベントでは、２０１9年3月26日の「**健康エクササイズＧｙｍＧｙｍを始めよう！**」も話題になった。ＭＯＴＴＡＩＮＡＩキャンペーンに協力しているタレントのルー大柴さんとキャンペーン事務局は「子どもから大人まで、だれでもが楽しみながらできる体操と頭の体操、両方が入ったアイテムを作ろう」と考え、試行錯誤の末に健康エクササイズ「ＧｙｍＧｙｍ」（ジムジム）をつくった。医学監修は糖尿病、成人病予防が専門の慶應義塾大学医学部専任講師の税所芳史さんが担当した。プロモーションビデオはルー大柴さんがメインアクターで、「ナース・レインボウズ」のメンバーが一緒にエクササイズをした。このイベントでは、ＧｙｍＧｙｍが作られた経緯を報告し、参加者が実際にエクササイズをした。

ルー大柴さんのマネジャーで株式会社 Carino 代表取締役社長の増田順彦さんが進行役を務め、「構想から2年かけて実現しました。体操の英語は Gymnastics。頭と体の両方の体操なので、Ｇｙｍを重ねて、『ＧｙｍＧｙｍ』です。スポンサーを得て作りました。営利目的でなく著作権フリー。だれもが自由に使える体操です」と話した。

次に、「ＧｙｍＧｙｍ」のプロモーションビデオを上映した。ルーさんが話しながら体を動かしている。「頭と体にきく体操です。レッツトゥギャザー。まずはステップ。前後にステップ、ワンツースリーフォー。かかとの上げ下げ。冷え性の改善になりますよ。クエッションタイム。88−19は？　65−27は？　手を前に出してグーパー、老化防止につながります。肩を回します、肩こり解消になりますよ。肩甲骨を意識して。クエッションタイム。青森を逆から言うと？　山口を逆から言うと？　片足立ち。バランス感覚をよくしましょう。次は腹筋。大きく息を吸っておなかをふくらませて、ゆっくり吐きます。クエッションタイム。キリンを英語で言うと？　病院を英語で言うと？　足を肩幅に開いて、腰を右左に動かします。神経細胞が活性化されます。足はそのまま、体

GymGymをするルー大柴さん（手前）と参加者たち

を右左にひねります。クエッションタイム。島根県の県庁所在地は？　讃岐うどんが有名な県は?ラストはスクワット。両手を前に出して腰を下ろします。上げて、下げて。アップ、ダウン。ステップしてクールダウンしましょう。We are fine!」。7分27秒の体操だった。

続いて、税所さんがGymGymを見ながら、「有酸素運動です。歩くときの姿勢も大事です。胸を張っておなかをひっこめる。大股で歩くようにして、内股にならないように意識しましょう。かかと上げは、ふくらはぎを鍛え、血流の改善につながります。計算の能力、逆さ読みするのは、認知症診断のチェック項目にもなります。体を動かしながら、頭を使うことがよい。握力は年齢とともに低下します。筋量が減ります。筋量を減らさないためには、動かすとよいです。肩回しは肩こりの予防、解消になります。片足立ちはバランス感覚をよくします。片足立ちが難しい方は、何かにつかまりながらでもかまいません。自身の体力、筋力に合わせてやってください。腹筋の体操では、おなかを引き締めることがポイントです。おなかが締まると体幹が鍛えられます。腰を左右に動かすと、腰の柔軟性につながります。ふだんあまり動かさない筋肉を使います。バランス感覚もよくなります」と解説した。総括的な評価として、「医者の立場からは安全なものにする必要があると考えました。時間的に長すぎず、短くもない。厚生労働省は『+10運動』ということで、1日の運動時間を10分増やすことを推奨しています。それにもちょうどよい。日々の診療の中で、『運動しましょう』と言っていますが、なかなかできません。ＧｙｍＧｙｍは一般的な体操よりもノリのよいリズムでやるので、楽しく続けられると思います。クイズが入っているも認知症予防によいと思います」と推奨した。

最後に、ルーさんとナース・レインボウズの４人が参加者全員と一緒に、ＧｙｍＧｙｍに挑戦した。

⑪ 近未来研究会と多彩なセミナーを開催

２０１８年からは、近未来研究会の連続イベントが始まった。近未来研究会（岸田徹代表）は有識者で構成する任意団体で、コーディネーターを務めていた校條論さんが毎日メディカカフェを知り、近未来研究会の識者が話すイベントの開催を企画した。校條さんは東北大学理学部卒業で、私の先輩にあたる。50年を超える毎日新聞読者ということで、親近感もあった。校條さんは１９４８年神奈川県茅ヶ崎市生まれ。メディア研究者、ＮＰＯ法人みんなの元気学校代表理事。73年から、野村総研、ぴあ総研（現文化科学研究所）で情報社会、メディア、消費者行動などの調査研究に従事。97年ネットビジネス（未来編集）起業、オンラインマガジン発行。２０１２年、ＮＰＯ法人みんなの元気学校設立。15年から近未来研究会コーディネーター。著書に『ニュースメディア進化論情報過多時代の学びに向けて』（インプレスＲ＆Ｄ）がある。

18年5月18日に近未来研究会企画による初のセミナー「**第4次産業革命と超江戸社会**」が開催さ

れた。登壇者は近未来研究会メンバーで、インターネットビジネスコンサルタントのＤ４ＤＲ社長、藤元健太郎さん。藤元さんは電気通信大学電気通信学部卒。野村総合研究所在職中の１９９４年からインターネットビジネスのコンサルティングをスタート。日本初のｅビジネス共同実験サイト「サイバービジネスパーク」を開設、２００２年にコンサルティング会社Ｄ４ＤＲの代表に就任した。社名のＤ４ＤＲは人間の好奇心を司る遺伝子の名前だという。あらゆるモノがインターネットにつながる「ＩｏＴ」や人工知能（ＡＩ）、複合現実（ＭＲ）、ロボティクス。現在は「第４次産業革命」と言われるほどテクノロジーによる変化が急激に起こっている。これら新しいテクノロジーには「工業化社会で失われた価値を取り戻す」という側面があり、いわば江戸社会のよい面を新しい装いで実現しようとしているとは言えないか。そんな問題意識に基づく企画だった。藤元さんは江戸時代の循環型社会、コミュニティについて説明し、「新しいテクノロジーは、生産性の高い安心安全な社会の実現を可能にしている。近未来の社会モデルは、皆が誰かの役に立つことを実感しながら自己表現を楽しむ『超江戸社会』ではないか」と展望した。

２回目は7月17日に開催された「**熱中小学校の挑戦　地域の学びの場づくりを通じた地方創成とは**」だった。「もういちど7歳の目で世界を」のキャッチフレーズのもと、２０１５年に山形県高畠町で小学校の廃校を使った「熱中小学校」が誕生した。「熱中小学校」（熱中塾などを含む）は3年で、全国11校まで拡大した。立地地域は大半が人口流出地域。これまで大人が生で学ぶ場があまりなかったところに、さまざまな分野の著名人や専門家がノーギャラで来てくれるということで、向学心に燃えた地元民の熱い目に迎えられていた。セミナーでは、熱中小学校群のプロデューサーであるオフィス・コロボックル代表の堀田一芙さんが、その取り組みについて、「震災後、福島県の会津地方で風評被害対策をしていたとき、山形県で廃校を再生してほしいという話がありました。その学校は『熱中時代』というテレビ番組のロケーション場所として使われていた学校でした。その再生の話とは別に、結果として、大人の学校にしようということになりました。熱中小学校の先生はIT企業などの社長、大学教授、デザイナー、技術者などです。先生は無給で、交通費・宿泊代だけが払われます。生徒は大人で、授業料を払って受講します。年齢や職業の異なる人たちが集まることによって、自分の殻を破る人が現れている。それをベースに地方創生をする、地方創生を人づくりからすべきではないかと考えます。熱中小学校の流儀は、一番目に大事なことは、楽しいこと。二番目に大事なことは、多様性のある人がいること。三番目に大事なことは、刺激と感動があること。四番目に大事なことは、輪の広がりがあること。五番目に大事なことは、そこに貴方がいることです」と語った。

講演の後、久米繊維工業会長で近未来研究会メンバー、熱中小学校東京分校用務員の久米信行さんを交えた議論があった。各地で先生を務める久米さんは「私が話すのはがけっぷちのTシャツ屋がITを使って何とかしたという経験と、東京の田舎である墨田区が今は観光で盛り上がっているという経験です。スマホ1本で自分の故郷が有名になる、商品が売れるようになるという話をすると、目を輝かせて聞いているわけです。昔の墨田区と同じで自分たちの良さが分かっていない、ただの田舎で、美味しいものを食べていてもこれが当たり前だと思って価値を感じていない。宝物があるのに、気づいていない。自分たちの町の良さを認識していない。私が熱中小学校で思っているキーワードは遠心力です。ばらばらな人が一緒になることでしか、何かを生み出すことができない。地域を変えるのはよそ者、若者、ばか者だと言いますが、熱中小学校に来た人の何人かが新しいことを始める。攪拌することによって、新しいものが生まれると思います」と話した。

※熱中小学校　https://www.necchu-shogakkou.com/

続いて、9月19日に「**高校生と〝変人〟をつなぐ近未来ハイスクールとは？**」が開催された。メインスピーカーはオプンラボ代表取締役で自称「変人コレクター」の小林利恵子さん。小林さんは2010年、企業の魅力を引き出し、ビジネスパーソンの仕事を豊かにしていくオプンラボを設立した。人やサービス、企業の変わったところを見つけ出し、魅力としてイベントやコンテンツとして伝えることを得意としている。17年3月、近未来ハイスクール第1回を開催。変人と高校生を中心とした若い世代をつなげるプロジェクトを全国に広げていた。「変人とは変わり続ける、変革を起こす人、真摯な野心をいだいている人」と小林さんは定義した。変人の代表例として、アクティブラーニングの先駆者的な存在である国立高校生物教師や、インスタグラムで歌を歌っている動画がイギリスのプロデューサーの目に留まり、海外でライブをすることになったサラリーマンなど、さまざまな人が紹介された。小林さんが変人認定した人は、キャリアも職業もばらばらだが、「わくわくしながら生きていて、杭を出し続けている点で共通している」と語った。近未来ハイスクールでは、1～2人の先生役の〝変人〟が高校生のグループに入り込み、高校生と一緒に課題に取り組む。楽しく話をする変人たちを見て、参加の高校生の中には今まで感じていたブラック企業や過労死など、労働のネガティブなイメージ（ブラックや過労死など）がポジティブなものに変わっていく生徒や、近未来ハイスクールで変人と関わるうちに視野が広くなり、不安が期待に変わった生徒もいたという。小林さんは「変人データベースを開設し、いつでもどこでも変人と出会える、学びのサードプレイスを作っていきたい」と語った。

11月12日にはセミナー「**インスタグラム・コミュニティのパワー～〝好き〟で繋がり合う世界の可能性～**」が開かれた。メインスピーカーは近未来研究会メンバーでアイランド株式会社代表取締役の粟飯原理咲さん。月間3億リーチを超える日本最大級の料理インスタグラム・コミュニティ「クッキングラム」を運営している。クッキングラムは1万人の登録者が料理の写真や動画をインスタグラムに投稿し、16万人以上のフォロワーがいる。投稿数は月間280万件。「タッパー弁当」「悪魔のおにぎり」など、ユニークなハッシュタグで投稿を募集している。粟飯原さんは「日々の食卓をすてきにしようとしている人を応援している。好き、あこがれ、共感でつながっているコミュニティで、スタッフ自身が面白がっている」と人気の秘密を話した。

年が明けて2019年2月7日、「**どうなる？　どうする？　これからの教育～小中学校でのIT活用を念頭に**」が開催された。テクノロジーの普及により日本の教育は変革を迫られている。海外では教育にAIやブロックチェーンが使われるようになり、先進国ではすでに小学校でプログラミング教育が実施されている。体験型の授業にITを取り入れたり、教科を超えたプロジェクト型の学習を行ったりする事例も増えてきて、教育内容をどんどん更新している。ところが、日本では教師はそういった授業を受けてこなかったため、対応が追いついていないのが現状だ。２０２０年から小学校でプログラミング教育が必修になるのを前に、近未来研究会メンバーで武蔵野学院大学国際コミュニケーション学部准教授の上松恵理子さん、デンマーク在住で北欧研究所代表の安岡美佳さん、Ｄ４ＤＲ代表取締役の藤元健太郎さんの３人が、どういった教育にシフトしていけばよいのかを議論した。安岡さんは「デンマークの教育は、ＩＴ技術を教えるのではなく、ＩＴを学びのツールとして使う。外遊びや音楽、アート教育などとバランス良く教育が行われている」と紹介した。上松さんは小学校でのプログラミング教育必修化について「公教育でプログラミングを学ぶことが重要です。全ての子が使って理解することにより、国民のＩＴリテラシーが高まり、社会課題の解決にもつながる」と期待を語った。

４月19日には、「**あなたもできる『勝手に観光協会』～見知らぬ土地を十倍楽しむ方法～**」が開催された。講師は久米繊維工業相談役で墨田区観光協会理事の久米信行さん、東京東信用金庫吾嬬支店長の小川和久さん、同区商店街連合会事務局長で一般社団法人てんてん代表の井上佳洋さんの３人。久米さんは地元の名所や名店、面白い人を探して、インスタグラムなどのＳＮＳで発信する「勝手に観光協会」の意義と具体的方法を説明。小川さんは同信金の地域活動、井上さんは商店が協力して「お江戸のハロウィン」などのイベントを開催した例を報告した。

「**お寺の終活プロジェクト〜多死と孤立社会を生き抜く『とむらいのコミュニティ』とは**」は6月17日に開催された。ゲストは大阪市天王寺区下寺町にある浄土宗大蓮寺と浄土宗應典院の2寺の住職である秋田光彦さん。秋田さんはかつて映画「狂い咲きサンダーロード」などインディーズ映画ブームを巻き起こした一人。1997年に廃寺同然だった應典院をアート系寺院として再建した。應典院は文化・芸術分野などのイベントを年間100件以上開催し、「日本一若者が集まるお寺」とも呼ばれる。2018年に「とむらいのコミュニティづくり」を目指す「お寺の終活プロジェクト」を始め、その拠点「ともいき堂」が5月に完成した。秋田さんは「月例の『おてら終活カフェ』開催や医療、介護、相続、葬送などの終活事業者の組織化に取り組んでいます。地域に根付いてきた寺の資源力を活用し、新たな終活の理解と普及を推進したい」と話した。続いて、毎日新聞で終活コラム「身じまい自習室」「掃苔記」を連載する滝野隆浩社会部編集委員と語り合った。

セミナー「**大学の近未来を考える〜不本意入学の学生と、学ぶ意欲のある社会人を念頭に**」は8月29日に開催された。講師は近未来研究会メンバーの阪井和男・明治大学法学部教授。阪井さんは明治大学情報基盤本部の本部長として、情報教育改革、全学ネットワーク運用組織の構築、教育棟リバティタワーの情報インフラの企画・構築などに携わった。阪井さんは「法学部学生の多くは法律関係の職業を目指して入学するが、法律職に就くのは1割しかいない」との現状を示し、学生の実情に合わせた教育の必要性を指摘した。明治大学はその解決策の一つとして、学生が1週間地域に行って社会人からインタビューや調査をする「エクスターンシップ」事業に取り組んでいる。阪井さんは「本気の社会人と対話すると、学生も本気になる。対話によって、創造的な気づきや共生的態度が育まれた」と、対話の重要性を訴えた。

２０１９年11月22日、**「デジタル時代のメディア学習〜いまなぜ新聞を見直すのか？」**が開催された。ネットに新興のニュースメディアが多数登場している中で、改めて新聞の価値に注目するのがこのセミナーの趣旨だった。登壇者は横浜市にある日本新聞博物館（愛称ニュースパーク）館長の尾高泉さんと、初登壇となる校條さん。尾高さんは日本新聞協会企画開発部長、新聞教育文化部長として、新聞社のデジタル事業部門の調査研究や若者の無購読対策、ＮＩＥ（Newspaper in Education）、ＮＩＢ（Newspaper in Business）の環境整備などを担当。２０１７年10月から日本新聞協会博物館館長を務めている。２０００年に開館した同博物館は19年、累積来館者数が１００万人を突破した。校外学習や修学旅行などで多くの小中学生が訪れている。尾高さんは館内での取材クルーズやパソコンで新聞を作るプログラム、学校向け教材貸し出しキットの公開などの取り組みを報告し、「情報があふれる今、確かな情報を見極める力が求められています。新聞購読家庭が減少する中、保護者にも教育現場にも新聞の活用場面を具体的に示すことが必要です」と語った。校條さんは「紙の新聞の最大の良さは家族で共有しやすいことにあります。新聞は読者の学びを支援するものになってほしい」と述べた。

尾高さん（左）と校條さん

12月6日には、「**米山公啓さんトーク・人生100年時代の医療と生き方**」が開催された。米山さんは毎日新聞日曜版で「新・医学の真実」を連載（5週に1回掲載）している作家・医師で、近未来研究会のメンバー。専門は神経内科。1998年に聖マリアンナ医科大学内科助教授を退職し、本格的な著作活動を開始。東京都あきる野市の米山医院で診療を続けながら作家活動、テレビ・ラジオの健康番組の出演や企画をしている。著作は『健康という病』（集英社）、『AI時代に「頭がいい」とはどういうことか』（青春出版）など300冊を超える。

米山さんは過去に出版した著書で節目になったものを挙げ、「2005年の『医学は科学ではない』。医学は絶対的なものだと思う人がいますが、例えば、がんの場合、ある医師はがんを切る、ある医師は薬で治す。科学なら誰がやっても同じという再現性が必要ですが、医学はそうではない。医学は○×

でやるのは難しい。医者のやっている半分は科学的に証明されたものでない、根拠のないことです。健康番組でよく食べ物が扱われますが、食べ物と健康を結びつけるのは難しい。薬は何万人を集めて臨床試験ができます。クジを引いて半数はその薬、半数は偽の薬を飲んで結果を比較します。それは信頼度が高い。しかし、食べ物はそれができません。同じ物だけを食べ続けることは不可能です。２００８年の『医療格差の時代』。臓器移植が始まった時代です。医学はどこの地域でも同じというように考えられていましたが、移植のように、ある人は助かる、ある人は助からないという面が出てきます。そして２０１９年の『長生きの方法』。健康とは何か。広いとらえ方では、自分のやりたいことが実現できることが健康とも考えられます。健康―未病―病気―死のうち、病気と死との間が延びてしまった。医療は病気の人の隔離から始まり、治療、予防、さらに今は予知も出てきました。遺伝子診断で病気になりやすい人は治療を始めるということがされています」と語った。

この後、高齢者の定義や平均寿命、平均余命などについて説明し、「60歳からの生き方」として、自身の体験を紹介した。最後に、超高齢者になったときの考え方として、「何もしない潔さというのがあると思います。高齢者には多剤投与の問題があります。90歳を過ぎて骨粗鬆症の薬を飲む意味があるのか。医療からの卒業、『医卒』を目指すことも考えられます。最後はどこで死ぬか。介護施設の長をしていたとき、入所者の希望を聞いたら、多くは『家に帰りたい』でした。そういう人たちを、地域で受け入れることができないか。厚労省も家に戻そうという方針になりました。地域で支えることが重要です」と見解を述べた。

コロナ禍により、リアルイベントを開催しにくくなったことを受けて、校條さんはオンライン会議システム「Ｚｏｏｍ」でのオンライン開催を提案してきた。近未来研究会初のオンラインイベントは２０２０年５月18日に開催された「**〝コロナ後〟の家族と社会**」だった。講師は近未来研究会メンバーで社会学者の山田昌弘・中央大文学部教授。家族や社会を鋭く分析し、「パラサイトシングル」や「婚活」などの斬新な言葉を生み出してきた著名な学者だ。山田さんは新型コロナウイルス終息後の家族と社会の変化について見通しを語った。「家計を夫の収入でまかなうことのできる戦後型家族が減少し、家族はつくりにくく壊れやすくなりました」と家族の推移を分析したうえで、「日本の貧困率は高いが、貧困の実態はあまり目に見えなかった。コロナ災害により、目に見えるようになった。コロナ災害は家族の格差拡大を推し進めると思います」と話した。感染症対策専門家会議による「新しい生活様式」「徹底した行動変容」の提言については「仕事や趣味などへの提言はあるが、不思議なことに恋愛や結婚、家族、夫婦生活がどうなるかには全く言及されていない。終息後も人々が身体接触を避けるのか、元に戻るのか。家族をつくりにくくなったトレンドが加速するのか、反転するのかに関心を持っています」と述べた。

続いて、近未来研究会代表の岸田徹・ネットラーニンググループ代表によるセミナー「**〝コロナ後〟のオトナの学びを考える**」が７月８日にオンライン開催された。東京都八丈島在住の岸田さんは「デジタルとインターネット、ＡＩ（人工知能）が結びついたデジタルトランスフォーメーションにより、ビジネスや生活が急速に変化しています。働き方も多様化し、職務や労働時間などが限定されたジョブ型正社員が増えている。企業は即戦力スキルを求めており、主体的に学び続けなければなりません」と指摘し、「人生100年時代には、定年後の学び直しも必要になります」と説いた。

10月29日には、セミナー「**コロナ後の日本のダイナミズムをどう生み出すか**」がオンライン開催された。講師は近未来研究会メンバー、元Google社名誉会長で村上憲郎事務所代表の村上憲郎さん。インターネットやAIの展望をテーマに話した。村上さんはインターネットの近年の動向として、「見えた人や物の情報が提供されるメガネ、体温や血圧などのデータを取得できる時計など、人体に装着可能なデバイスが開発されており、神経系統との結合が重要になっています」と指摘し、「AIは人間の仕事を代行して仕事を奪うのではなく、執事のように、人と一緒に職務をこなすという形になるのではないか」と展望を語った。

セミナー「**GIGAスクール構想とデジタル教科書~標準化の重要性~**」は12月21日、オンライン開催された。近未来研究会メンバー、日本電子出版協会副会長の下川和男・イースト社会長が講演した。文部科学省は2019年、児童・生徒1人に1台の端末を持たせ、高速大容量の通信ネットワークを整備するGIGAスクール構想を打ち出した。22年度だった目標はコロナウイルス禍によるオンライン授業の普及によって前倒しされ、21年3月には端末が配備されることになった。下川さんは「世界に例のない事業になる」と評価しつつ、「ハードやソフトの相互運用性の確保、標準化や、学習指導要領へのIDの付与をどうするかなどの課題があります。教科書のデジタル化も進められるが、日本の教科書は複雑で、ウェブで表現するのは難しい」と指摘した。

2021年3月18日、オンラインセミナー「**ポリアモリーとは何か～日本人の恋愛と結婚のゆくえ**」が開催され、日本におけるポリアモリー研究の第一人者である国立民族学博物館外来研究員で文化人類学者の深海菊絵さんが、ポリアモリーの考え方や実情について話した。「ポリアモリー」という言葉はあまり知られていない。「お互いに合意の上で、複数のパートナーと関係を結ぶ恋愛のスタイル」と説明されている。ポリアモリーを従来の一対一の恋愛関係や結婚と比べたときのよい点や、逆に問題点は何か。ポリアモリーがうまくいくための条件は何か。ポリアモリーに注目することは、ポリアモリー自体を理解することはもちろん、従来の恋愛や結婚、そして家族のあり方を改めて問い直すことにつながる。深海さんは2008年から米国などでポリアモリーの家族の調査、研究をしてきた。日本での実例も紹介し、「ポリアモリーの形や絆のあり方は多様で、コミュニケーションを重視しているのが特徴です。ポリアモリーを知ることが、日本人の恋愛、性愛、結婚がどう変わっていくのかを考えるきっかけになるといいなと思います」と話した。

5月11日にはオンラインセミナー「**新・超高齢社会入門～東アジアと西欧諸国との違いに着目して**」が開かれた。「超高齢社会の経済学」をテーマに3年間、勉強会を開催してきたNPO法人

Talking代表理事の日渡健介さんが講師を務めた。日渡さんは「高齢化は長寿化、少子化、人口減少の3要因が組み合わさって進行しています。米英仏は出生率が比較的高く、移民が入ってくるので、人口は増加している。日本や韓国、中国は人口構造の変化が大きく、人口が減少に転じており、米欧とは違う対応が必要です」と指摘した。今後の課題として、「個人は100年人生をどう生きるかを若いころから考え、社会は高齢者中心の人口構成でシステムをデザインする必要があります。経済成長に代わる、社会が目指す価値を見つけなければなりません」と提言した。

オンラインセミナー「**介護離職のない社会を目指して〜仕事・介護・自分の時間のバランスの取り方**」は7月16日に開催された。講師は株式会社ｗｉｗｉｗ（ウィウィ）「キャリアと介護の両立相談室長」の角田とよ子さん。角田さんは2004年から社会福祉法人浴風会の介護支え合い電話相談室長として、延べ4万5000人以上の介護家族に寄り添ってきた。角田さんは、介護のために離職する人が年間約10万人いる一方、約300万人が仕事をしながら介護をしている現状を紹介し、「企業は人材確保のため、従業員の仕事と介護の両立を支援し、介護離職を防止する必要があります」と述べた。介護をする人に対しては「職場できちんと話し、『隠れ介護者』にならないようにしてほしい。早期から介護の専門家である地域包括支援センターやケアマネジャーに相談し、仕事との両立を目指しましょう。介護の際は、自分の時間を大切にすることが大事です」とアドバイスした。

オンラインセミナー「**コロナ禍で普及が加速する最先端のロボット**」は9月27日に開催された。近未来研究会メンバーで、政府が推進するロボット協議会の有識者メンバーの石原昇・名古屋商科大学客員教授（先端技術産業論）が、ロボットとは何かといった基本から、AIと融合した最先端の事例、ロボットの未来を語った。石原さんは新型コロナウイルス感染拡大に伴う行動様式の変化により、①除菌や清掃、警備などのエッセンシャル業務で働くロボット、②PCR検査や配膳、案内など物理的接触を回避するロボット、③心の絆を密にする家族型ロボット――が急速に広がっている現状を、実例を示しながら説明し、「少子高齢化や要介護者の増加などの課題を解決する上で、ロボットとAIの高度な融合が不可欠です」と述べた。

11月29日には、オンラインセミナー「**都市と地方のつながりから考える未来のコモンズ（共）**」が開催された。近未来研究会メンバーの一人であるプラットフォームサービス社代表取締役の丑田俊輔さんが講師を務めた。丑田さんは千代田区の公共施設やビルをシェアオフィスなどに利用し、まちづくりの拠点とする「ちよだプラットフォームスクウェア」を運営している。講演では、同区との2拠点生活の居住先である秋田県五城目町での取り組みとして、年会費を払う「仮想村民」を全国から募り、改装した古民家をコモンズ（共有財産）として交流活動をしている事例や、朝市が開かれる通りにある閉店した店舗を子どもが無料で遊べる「ただの遊び場」にして、商店街の活性化につなげた事例を報告した。丑田さんは「公でも私でもない『共』に可能性を感じている人が増えています。遊び心を起点に、人がつながり、人々が自ら参加するコミュニティを作っていきたい」と話した。

2022年2月22日に開催されたオンラインセミナー「**コロナ後の消費者はどう変わるか～買い方と買うものの視点から**」が、近未来研究会の最後のセミナーになった。講師は長年通販やオンラインショッピングを中心に消費者行動を調べてきた消費ジャーナリストの村山らむねさん（本名・青山直美）。村山さんはコロナ禍で起こった買い方や買うものの変化について、豊富な実例を示しながら解説した。買うものについては「健康・衛生志向が強まり、その関連商品が売れました。家にいる時間が増え、高級料理ツールが売れた一方、冷凍食品の利用が広がり、料理は丁寧と時短の二極併存になりました」、買い方は「短時間で必要なものだけを買うようになり、店の外での情報入手が進みました。人とのつながりを求めるクラウドファンディングなどの『応援経済』が広がりました」と語った。さらに、「消費の未来を読み解く10のキーワード」として、サステナブル（持続可能）や地域、高齢化、多様性などをあげた。

近未来研究会のセミナーは計20回に及んだ。企画した校條さんは次のように振り返る。

――近未来研究会は、旧知の岸田徹さんが発案し、私がコーディネーターを委嘱されて2015年に始まりました。しばらくは非公開の研究会としてメンバーが順番に発表する形をとっていました。それが一巡した頃、外に開いてメンバー以外の参加者も募りたいという欲求がメンバーの中でわいてきました。私は毎日メディアカフェを知っていたので、そこが格好の場であるとひらめきました。それで、斗ヶ沢さんに面会して相談したところ、即答で快諾いただきました。２０１８年５月から始まった近未来研究会企画のイベントでは、メンバーだけでなく、外部の人にも講師を依頼するようになりました。テーマによって毛色の異なるさまざまな聴衆が集まり、質疑を通じた交流の場ともなりました。終了後の懇親会に出てくれる人もいて、貴重な出会いがありました。斗ヶ沢さんがイベント終了直後にまとめに取りかかり、懇親会の後半にはメディアカフェのＦａｃｅｂｏｏｋページにアップされるのが驚きでした。コロナ禍以降のオンライン開催は、参加者の反応がつかみにくく、対面の交流もできなくなった一方、地方の人や近隣ながら夜間に会場に来にくい人も参加できるようになったというのはとても良い点でした。毎日メディアカフェのラインナップに加えていただいたことは、単に諸テーマを学ぶということにとどまらず、『場』の価値を実感させてくれる貴重な機会でした。新聞記事として載るのも楽しみでした。スタッフの皆さまに心から感謝しています。

⑫ 連合とともに、社会課題解決に取り組む

毎日メディアカフェは労働組合とも積極的に連携した。私自身、労働組合の存在は大切だと考えている。2015年、日本労働組合総連合会（連合）とのつながりが生まれた。運営に協力してくれているプレシーズが連合の機関誌を印刷していたことから、連合広報・教育局のメンバーとの会合をセットしてくれた。広報・教育局の西野ゆかり局長は労働組合の堅いイメージとは異なる明るく、乗りのよい人だった。毎日メディアカフェと学びのフェスへの参加を提案すると、ただちにその意義を理解し、連合がそこで何をできるかを考えてくれた。毎日メディアカフェの協賛企業となり、学びのフェスにも出展してくれるようになった。西野さんは遠藤和佳子さん、千葉梢さん、境友梨子さんらのスタッフとともに、次々に企画を立案した。社会課題の解決に向けたイベントを数多く開催したが、その中から、いくつかの内容を紹介する。

2018年9月14日に開催した「**教えて！　医療の摩訶不思議！　診療明細書って、なんだろ**

う？」は、診療明細書のことを分かりやすく伝えるイベントだった。連合は「患者本位の医療を確立する連絡会」を設けるなど、医療改革にも取り組んでいる。診療明細書は病院やクリニックを受診したときに渡される書類で、自分が受けた治療や検査、もらって飲んだ薬をあとから振り返るのに役に立つ貴重なものだが、その意義は十分に知られていない。連合は労働組合の堅いイメージがあり、イベントに若い人がなかなか来ない。そこで、若者に人気のＭＣ「ナオキ兄さん」と歌手「ぽこた」さんに出演してもらった。連合の狙いは当たり、会場はぽこたさんファンの女性で埋め尽くされた。

最初は、ぽこたさんと振り付け師ゲッツさんによるコント。体調を崩したぽこたさんが病院に行き、医師ゲッツさんの診察を受けるという設定で、ゲッツさんがぽこたさんの鼻の穴に体温計を入れたり、診察もしないまま「インフルエンザです」と即断したりして、会場の笑いを誘う。最後に、ぽこたさんにレシートのような紙２枚が渡される。領収書と診療明細書だ。ぽこたさんが「何だろう」と言ってコントは終わる。

次に登場したのは、高校理科教諭で、連合「患者本位の医療を確立する連絡会」委員、「医療情報の公開・開示を求める市民の会」世話人の勝村久司さん。勝村さんは１９９０年に陣痛促進剤被害で長女を失い、医療裁判や薬害・医療被害の再発防止を目指す市民運動に関わり始めた。診療明細書の非開示指導をしていた厚生省（当時）と交渉を続け、97年に診療明細書開示を実現。２００５年に厚労省中央社会保険医療協議会の初の患者代表委員となり、診療明細書の全患者への無料発行の実現に尽力した。勝村さんは、ナオキ兄さんの質問に答える形で、「長い間、医療機関を受診しても領収書がもらえず、連合は領収書くださいキャンペーンをしました。２００６年から医療機関で領収書がもらえるようになりました。しかし、領収書には投薬量や、検査料がいくらというような具体的なことは書いていない。従来は領収書だけでしたが、２０１０年からは診療明細書が出されるようになりました。明細書にはどんな薬が使われたのかが書かれています。トリアージという複数の患者さんの中の誰を優先させるかを判断する行為があります。ある患者さんが医療機関に問い合わせて、トリアージをしていなかったのに、したことになっていた。間違った請求だったことが分かり、病院がお金を返すことにしました。診療明細書があると、間違ったときの確認ができるのです。生命保険の請求のとき、診断書が必要な場合があります。診療明細書があると、診断書がなくても保険料を支払うという保険会社が増えています」と話した。

続いて、中央大学ビジネススクール教授、多摩大学大学院特任教授の真野俊樹さんが「日本では医療が悪者のようにされていますが、こんなに安くよい医療をする国は日本しかありません。医療が分かりにくいと言われるのは、医者任せの患者側の姿勢にも原因があります。患者が思ったことをきちんと言うことが大切です」と述べた。

２０１８年10月25日には、教職員の長時間労働問題を取り上げたイベント「**教職員の働き方を問い直す〜学校における働き方改革の実現に向けたシンポジウム〜**」を開催した。教育評論家の「尾木ママ」こと尾木直樹・法政大学特任教授、教育社会学者の内田良・名古屋大学大学院准教授、中央教育審議会「学校における働き方改革特別部会」委員でもある相原康伸連合事務局長の３人が、教職員の働き方の現状、いま必要な制度的対応などについて語り合った。

内田さんは、教師の半数が過労死ラインを超える長時間労働をしている現状を述べた後、出退勤時間の把握で、タイムカードやパソコンで把握しているのは公立小中学校の10％程度であるとの連合総研の調査結果を示し、「時間管理なき長時間労働」の実態を指摘した。同じ連合総研の調査で、小中学校の教員の半数近くが1日45分間の休憩時間が認められていることを「知らない」と答えたことを問題視した。「出勤簿で管理しているだけで、労働時間を証明するものがない。時間管理がないというのが学校現場の特徴です。過労死になったとしても、勤務時間が分からず、認定にたどりつくのが難しい。京都の事例では、通勤のＥＴＣの通過時刻がタイムカードの代わりになったことさえあります」と話した。「給特法」と呼ばれる「公立の義務教育諸学校等の教育職員の給与等に関する特別措置法」の問題点も挙げた。同法は１９７１年制定、翌72年に施行された。それ以前は、教員の拘束時間が長いことから、教員には一般公務員より１割程度高い給与を支給する代わりに超過勤務手当てを支給しない制度になっていた。ところが、超過勤務手当ての支給を求める訴訟が相次いだため、教職調整額（給料の月額の４％）を支給する給特法が制定された。「教員には原則として時間外勤務を命じないこと」と定める一方、臨時または緊急の場合は時間外勤務を命じることができるとされ、①生徒の実習②学校行事③職員会議④非常災害の場合、児童生徒の指導に関し緊急の措置を必要とする場合——の「超勤４項目」が定められた。内田さんは「給特法により、残業なしだから時間管理しない、定額働かせ放題になった。時間意識、コスト意識がなくなりました。何時間働いても労働と見なされない。自発的行為だということになっている」と指摘した。

相原さんは「中教審委員を務めています。第18回まで部会が開かれています。第1回部会で申し上げたことは、学校にタイムカードを置くことを文科省が緊急対策で出さなければならないというのは相当な職場だということです。本気で改革しなければ、えらいことだと思いました。先生が児童生徒に与える影響力は大きいですから、先生方には輝いていてほしい。教職員の長時間労働がたいへんな状態だという理解が広がったのはこの数年です。しかし、時間外手当てがついていると思っている人が多い。誤解が解けていないことも明らかになってきたと思います。追い風は働き方改革法案です。働き方をいかにスマートにするかが大事です。部会では、学校の先生になりたい人が激減していると報告されています。瀬戸際になっていると言えます」と語った。

尾木さんは「僕は中高校教員22年、大学で22年教えてきました。子どもたちの視点から問題意識を話したい。このままいけば、学校はつぶれます。教職員の数が絶対的に少ない。現場は非常に苦労しています。1クラス25人にしなければなりません。教職員定員増は財務省がやりましょうと言わなければならないが、絶対にそれをしない。大学生が教員採用試験を受けなくなっています。僕のゼミは教育のことに特化しているゼミで学生が10人ぐらいですが、2年連続で1人も教員にならなかった。小中学校教員試験の倍率は下がっています。ブラック学校という認識が広がり、誰もならなくなった。このことは、子どもたちに影響します。問題行動、暴力行為、いじめ、高校の不登校、自殺などが増加しています。これは子どもたちの叫びです」と危機感を表明した。

2019年5月8日には、「**ワークルール、変えるのはあなたです！　～連合から働くあなたに**

YELL〜」が開かれた。ワークルールとは、働くときに必要な法律や決まりのこと。その一つである労働基準法が約70年ぶりに大改正され、2019年4月に施行された。このイベントは、改正労働基準法をはじめとしたワークルールを、法政大学キャリアデザイン学部の上西充子教授、連合の相原事務局長、MCのナオキ兄さん、歌手のぽこたさんとともに楽しく学ぶという内容だった。

第1部では、連合の若者応援マガジン「YELL」(エール)と、連合労働相談センター発行のパンフレット「働く前に知っておきたいルール」を使って、クイズ形式でワークルールを学んだ。この中で、相原さんは「ブラジル、フランス、ドイツは有給休暇の取得率が100%ですが、日本は50%しかない。制度があっても、実態が違うという問題もあります」と指摘した。ワークルール教育について、上西さんは「消費者教育は学校でけっこうやっています。それと同じように、基本的なルールが教えられるべきです。ワークルール教育推進法を法制化して、学校で教えられるようにしたい」と述べた。

第2部では、参加者の声を聞きながら、どう変えるかを考えた。「繁忙期と閑散期があるので、勤務形態を柔軟にしてほしい」との要望について、相原さんは「マネジメントする人の能力が求められます。一方、成果を出すためにどういう時間で働くかを、自分でコントロールする力も必要です」と答えた。ハラスメントについて、相原さんは「連合では、年間1万5000件の相談を受けています。心も体も疲れている方もいます。昔は賃金未払いが多かったのですが、今はハラスメントが多い」と現状を話した。上西さんは学生からの相談について、「長時間労働に身体がついていけないというケースでは、身体を壊すよりはいったん休むようアドバイスします。学生はいざとなったら相談すると思っているのですが、追い詰められたときは心も身体も動かなくなります。相談は早いほうが良いです」とアドバイスした。

教職員の長時間労働の実態は社会的に認識され、学校にも働き方改革の風が吹き始めるようになった。これを受け、２０１9年9月13日、再びこの問題を取り上げた。「**学校の働き方改革シンポジウム〜みんなで考え、みんなで発信！　これからの教育〜**」だ。はじめに、名古屋大学大学院准教授の内田良さんが「学校の日常を『見える化』する　職員室の持続可能性をもとめて」とのタイトルで問題提起した。「私は学校の組体操はやめたほうがよい、子どものためにも、そして先生のためにもと、情報発信してきました。名古屋市では事故が9割減りました。実施する学校数の減少は2割だけです。組体操を実施しても、けがをしなくなった。それはみんながどうすればよいかを考えたからです。教員の働き方の問題は部活動問題から盛り上がってきました。教育問題の歴史は教員バッシングの歴史でした。ところが、この数年、教員に仕事がたいへんだと、マスコミや社会が気づいた。転換期にあります。教員のブラック労働を指摘すると、現場からは『そんなことを言われると、やる気をなくす』との声を耳にしました。長時間労働は奴隷労働だと思っていたのですが、そうではなく、教員は子どものために一生懸命がんばっている。無理矢理させられていると理解すると実情を見誤ります。意義の優先順位をつけて、削っていく。削らないと教員志望者は減ります。学校でやっかいなのは、自分は好きでやっていると言う教員です。好きだから倒れるのです。子どものためというフレーズが付いてくる。『残業学』（中原淳著）という本で、『残業が感染する』と書かれていますが、全くそうです。やることを削りながら、新しい教育のあり方を考えるべきだと思います。教育は素晴らしい仕事です。しかし、必要なことは、魅力を強調するのではなく、マイナスを削っていくことです」と訴えた。

この後、パネルディスカッション「**変革！　～学校の働き方改革で教員を魅力ある仕事に～**」をした。パネリストは相原康伸・連合事務局長、毎日新聞の伊澤拓也記者、高校教員の西村祐二さん、学生団体Teacher Aide東京支部代表の石原悠太さんの４人。コーディネーターは小熊栄・連合社会政策局局長が務めた。

相原さんは「子どもたちが先生の働き方を見て育つのですから、学校の働き方が変わることは、世代を超えた働き方改革になります。法律をつくるだけではなく、一人ひとりの先生方の行動原則が変わるかどうかが問われます」と話した。

学校の働き方改革や教員の過労死問題を取材している伊澤記者は「文科省担当に着任してまもなく、『中学教諭の残業増　６割「過労死ライン」』という見出しの記事を書きました。その後、地方公務員災害補償基金に行き、過労死認定の件数を尋ねました。ところが、数字がない。そこで、都道府県と政令市を対象に個別にアンケートをしました。その結果、10年で63人の教職員過労死があったことが分かりました。63人が多いのか少ないのかは判断できません。申請すらできなかった人もいると思います。教員採用試験の倍率が落ちています。教員になろうとして教育学部に入った学生がこういう状況を見て諦めてしまうのだと思います。働き方改革は喫緊の課題だと考えます」と問題提起した。

西村さんは2012年に岐阜県公立高校教員になった。これまで「斉藤ひでみ」のハンドルネームで、働き方改革や授業作りについて発信してきた。「ツイッター上では斉藤ひでみの名前で発信してきました。今後は可能な限り実名で活動します。給特法改正を求める署名は3万人以上が賛同してくれました。中教審答申により、現場が変わったのかというと、ほとんど変わっていないと思います。私が現場で、生徒の部活動強制はおかしいと訴えてきました。ようやく3月に強制入部が廃止されました。職場アンケートで75％の教員が強制入部を続けるべきだと答え、心が折れそうになりましたが、社会が変わってきた。このまま続けると、親から何か言われるかもしれないと考える教員が増えたのです。発言力のある教員が理解してくれたのも大きかったです。ブラック校則も大きく変わりました。岐阜県全体で、学校の校則を見直すことになりました。これも社会が動いたからです。市民団体が県内の高校の校則問題を教育委員会に提出したことにより、一気に動きました。私の学校では、体育大会がありません。4年前、球技大会に変えました。『生徒や保護者はやりたがっている』と言われ、諦めかけたとき、生徒にアンケートしたら、7割がどちらでもいいと答えたのです。これにより、球技大会になりました。生徒がやりたがっていると思い込まないことが大切です」と自身の経験を語った。

石原さんはSNSなどでは、「アキレス」のハンドルネームで活動している。「友人が教員試験に合格しました。メールで喜んでいるかと思ったら、むしろやっていけるのかどうかという不安が感じられました。Teacher Aide は京都で大学院生、大学生が設立しました。今は全国で23支部があります。教育を変えるのは学生だと思います。教育学部でも他業種に就職する学生がたくさんいます。給特法を知らずに教職を目指す学生もいます。教育現場を知ってもらうことが必要です。学校の魅力を発信することにより、倍率低下を食い止めるというのは現実的ではありません。魅力を感じるから教育学部を志したのです。それなのに、4年生になると教員を目指さなくなる。ブラックな現場に入るのがいやだというよりも、目の前の子どもたちに向き合えない、日々忙殺されるのがいやで、減っているのだと思います。学生が当事者意識を持つ必要があると考え、活動していま す」と話した。

討議で、相原さんは「全力で働いている教員に、あなた方の意識が変わらないと働き方改革ができないと言うのは、心に届かない。必要なのは、日本の文化を変えることです。日本では、年休を半分しか取得していない。学校現場でなく、日本全体の働き方を変えないといけない」と指摘した。「理解者を増やすために、どういう活動が必要か」について、西村さんは「以前は私自身、教職員組合なんて、という意識でした。組合員は教職員50人中2人ぐらいでした。学校の改革を考えると、組合組織率が少ないと変わらないと思い、1年前に入りました。自分が組合の中で発信して仲間を広げていくことが大切だと考えています」と述べた。

参加者を交えた意見交換で、男性の都立高校教員は「かつて、月140時間の残業をしていた時期があります。現在は70~80時間です」と語り、なお長時間労働が続いている現状が示された。内田さんは最後に、「この3年ほどで劇的に変わってきたように思います。多数が教職員の応援団になっている。大きなチャンスです。仲間を増やしていくことが必要だと思います」と語った。

西村さんは「有志の会」で給特法廃止を求める署名活動を続けた。2023年3月16日、署名

8万345人分を文部科学省に提出した。西村さんは提出前の会見で「学校には山のような業務があり、過労死ライン超えの残業でやっている。そんな教員の努力を、給特法は『あなたが志願してやったこと』にしている。お金ではなく、プライドと命の問題です」と指摘した。会見には、名古屋大学教授になった内田良さんも同席した。

⑬ 日教組と教育シンポジウムを開催

連合の西野さんは関係団体にも毎日メディアカフェのことを知らせてくれた。日本教職員組合（日教組）は毎日メディアカフェの枠組みで教育シンポジウムを開催するようになり、航空連合は学びのフェスの常連出展者になった。全労済協会は毎日メディアカフェでシンポジウムやセミナーを開催した。

西野さんから紹介された1人に、日教組中央執行委員の福澤富美代さんがいた。日教組はそれまでも、教育シンポジウムを開催していた。実務をイベント企画・運営会社に委託したこともあったが、費用が高額であったため、自前開催を続けており、業務の煩雑さに悩みを抱えていた。私は福澤さんに「毎日メディアカフェの枠組みを使うと、少ない負担、安い金額で教育シンポジウムを開催することができます。しかも、その内容を毎日新聞夕刊1ページの全面記事で伝えます」と提案した。日教組にとって、毎日メディアカフェとの連携は意義のあることであり、ほどなく毎日メディアカフェ教育シンポジウムの開催が決まった。

2017年11月11日、初の毎日メディアカフェ教育シンポジウム「**学校リスクを考える～『ブラック部活動』の現状～**」が毎日ホールで開催された。内田良・名古屋大学准教授の基調講演「学校の日常を『見える化』する～部活動改革から働き方改革まで～」の後、内田さん、評論家・編集者の荻上チキさん、中学校教員の石上温子さん、「こども食堂かたれば!!～みんなの居場所」代表の波瀬川久子さんの4人がパネルディスカッションをした。先に紹介した連合のシンポジウムと重複するので詳細は省くが、部活動問題はその後、議論が高まり、教職員の部活動負担を減らすため、地域協力を求めるようになった。教員の働き方改革の動きも強まっている。その議論の一端を毎日メディアカフェが担うことができた。

2018年の毎日メディアカフェ教育シンポジウム「**学校からはじめるワークルール～安心して働き続けるための知識をどう学ぶか～**」は11月3日に開催された。賃金の問題やパワハラ・セクハラ等の差別、年次有給休暇・労働時間など、若者の労働をめぐる状況には課題が山積している。安心して働き続けられる環境をつくるうえで、社会に出る前に働く人の権利を含めたワークルールについて学ぶことは重要な課題だとの問題意識から企画された。

はじめに、谷口真由美さん（大阪国際大学）が「知らんと損するワークルール～知らんまま社会に出るつもり!?～」と題して基調講演した。谷口さんは人権とルール、人権をめぐる歴史、日本国憲法の人権規定、ワークルールの重要性について説明し、「権利がないがしろにされている人は他の人の権利への意識が希薄になります。学校の先生の労働環境もブラックだと思います。自分たちの権利が守られていない状況で、権利を教えるのはしんどいと思います。大事なのは、自分たちの権利を主張することです。現在の労働者の権利獲得がないと、子どもたちに教えられない。法やルールは知らなかったら損をすることがたくさんあります。だから、公教育で教えなければならない。勉強する機会がないというのは権利が侵害されているということです。ワークルールを知らないまま、働くことは雇用者の得になります。労働基本法を見ると、勤労者の権利が強い。労働者をやめさせるのはいろいろと条件がありますが、労働者側は通告すればよいだけです。勉強すればするほど、こんな権利があると気づきます」と語った。

続いて、労働問題を長く取材してきた毎日新聞東京本社社会部の東海林智記者が「働くことは苦役じゃない。人間らしく働くために知っておきたい働くルール」と題して講演した。「社会部で十数年、労働問題を取材してきました。ルールを知らないで社会に出て行く若者は不幸だと思います。ワークルールを手に持って社会に出てほしい。ＩＬＯ（国際労働機関）の１９４４年フィラデルフィア宣言は、労働は商品ではないと宣言しました。労働は商品ではないということを担保するルールがあります。労働基準法、労働契約法、労働組合法、最低賃金法です。ワークルールを知らないことは、商品のように扱われる状態を放置することです。労働組合が大事だと認識してほしい。権利を行使していない人が子どもに権利を教えられますか。労働組合は憲法で保障された権利です。偏向教育だと言われることは全く納得できない。なぜ現場で労働組合のことを教えないのか。職場で困ったことがあっても、労働組合に相談していない。多くの労働者が、困ったときに有効なアドバイスを受けられず、働く権利を侵害されています。学校で労働組合についても堂々と教えてくれると、救われる若者が出てくると思います」と労働組合の重要性を強調した。

続いて、谷口さん、東海林さん、連合副事務局長の山本和代さん、教員である齋藤俊夫さんがパネルディスカッションをした。山本さんは「連合なんでも労働相談ダイヤルは47都道府県どこでも受けられます。0120―154―052、いこうよ、れんごうに、と覚えてください。電話をかけると、アドバイザーが受けてくれます。秘密厳守です。勤務時間が1日12時間で残業代が出ない、有給休暇が取れない、休憩が取れない、といった相談がありますが、これらは労基法違反です。こういう問題が起きたときに、労働相談を知らないので諦めている人がたくさんいます。ワークルールを知っていれば、何かできたのにということがあります。会社は労働者に対して労働条件を書面にして通知しなければならないことを、就活生の3人に1人は知らなかったと答えています。子どもが1歳になるまで育児休暇を取得することができることも40％しか知らない。時間外労働の割増率、36協定（労基法36条に基づく時間外・休日労働に関する協定届）も知られていない。連合では、大学で寄付講座を開いて労基法、雇用問題などの授業をしたり、ネットでワークルールの重要性を伝えたり、若者応援便り『YELL』を発行したりしています」と話した。

齋藤さんは「高校生の新規採用時の差別問題について集約しました。面接でこんなことを聞くの？という質問がありました。入る段階で差別が行われている。就職差別の問題を授業でしました。『もし、差別的な質問を受けたら、どうしますか』という問いに、多くの生徒は『差別的質問だと思っても、答えてしまう』と回答しました。就職にマイナスになったらどうしようという気持ちがあると思います。『差別につながるから答えません』と勇気を持って言う高校生もいる。そうした生徒を育てたい。私自身は午前7時半に学校に行き、午後8時まで仕事をしています。土日は部活動です。給料を労働時間で割ると、時給1000円いくかいかないかです」と話した。

討論の最後に、谷口さんは「先生方の人権が保障されていない中で、子どもたちに権利のことを話したところで、ダブルスタンダードになります。自分たちが闘っている姿を見せることも大事だと思います。権利は勝ち取りにいかなければならない。人権とは公権力に抗うことです。システムに問題があるのなら、システムを変えなければならない。システムを変えるのは人間を変えるよりもずっと簡単です」とまとめた。

2019年の毎日メディアカフェ教育シンポジウムは、それまでとは違った形になった。この年は「子どもの権利条約」の国連での採択から30年、日本の批准から25年だったことから、「子どもの権利条約フォーラム」2019実行委員会との連携を図った。実行委員会のイベントの一環として、11月16日、東京都文京区の文京学院大学仁愛ホールで、毎日メディアカフェ教育シンポジウム**「子どもの権利を考える～みんなで考えよう！『自分らしさ』って何だろう」**が開催され、約300人が参加した。タレント・声優の春名風花さんのトークセッション、中高校生によるリレートークに続き、春名さんと松岡宗嗣・一般社団法人fair代表理事、神本美恵子・前参院議員、西野博之・認定NPO法人フリースペースたまりば理事長によるパネルディスカッションをした。

春名さんのトークセッションの聞き手は毎日メディアカフェCSRナビゲーターの松田まどかさんが務めた。春名さんは「普段は役者と声優をしていますが、時々イベントで、いじめやSNSについて話しています。ツイッターを始めた頃に使っていた『はるかぜちゃん』が愛称です」と自己紹介した。松田さんから「いじめられている子どもに対して、『無理して学校に来なくていいんだよ』と言われることがありますが、はるかぜちゃんは『そんなにいじめがしたいなら、学校になんて来なくていいんだよ』と言います。その意味は何ですか」と問われると、「いじめられている子に『学校に来なくていい』と言うのは優しく感じられますが、不登校になった時に困るのは、いじめられている子です。権利が守られるべきなのは、いじめられている子です。もちろん、『逃げてもいいんだよ』は間違いではなく、それで救われることもありますが」と答えた。

さらに、「『いじめられている側にも問題がある』というのは、間違っていると思います。完璧な人間はいない。いじめっ子側が責める原因を、いじめられる子に見いだしていると考えています。(自分が)小学生の時、いじめはなくせると言うと、大人は『そんなの無理』と言ってきました。もちろん、なくすのは簡単ではないけれど、諦めると、止まってしまう。１００%の気持ちでやらなければ、達成できない。諦めないで行動してほしいと思います」と、いじめをなくしたいという強い気持ちを表明した。

リレートークでは、13~18歳の中高校生9人が話した。進行役は認定NPO法人フリー・ザ・チルドレン・ジャパンのユースメンバーである高校3年生の後藤瑞穂さん。生徒の一人は「私はXジェンダーです。自分の性をどう思うかについて、男でも女でもありません。小学2年の頃、仕草などが女性らしかった私は『おかま』『おねえ』と言われ、嫌がらせされました。しかし、担任が怒ったのは私でした。『男らしくしなさい』と。多様性が認められる学校づくりのため、私は保健の授業で性の多様性を扱うことと、性のことを安心して相談できる仕組みづくりを提案したい」と話した。

別の生徒は「茶髪の子を黒髪に染めることの強制などは個性を踏みにじっていると感じます。昨今はLGBTの方への配慮から女性でもスラックスをはける学校が増えていますが、依然として女性はスカートの学校が多い。校則を変えられる機構として、生徒会があります。しかし、生徒会が機能している学校が少ない状況です。大阪府などでは各学校に校則をホームページに掲載することを義務化しています。明文化が進み、生徒会が機能すれば、校則問題は解決すると思います」と提案した。

参加者を驚かせたのは中学1年生の生徒の「私は子どもの権利条約を母子手帳に載せるという活動をしています。母子手帳は子どもが大きくなるまで成長記録を書き続けるので、みんなが読みます。昨年8月、世田谷区長にお願いし、区議会で議決され、今年4月から権利条約が載っています。これを全国に広げたいと思います」という発言だった。子どもでも動けば何かを変えられることを示した。

パネルディカッションで、松岡さんは「ｆａｉｒは、どんな性のあり方でもフェアに生きられる社会を目指して、法律や政策に関するLGBTの情報を発信している団体です。私自身、ゲイの当事者です。LGBTの約6割は学校でいじめられた経験があるという調査があります。また、メディアでもLGBTを面白おかしく取り上げられることがある。ｆａｉｒは他のLGBT関連団体とともに報道ガイドラインを作って検証しています。私の同性パートナーは小中学校でいじめ、不登校を経験しました。そうした経験を通して、生きづらさへの共感、優しさを持っています。自分がいてもいいと思える居場所がすごく大事だとパートナーから教わりました。小中学校の教科書では、思春期に異性に関心がわくと書かれている。これを見たＬＧＢＴは『自分はおかしい存在だ』と教科書から植え付けられる。学習指導要領に多様な性に関する内容を入れるべきです。ＬＧＢＴではないけれど、理解したい、支援したいという人を『ＡＬＬＹ』（アライ）と呼びます。そういう人が意思表示をすることも大事です」と呼びかけた。

神本さんは「教員をしていた時に組合運動で取り組んだのが最初は女性差別撤廃条約、次に子どもの権利条約、最近が障害者権利条約という、人権に関する国際条約です。日本が人権についての法制度、社会意識が遅れていると感じてきました。この３条約を日本で具現化するために活動しています。社会を変えるには、女性議員が少なすぎる。女性議員を増やしましょう」と訴えた。

西野さんは「１９８６年から不登校の子どもや引きこもりの若者の居場所づくりに取り組んできました。川崎市で子どもの権利条例づくりに携わり、条例を具現化するため、市と会議を重ね、『子ども夢パーク』をつくりました。その所長として運営にあたっています。パーク内に不登校の子どもが通う公設民営型の『フリースペースえん』があります。生活保護家庭、一人親家庭の子どもの無料学習会もしています。助けてが言える社会をどうつくるか。生まれてきてくれてありがとうというメッセージを子どもに伝え、肯定的なまなざしが広がる地域社会をつくりたい」と語った。

このシンポジウムで生じたフリー・ザ・チルドレン・ジャパン（ＦＴＣＪ）との縁は、翌年以降も生かされていく。毎日メディアカフェ教育シンポジウム「**学校って何？**」は２０２０年11月21日に開催された。コロナ禍の最中だったことから、オンラインでの開催となった。この年から、日教組の担当者は福澤さんから中央執行委員の原ひとみさんに代わった。

第１部はＦＴＣＪスタッフの広瀬太智さんがファシリテーターとなり、ＦＴＣＪ子どもメンバー５人のリレートーク「学校ってなに？」をした。広瀬さんは海外青年協力隊員としてグアテマラの小学校で２年間教え、帰国後、小学校教員になったが、国際協力の活動をもっとしたいと思い、ＦＴＣＪに入ったという経歴の持ち主だ。リレートークには小学生１人、中学生２人、高校生２人が参加した。３月に学校が一斉休校になって、困ったこととして、子どもたちからは「学校に行けない分、学習が遅れてしまうことと、コミュニケーション、交流の機会が減ったことです」「授業がユーチューブで配信されていたのですが、先生が一方的に教えるだけで、生徒が普段の授業のように質問できなくて、分からないところがそのままになってしまうということです」などと切実な声が上がった。一方、「休校により、学校の大切さを改めて感じました」という感想もあった。「理想の学校は」の問いには、「みんなが自分の意見を聞いてくれる、自分のがんばっていることに気づいてくれる学校です」「生徒の自主性に任せる学校です」などの答えがあった。

第２部のパネルディスカッションでは、広瀬さんと一般社団法人こども食堂支援機構の秋山宏次郎さん、東大阪市教員の塩崎考江さん、長崎県の高校２年生の森大輝さんの４人が学校のあり方や学びの意義について語り合った。塩崎さんは一斉休校から再開された学校の現状について、「朝の検温や消毒作業をしたり、教室の中で『密』をどう避けるかなどを考えながら、遠足や授業参観などができるようになりました。子どもたちは大人の都合で振り回されたという感があります。修学旅行に行くつもりで子どもたちと準備をしていましたが、教育委員会から宿泊を伴う旅行はだめと言われました。結局、日帰りで広島に行きました。子どもたちはマスクをつけて授業を受け、給食の時間もとても静かに食べています。子どもたちは学校に来てうれしそうでしたし、私たちも子どもの声が響く学校になってうれしかった。学校に来て、友だちと会って、給食を食べられるというのはとても大事だと思います」と話した。

教育シンポジウム２０２１「**大人って何？**」は11月20日に毎日ホールで開催され、オンラインでも配信した。２０２２年４月に改正民法の施行で成年年齢が20歳から18歳に変わることを前に、社会や学校がとるべき対応などを探ることが目的だった。第１部では憲法学者の木村草太・首都大学東京教授と評論家の荻上チキさんが「18歳成人について」をテーマに対談した。第２部では、ＦＴＣＪの伊藤菜々美さんの司会で、中高校生５人が大人のイメージや学校で学びたいことなどを話し合った。第３部では、木村さん、荻上さん、伊藤さん、東京都立高校教員の大串信さん、デンマーク在住のジャーナリストのニールセン北村朋子さん（オンライン参加）、愛知県の高校２年生の山田詩乃さんの６人がパネルディスカッションをした。

木村と荻上さんの対談では、以下のようなやり取りがあった。

木村さん　現在話題になっているのは民法上の成年のことで、一つは本人が単独で有効な法律行為ができることです。親の同意がなくても学校に行く契約、芸能事務所に所属する契約、ものを売買する契約などができるようになります。もう一つは親権に服さなくなる年齢だということです。親権者は教育や宗教の選択、どこに住むかなど重要な事柄を決めることができます。

荻上さん　改正ではさまざまな議論がありました。特に、契約主体になれるという点から、消費者トラブルにつながるのではないかとの懸念が指摘されました。成人になったばかりの人をターゲットにしたさまざまな商法がまかり通るのではないかということです。

木村さん　それは懸念すべき点です。成年年齢は生物学的に決まる年齢ではなく、社会的に決まる年齢です。周りの大人たちが、子どもたちを18歳までに1人で契約したり、自分の人生の判断を1人でできるように育てる「目標の年齢」だと理解することが重要です。

荻上さん　一つの論点として、少年法の扱いがあります。この間、厳罰化の議論が進み、18歳、19歳が事実上、少年法とは別枠の法体系で扱われる状況になりました。民法の成年年齢の引き下げによる影響はどうですか。

木村さん　犯罪については刑事法上の成年概念になるので、直接の影響はないでしょう。しかし、民法上の成年が18歳になると、刑事法上でも18歳に下げて当然だと、多くの人が考えやすくなります。

荻上さん　18歳選挙権が実現して、学校では主権者教育をしましょうということになりました。学校教育では政治的な問題に触れすぎると怒られるということがあります。例えば、実際の政党名をあげて、政党のマニフェストを調べるという調べ学習をしようとすると、教育委員会から「架空の政党名にした方がいいのではないか」と言われたりする。私は校則について調べていますが、校則にどのような手続きをしたら変えられるのかという改変要件がない学校が多い。それがないということは、生徒は決められたことにただ従う存在であり、校則を変えられるという体験をしたことがない。社会は自分のかかわりでコントロールできるのだという社会統制感覚を学習する機会のないまま成人になるのです。最近、デモクラティックスクールという、学校の授業方針や事業計画のあり方に生徒が参画できるような教育を考える動きがあります。

木村さん　明治維新で活躍した人たちは古典を学んでいました。今の古文のようなものです。古文でも数学、理科でも、有権者教育につながるはずです。各政党のマニフェストを読み比べることも大事ですが、教科教育をないがしろにしてほしくないと思います。

荻上さん　メディア論では1990年代から「メディアリテラシーを身につけて、フェイクニュースにだまされないようにしましょう」と言われました。しかし、メディアリテラシーは、それぞれのメディアの特性を知ることであり、それを知っても、フェイクニュースにだまされることがあります。例えば、新型コロナワクチンについての情報を判断するには、医学リテラシーが必要です。主権者教育も同様です。マニフェストには人権や歴史認識、経済政策などが書かれている。これらは主権者教育でカバーされることではなく、個別の教科教育のほうが重要ということになるでしょう。

木村さん　教育の基本は一つひとつの教科だと思います。大きな価値を持っているから、教員の皆さんは自信を持って教えてください。

荻上さん　私も若いころは「こんなの何の役に立つんだろう」と思っていたのですが、大人になって、「全部役に立つんだ」と感動しています。

２０２２年には23年４月に発足する「こども家庭庁」に関連する教育シンポジウムを２回開催した。まず、４月30日に「**こども家庭庁」に関する子どもシンポジウム**が開かれた。この回から、日教組、自治労などの団体会員及び個人会員から構成する「子どもの人権連」も協力団体として加わった。ＦＴＣＪの広瀬太智さん、認定ＮＰＯ法人フローレンス代表室長の前田晃平さんが中学生から大学生までの10人とともに、こども家庭庁や子どもの権利について語り合った。

前田さんは「フローレンスは親子の笑顔をさまたげる社会問題を解決することをミッションに、２００４年に設立された団体です。ＮＰＯですが、正規で７００人を雇用しています。私は事業開発と政策提言の責任者をしています。政府の『こども政策の推進に係る有識者会議』のメンバーとして、こども家庭庁をどのような組織にするかという議論に参画しました。なぜ、こども家庭庁を作ろうということになったのか。一つは、子どもや親子を守る政策、責任の所在を明確にするためです。保育は厚生労働省、教育は文部科学省、塾は経済産業省の管轄になります。政策提言をしても、たらい回しになることがあります。こども家庭庁ができれば、そこに行けばよいということになり、大きな改善です。もう一つは予算や権限を持つ省庁がばらばらだから、親子を守るために必要な政策が実現しないということが起こっていた。それが解決できます。こども家庭庁ができても、万事が解決するわけではない。本当に子どもたちのための組織になるかどうか、これからが勝負どころです」と話した。外国にルーツを持つ学生、生徒からは「外国人の子どもでも住みやすい教育にしてほしい」「いじめや差別をなくしてほしい」との声が上がった。

11月5日には、教育シンポジウム「**こども基本法に期待すること〜子どもが主役になる社会の実現に向けて〜**」が開かれ、オンラインでも配信した。法学者の谷口真由美さんがこども基本法のポイントを話した後、谷口さんと、内閣官房こども家庭庁設立準備室の佐藤勇輔参事官、保護者で学習支援教員でもある神谷真紀さん、4月の子どもシンポジウムに参加した高校生3人が、「子どもが主役になる社会の実現に向けて」をテーマに語り合った。

谷口さんは講演で、「こども基本法はようやくできたなというのが私の感想です。1994年に子どもの権利条約を日本が批准しました。これを実効的にする国内法が要るのですが、来年の施行だと29年かかったことになります。今まで何をしてきたのかというのが本当のところですが、第一歩を踏み出したばかりなので、市民が一緒になってこども基本法、こども家庭庁を育てていくことが必要です。子どもの話は継続的にやる人がいない。子育て期はいつか終わります。子どもが卒業したら終わります。先生だけが継続的にやっている。そこに横串を刺してくれるのが、こども家庭庁であり、情報集約センターとしての役割は大きいと思います。子どもの権利条約の12条では、子どもに影響を及ぼす全ての事項についての意見表明権が保障されています。表明された意見がどう使われるか、それが正当に評価されるプロセスが大事です。施策をするにはお金が必要であり、十分な予算措置をしてほしい。資源のない日本は、人を育てないと国が危うくなります。こども基本法で足りないところは、こども大綱総合計画で補っていただけると信じています」と話した。

パネルディスカッションでは、佐藤参事官が子ども政策の考え方や、こども家庭庁の基本姿勢を詳細に説明し、「よく『こどもまんなか』という言い方をします。常に子どもの最善の利益を第一に考え、子どもを真ん中に据えるという考え方です。こども家庭庁は子どもや若者と一緒になって社会を変えていきたいと考えています。子どもを真ん中にして、市民社会の方々と官民が一緒になって、進めていきたい」と話した。神谷さんは「公立中学校で学習支援教員として働いています。発達障害、知的障害、不登校、家庭環境などさまざまな要因を抱える生徒たちの支援をしています。大人による暴力やネグレクトなどで自尊感情や自己愛がなくなってしまうという場面によく立ち会います。子どもはその存在そのものが愛される価値があると思います。それは子どもの特権であり、それによって育まれたものは一生の宝物になって、大人になってからも良い人間として生きていく上で大切だと思います」と話した。高校生からは「子どもが意見を言える場を作ってほしい」「差別がない社会を作ってほしい」などの要望が出た。

教育シンポジウムは部活動や教員の長時間労働問題、こども家庭庁など、その時々の教育に関連するホットな課題を取り上げ、問題提起をしてきた。ぜひ、別の形で続けてほしいと願っている。

⑭ダイバーシティ&インクルージョンを重視

毎日メディアカフェはダイバーシティやインクルージョンを重視した。ダイバーシティは障害のある人たち、多様な性を生きる人たちとの共生を目指す考え方、インクルージョンは「包み込む」という意味の言葉で、障害のある人もない人も一緒に生きていくという考え方だ。ダイバーシティ、インクルージョンに関連するイベントを数多く開いた（注：私は「障がい」と表記することが多いが、行政文書や団体名などで「障害」としている場合が多いため、本書では「障害」と表記している）。障害のある人たちとのイベントを企画してくれたのは、毎日新聞社の岩下恭士記者だ。岩下記者は全盲で、1986年に大阪本社の毎日点字新聞の記者として採用された。インターネットの普及により、目が見えなくてもできることが増えていったことから、東京本社に移り、「ユニバーサロン」というサイトを運営している。年齢や性別、障害の有無に関わらずすべての人が等しく参加できる共生社会、ユニバーサルデザインの製品やサービスの実現をテーマに取材、発信している。早稲田大学大学院社会科学研究科博士課程卒（ルーマン社会システム理論）。

岩下記者は毎日メディアカフェ設立を知り、すぐに企画を考えた。２０１４年6月12日に開催された**「ハンディーキャッパーのための電子書籍自炊セミナー」**だ。ＯＣＲという技術がある。「Optical Character Recognition」の略で、「光学文字認識」と訳される。手書きの文字や印刷された活字をスキャナーやカメラなどで読み取って画像化し、その中から文字要素を認識して、テキストのデジタルデータへと変換する技術のことを指す。岩下さんは国産活字ＯＣＲ最大手のメディアドライブと連携して、書籍の「自炊」の仕方を伝えるセミナーを企画した。自炊とは自分が所有する書籍や雑誌をスキャナーなどで読み取ってデジタルデータに変換する行為を指す言葉だ。

活字書籍を断裁することなく読み取って電子化できる富士通製のオーバーヘッド式スキャナー「ＳｃａｎＳｎａｐ　ＳＶ６００」と、メディアドライブの活字ＯＣＲソフト「ｅ．Ｔｙｐｉｓｔ」を組み合わせて、スクリーンリーダー（画面読み上げソフト）搭載のパソコンでテキストファイルに変換する方法を紹介した。また、ｉＰａｄやｉＰｈｏｎｅで活字認識が可能な同社のｉＯＳ用ＯＣＲアプリ「もじかめ」の最新バージョンを紹介した。会場には読み上げソフト搭載のノートパソコンやｉＰａｄを用意して、視覚障害者自身や図書館などで活字資料の電子化サービスに携わる人などが自炊作業を体験できるようにした。視覚障害者や支援者が数多く来場した。

岩下記者は２０１７年12月21日には、**「ＡＩビジョンはどこまで見えるのか？」＆「オーカムマイアイ2」体験会**を企画した。２０１７年に開発され、新聞や郵便物などの活字をはじめ、色や物、人の顔まで認識して音声で知らせることから、世界の視覚障害者の間で大反響を巻き起こしているイスラエルの最先端ＡＩテクノロジー「オーカム　マイアイ２」を紹介した。体験会では、「オーカム　マイアイ２」の販売を手がけるケージーエス株式会社の社員が参加者に使用方法を説明し、実機体験してもらった。「オーカム　マイアイ２」は長さ76ミリ、幅21ミリ、厚さ14・９ミリのコンパクトサイズ。重さは22・５グラム。メガネフレームに磁石で取り付ける。マイアイ２の表面を押すか、本やちらしなどの見たい部分を指さすと、音声で読み上げられる。参加者はその性能に驚いていた。岩下記者は「全盲の人間がＩＴに期待することはまず、好きなところに自力で行けること、そして文字を自由に読みたいことです。点字ではなく、皆が読んでいるものを同じように読みたい。スマホでスキャンすると読み上げてくれるシステムはありますが、ネット環境がないと使えない。オーカム　マイアイ２はそれなしで使えるのが長所です。誰が前から来たかを知りたい。全盲だと、自分から挨拶できません。上司から声をかけられ、恐縮することがあります。マイアイ２は顔を登録できます。画像ではない特殊技術で顔の情報を登録するそうです。道を歩いていると、周辺の店の看板などを読み上げるので、歩いていて楽しい。これまでは、ただ目的地に向かって歩く無味乾燥な状態でしたが、周囲のことがリアルタイムで分かる。そんな喜びもあります」と話した。

２０１６年４月14日、最大震度７の熊本地震が発生した。４月16日にも最大震度７の地震があり、熊本県、大分県、長崎県などで大きな被害が出た。全盲のバイオリニストである穴澤雄介さんは熊本地震被災者支援コンサートを開きたいと考え、何人かの知り合いに声をかけた。このうちの

1人が毎日メディアカフェの協賛企業であるキユーピーの牛込勝美さんだった。牛込さんは私に相談してきた。即座に承諾した。

穴澤さんは心臓と目に障害を持って生まれ、高校時代にほぼ視力を失った。筑波大学附属盲学校高等部本科音楽科、同専攻科音楽科を卒業。障害者向け職業訓練施設で学ぶかたわら音楽活動を続け、ボランティアで幼稚園、高齢者施設、病院等で演奏を披露しながら演奏家、作曲家としての技量を磨いた。24歳のときにファーストアルバム『Sincerly Yours』をリリース。NHKラジオの番組テーマ曲に「ようこそ楽登《がくと》王国へ」「いちご畑と青い空」が採用された。「過去は変えられる、マイナスをプラスに」をテーマに、逆境を反転させる心構え、行動について記した初の著書『見えなくなったら希望が見えた』（KADOKAWA）を2014年に出版した。2015年からは毎日新聞社が発行する週刊点字新聞「点字毎日」で連載「幅広おすすめCDレポ」を始めた。

2016年5月17日に毎日ホールで開催した「熊本・大分地震被災者支援コンサート」で、穴澤さんはパーカッション演奏家の高木將雄さんとともに登壇した。穴澤さんは波乱万丈の生い立ちを語った。また、東日本大震災の際、「被災地にボランティアに行きたいが、目の見えない自分が行っても足手まといになるだけだ」と無力感を抱いたが、「自分でできることをしよう」とチャリティーコンサートを始めたという経験を話した。東日本大震災被災者への思いを込めた穴澤さんの自作曲「共助（私にできること）」やピアソラの名曲「リベルタンゴ」などを演奏した。穴澤さんは後日、牛込さんに「何人かに相談しましたが、具体的に動いてくれたのは、毎日新聞さんだけでした。感謝の気持ちでいっぱいです」とお礼を述べた。

西日本豪雨被災者支援コンサートで演奏する
穴澤雄介さん（右）と髙木さん

２０１８年６～７月、西日本豪雨が発生した。オリンピック・パラリンピック室委員の山口一朗記者は西日本豪雨被災者支援の連続チャリティーイベントを私に提案してきた。山口記者は毎日文化センター広島館長を務めていた際、東日本大震災の被災者支援イベントを計25回開催した経験がある。イベントの登壇者を誰にするか。すぐに思い浮かんだのが穴澤さんだった。穴澤さんは快諾してくれた。**「西日本豪雨被災者支援　緊急チャリティー報告会＆コンサート」**が8月1日、毎日ホールで開かれた。現場を取材した毎日新聞東京本社社会部の土江洋範記者は、東広島市で土砂崩れに巻き込まれて亡くなった警察官の遺族、知人などに取材した経過を報告し、「時間とともに関心が薄れないよう、被害の甚大さ、悲惨さを伝える必要があると思う」と話した。続いて、穴澤雄介さん、高木將雄さんによるコンサートが行われた。

チャリティーイベントはこの後、骨髄バンクや障害者アート活動の支援を続けてきた女優の東ちづるさんのトークイベント「**東ちづるさん『まぜこぜの社会』をめざして**」（8月8日）、日本笑いヨガ協会代表の高田佳子さんの「**笑いヨガ体験教室**」（8月27日）、全盲のギタリストでギターのネックを逆に持つプレースタイルで知られる田川ヒロアキさんの「**田川ヒロアキ西日本豪雨被災者支援チャリティーコンサート**」（9月10日）の計4回開催された。集まった募金計20万4406円は9月12日、毎日新聞東京社会事業団に寄託され、被災者支援にあてられた。

穴澤さんと高木さんはさらに2019年12月10日の「**希少難病支援クリスマスチャリティーコンサート**」にも登壇してくれた。希少難病の患者とその家族、医療従事者、研究者をつなぐ活動をしている「NPO法人希少難病ネットつながる」への支援が目的だ。同NPOの香取久之理事長とつないでくれたのも、キユーピーの牛込さんだった。希少難病は患者数が少ない疾患のこと。希少難病は約6000~7000種類あるとされ、希少難病全体の患者数は全国で700万人にも上ると言われる。そのうち、国が「難病の患者に対する医療等に関する法律」で療養の維持向上を目的とした指定難病は330疾病にすぎない。それぞれの疾患の患者数が少ないため、研究者、対応できる医療従事者の数が少なく、治療薬の開発などが十分とは言えない状況だ。NPO法人希少難病ネットつながるは希少難病の患者、その家族、医療従事者、研究者をつなぐ活動をしていた。

イベントで、香取理事長は「私自身が希少難病の当事者です。外見では分からないけれども周囲の援助や配慮を必要とする人が身に付ける『ヘルプマーク』の普及啓発活動などをしています。希少疾患について地道に伝えていきたい」と話した。この後、穴澤さんと高木さんが「リベルタンゴ」「いちご畑と青い空」などを演奏した。参加者からの寄付金計11万5600円が香取理事長に渡された。

香取さんは2021年12月26日、病気で亡くなった。香取さんの志は仲間の医師らによって引き継がれている。

⑮ 性的少数者への理解を広げる

ＬＧＢＴＱなどの性的少数者への理解を広げるイベントも開催した。最初は２０１６年６月16日の**「目に見えないＬＧＢＴを、ポジティブに可視化する」**だった（注：当時はＬＧＢＴの表記が一般的だった）。渋谷区が同性カップルを結婚に相当する関係と認め、「パートナー」として証明する条例を15年４月に施行するなど、性的少数者への理解は少しずつ広がっていた。セミナーでは、いずれも性的少数者当事者である電通社員、ＮＰＯ法人グッド・エイジング・エールズ代表の松中権さんと、レインボー・リール東京（東京国際レズビアン&ゲイ映画祭）ボランティアの永竹未奈さんが登壇した。司会進行役は、性的少数者をテーマとした長期連載「境界を生きる」を取材・執筆した円野恒一記者（毎日新聞東京本社地方部デスク）が務めた。

まず、丹野記者がＬＧＢＴや連載について、「ＬＧＢＴ関連記事を毎日新聞のデータベースで調べると、２００１〜10年の10年間で７本しかなかったのが、11〜15年の５年間では２５２本、今年はこれまでにすでに１４３本も出ています。性別は明確に分けられるものではない。外性器の様子で決められますが、未発達な状態で生まれる子どもがいます。医者の世界でさえ、十分な検査をしないで、性別が決められることがあると知り、境界を生きるという連載を始めました。大人になって反対の性に近づくなど、性は複雑です。続いて、子どもの性同一性障害に焦点を当てました。埼玉県で小学2年生の子が男の子として扱われることに違和感があり、不登校になりかけたが、2年生の夏休み明けから女の子として通学することを認められたという事例を1面トップで掲載しました。その後、文部科学省はこうした子に慎重に配慮するよう全国の学校に通知しました。同性愛を生きるということも取り上げました。レズビアンのカップルがディズニーランドのホテルで結婚式を挙げたことを記事にしたら、ネット上ですごい反響でした。毎日新聞東京本社編集編成局は用語の使い方を間違えないようにと、通知を出しました。例えば、かつては『性転換手術』という言葉が使われていましたが、『性別適合手術』を使うようにする、差別を助長するような『おかま』『おねえ』などの言葉を安易に使わないようにする、性的少数者はＬＧＢＴだけではないということで『ＬＧＢＴなど性的少数者』と書くといった内容です」と語った。

次に、ゲイであるとカミングアウトしている松中権さんが「ほとんどの人はカラダの性（身体的性）とココロの性（性自認）が一致していますが、そうでない人もいます。ココロの性（性自認）と、好きになる性（性的指向）が異なる人もいます。セクシャリティはグラデーションです。ＬＧＢＴは目に見えない。見えないものは怖いから攻撃する、排除するということが起こりうる。ＬＧＢＴムーブメントは、ＬＧＢＴなど性的少数者を身近な存在として理解すること、多様な存在を認める制度をつくることを目指しています」と話した。松中さんは２０１０年4月4日、ＮＰＯ法人グッド・エイジング・エールズを設立した。「3月3日（女子の節句）でも5月5日（男子の節句）でもない。4月4日にしたということも可視化の一つです」と、設立日の理由を明かした。同NPOはさまざまな活動に取り組んでいる。11年に開始した「カラフルカフェ」は性的少数者もそうでない人も集うカフェで、夏の土日、祝日に神奈川県・葉山で開いている。「カラフルハウス」は性的少数者向けのシェアハウスで、開設直後から満室状態だという。企業での理解を広げるために12年から開催しているカンファレンスは毎年、約2倍ずつ参加者が増えている。15年4月から始めたプロジェクトは「OUT IN JAPAN」。2020年までに、1万人のLGBTの人の写真を撮ろうというプロジェクトで、各地でカミングアウトしたLGBTの人たちの撮影会が開かれ、ウェブサイトに一人ひとりの写真とメッセージが掲載されている。カミングアウトとともに進めているのは「Welcoming out!」。これは、LGBTをウェルカム（歓迎）してくれる人の可視化を目指す。松中さんは「LGBTをポジティブに可視化することにより、理解を広げたい」と話した。

続いて、永竹さんがレインボー・リール東京について話した。1992年から、「東京国際レズビアン・ゲイ映画祭」の名称で続けられてきた映画祭。「LGBT関連では古くからやっている活動で、たくさんの方が支援してくれて続いてきました。始まった1992年はレズビアン、ゲイをテーマとした映画を観る機会がほとんどない時代でした。家族や性同一性障害などをテーマにした映画もあるので、名称を変えるという話がこれまでも出ていました。25回目という節目なので、皆で考えてレインボー・リール東京にしました。企業に広報する担当をしてきましたが、レズビアン、ゲイという言葉を使うことに違和感を持つ人が少なくないと感じていました。見に来る方はL

GBT当事者だけではなく、半数はそうではない人です。当事者でない人でも、映画を観ることによって、マイノリティーの疑似体験ができて、気持ちが分かるという意義があると思います。この映画祭は派手にリアクションが起こるのが特徴で、映画が終わった後の拍手もすごい。一体感があるので、楽しみにしています。ぜひ映画祭に足を運んで、一体感を楽しんでほしい」と呼びかけた。

この後の質疑応答では、参加した仙台市の教員の男性がLGBTであることを校長や同僚、さらに保護者にカミングアウトした経験を話すなど、活発な意見交換があった。

ここで登壇してくれた松中さんの企画で、同年11月11日には、セミナー「**LGBTをとりまく法制度の今**」が開かれた。登壇者は松中さんと、性的少数者への法的支援を続ける中川重徳弁護士、この分野の取材経験の豊富な藤沢美由紀記者の3人。

最初に取り上げられたのは、渋谷区などの「同性パートナーシップ条例」だ。中川弁護士は「法律上、異性でないと結婚届けが受け付けられません。憲法でも民法でも規定されていないのに、受理されない。結婚できないと何が困るか。相続、税金などの不利益が生じます。法律的、制度的なデメリットだけではなく、家族として認められない。結婚すれば、絆が強まるし、周囲から認められるというメリットがあります。性的指向は医学的、科学的に人間の多様性の一つと認められています。憲法13条では、『すべて国民は、個人として尊重される。生命、自由及び幸福追求に対する国民の権利については、公共の福祉に反しない限り、立法その他の国政の上で、最大の尊重を必要とする』とされています。２０１５年、性的少数者４５５人が日本弁護士連合会に人権救済の申し立てをしました。法律家の議論は始まったばかりですが、人は平等であるということから考えると、結婚できないというのは説明のつかないことであると思います。皆さんが声を上げると変わっていくと思います」と話した。

松中さんは「渋谷区の制度ができる過程を見ましたが、声を上げると変わっていくというのを目の前で見ていたという感じです。自分がゲイだと自認した時から、普通に生きることができない、結婚できないと思っていたのですが、初めてその可能性を考えることができました。委員会では当事者の話を聞くということで、自分の人生を振り返りながら話しました。自分たちも署名を集めたり、勉強会を開いたりしました」と語った。藤沢記者は「渋谷区の条例ができて、取材の機会が増えました。社内での理解も広がり、取材しやすくなりました」と述べた。

続いて、「性同一性障害特例法」について議論したあと、性的指向と性自認を理由とする差別を禁止する法案（ＬＧＢＴ差別禁止法）について話し合った。当時、民進党から法案が出されていたが、自民党は「考え方」を出しただけで、法案は出していなかった。

中川さんは「外国では、性的少数者を犯罪にしてしまう国があり、刑罰をなくすのが課題の一つです。欧米では、学校や会社で差別してはいけないということを法律にしている国が多くあります。法案の動きですが、当事者団体であるＬＧＢＴ法連合会が、差別をしてはいけない、理解増進の施策を国がする、地方も行動計画をつくり実行する、トイレや制服など社会的障壁を除く合理的措置をする、といった案を出しています。民進党は法案を出し、自民党は『考え方』を出しました。自民党は5月、政府に33項目の実施すべき施策のリストを発表しました。教育、児童生徒にきめ細かく対応する、研修等をして理解を広げる、人権教育をする。いじめや差別をなくす。服装等を理由とした解雇や退職強要をなくすといった内容です。ここまで社会が進んだ、これがスタンダードになることは押さえておく必要があります。自民党の考え方では、理解促進の施策をするが、差別禁止を書くべきでない。差別禁止のみが先行すれば、意図しない加害者が出てくるなどの問題が起こり、当事者が孤立するということが書かれています。しかし、差別禁止と施策は車の両輪で、誰も差別禁止のみを言っていない。セットでやるのか、施策促進だけでやるのかがこの問題のポイントです。素直にいけないことはいけないとはっきりさせる、セクハラと同様です。差別禁止を入れないと、禍根を残すというのが私の意見です」と主張した。

この後、松中さんが自身の経験を語り、「ＮＰＯグッド・エイジング・エールズは当事者が企業の人事・人権担当者らと話す機会を持っています。２０１１年に日本アイ・ビー・エムで会場を借りて開いたのが始まりです。以降、毎年、異なる企業で開催されています。企業の担当者は『何か自分たちの会社でやりたいと思っても、当事者が出てこない』と言います。そこで、13年から当事者の声を聞く会にしようというように変わってきました。この問題への取り組みはＮＰＯが先行しているように見えますが、企業の人事・人権担当者も積極的に考えています」と話した。松中さんは同ＮＰＯが日本アイ・ビー・エム、国際ＮＧＯヒューマン・ライツ・ウォッチとともに取り組んでいる「work with Pride」についても説明した。日本の企業内でＬＧＢＴの人々が自分らしく働ける職場づくりを進めるための情報を提供し、各企業が積極的に取り組むきっかけにしてもらうことが目的だという。

２０１９年3月16日には、毎日ホールで、ＬＧＢＴなどの性的少数者に関連しているＮＰＯなど10団体がブースを出展する大規模イベント「**多様性を認め合う社会の実現に向けて**」を開催した。毎日メディアカフェ協賛企業であるジョンソン・エンド・ジョンソン日本法人グループの田口周平さんが中心となって、関係団体に出展を呼びかけた。

以下の団体が出展した（順不同）。

▼ＮＰＯ法人東京レインボープライド

性的指向および性自認のいかんにかかわらず、すべての人が、より自分らしく誇りをもって、前向きに楽しく生きていくことができる社会の実現を目指している。東京都渋谷区の代々木公園でフェスティバルを開催している。

https://tokyorainbowpride.com/

▼ＮＰＯ法人カラフルチェンジラボ

福岡市で活動するＮＰＯ。ＬＧＢＴに関する普及啓発事業をして、ＬＧＢＴ当事者のみならず、すべての人の個性や人権が尊重され、多様な生き方が保障される社会の実現に寄与することを目指している。「九州レインボープライド」の開催のほか、みんなの結婚式プロジェクト、住まいプロ

LGBTイベントに出展した団体のメンバーたち

ジェクトに取り組んでいる。
https://www.facebook.com/CCLabo.org/

▼認定NPO法人ReBit
「LGBTを含めたすべての子どもがありのままで大人にされる社会へ」を掲げるNPOで、大学生など10~20代を中心に約500人が参加している。LGBT教育（出張授業、教材開発）、LGBT成人式、LGBT就活などに取り組んでいる。
https://rebitlgbt.org/

▼NPO法人ぷれいす東京
HIV／エイズとともに生きる人がありのままに生きられる地域づくりをめざしている団体。HIV陽性者や周囲の人の支援、感染不安の電話相談、予防啓発、研究・研修などを実施している。
https://ptokyo.org/

▼ＮＰＯ法人ＬＧＢＴとアライのための法律家ネットワーク

実務法律家としての経験と知識を活かして、法制度の調査研究、法律上の論点についての提言などを通じて、ＬＧＢＴに関する理解や対話の促進、性的指向や性自認を理由とする差別を解消するための法的支援などをすることにより、平等かつインクルーシブな社会の実現に貢献することを目的としている。

http://llanjapan.org/

▼Marriage For All Japan

今年２月に提訴した「結婚の自由をすべての人に」訴訟の弁護団に所属する弁護士の一部とＰＲのプロフェッショナルによって設立された団体。性のあり方にかかわらず、全ての人が、結婚するかしないかを自由に選択できる社会を目指している。

http://marriageforall.jp/

▼一般社団法人ｆａｉｒ

どんな性のあり方でも、フェアに生きられる社会を目指し活動する非営利団体。「ＥＱＵＡＬＩＴＹ：平等な制度」と「ＶＩＳＩＢＩＬＩＴＹ：存在の可視化」を軸に、政策や法整備を中心としたＬＧＢＴに関する情報発信やイベント、キャンペーンなどに取り組んでいる。

https://fairs-fair.org/

▼プライドハウス東京

２０１９年のラグビーワールドカップに合わせた「プライドハウス東京２０１９」、２０２０年の東京オリンピック・パラリンピック期間中の「プライドハウス東京２０２０」という期間限定ホスピタリティ施設をつくり、多様性についてのイベント開催、情報発信をする。それを基盤に、総合的ＬＧＢＴセンターをつくることを目指している。

http://pridehouse.jp/

▼ＮＰＯ法人ＬＧＢＴの家族と友人をつなぐ会

ＬＧＢＴの家族や友人などによる会。ＬＧＢＴへの差別や偏見をなくし、あらゆる人々が多様性を認めあえる社会をつくることを目指している。

http://lgbt-family.or.jp/

▼ＮＰＯ法人ハートをつなごう学校

みんなにＬＧＢＴのことを知ってもらうため、また、自分がＬＧＢＴかもしれないと誰にも打ち明けられず悩んでいる人に、たくさんの仲間がいることを知ってもらいたいと思い、つくった団体。

http://heartschool.jp/

会場では、来場者がブースを訪れて、団体の説明を聞いた。田口周平さんと一般社団法人fair代表理事の松岡宗嗣さん、NPO法人LGBTの家族と友人をつなぐ会の小林りょう子さんによるトークイベントも実施された。

LGBTQ団体の全国組織であるLGBT法連合会などの当事者団体、支援団体はLGBTQなどの性的少数者への差別を禁止する法律の制定を求めてきた。2021年、超党派の議員連盟は「LGBT理解増進法案」をまとめた。2023年の第211回国会で、立憲・共産・社民はこの法案を提出した。与党は議連案の「性自認」を「性同一性」に、「差別は許されない」を「不当な差別はあってはならない」に修正する法案を出し、維新・国民民主はそれぞれ、「ジェンダーアイデンティティ」「不当な差別はあってはならない。全ての国民が安心して生活することができることとなるよう、留意する」に置き換えた法案を提出した。与党案に維新・国民民主の主張を取り入れて修正することで自民・公明・維新・国民民主の4党が合意し、23年6年16日の参院本会議で可決、成立した。

LGBT法連合会は同日、記者会見を開き、「当事者に寄り添うものではなく、初めての法律の制定を心待ちにしてきた多くの当事者や支援団体を裏切るものと言わざるをえない」と批判した。

⑯ ブライン碁サロン

メディアカフェ終盤の2022年2月からは「**ブライン碁サロン**」が始まった。ブライン碁は、碁盤の見えない・見えにくい人も触って碁石の位置を確認できる立体囲碁盤「アイゴッー」を使って楽しむ碁。ブラインド（目の見えないという意味の英語）と碁を合わせた造語だ。私はこの「アイゴッー」や、ブライン碁の普及に取り組む一般社団法人日本視覚障害者囲碁協会代表理事の柿島光晴アマ4段に関することを書いた岩下記者の「記者の目」を読んで、岩下記者にブライン碁を毎日メディアカフェでイベント化することを提案した。私は囲碁アマ2段程度の棋力の囲碁ファンだ。目の見える私は盤面を見て、次の一手を考えられる。全盲の人がいったいどうやって、アマ4段の棋力になれるのか。それを知りたいという素朴な気持ちもあった。

柿島さんが毎日新聞社を訪れ、企画の相談をした。同行してくれたのは、菊沢正仁さん。菊沢さんは視覚障害者が移動する際のサポートを仕事にしている。2020年から柿島さんの囲碁活動に協力するようになった。実は囲碁アマ七段という高段者で、アマ囲碁大会で優勝経験もある。柿島さんは「視覚障害者のガイドもできるし、囲碁も教えられるという貴重な方です」と紹介してくれた。岩下記者を交えた打ち合わせで、「ブライン碁サロン」の開始が決まった。原則として、毎月第1月曜日の開催とした。

柿島さんは最初のブライン碁サロンで、日本視覚障害者囲碁協会やブライン碁について、次のように話した。「協会は目が見える、見えにくい、見えないということに関係なく、囲碁盤の盤上では対等に囲碁が楽しめるということを広め、その結果、共生社会や多様化をメッセージとして訴え、強いつながりを作っていこうという活動をしています。ブライン碁はブラインド（目が不自由なという意味の英語）と囲碁を合体した造語です。私は全盲です。全く視力がありません。44歳ですが、20歳すぎに網膜色素変性症という病気で視力がだんだん落ちました。最初は見えていたのですが、見えなくなる過程で、弱視の方の気持ち、今では全盲の方の気持ちが分かるかなと思います。視覚障害者用のアイゴという碁盤を使って、いろいろな方々に囲碁を教えています。アイゴは石を盤面の線と線との交点にはめ込むことができます。黒石には点がついていて、白石には点がついていないので、触りながら白黒の区別がつきます。触りながら頭の中で碁盤をイメージして打ちます。見える方は碁盤を見ながら打つので、情報の入力の仕方が違うのかなと思っています。ですが、囲碁は共通のルールですので、勝負を繰り広げるうちに互いの気持ちや考え方がわかり、仲良くなれます。私は盲学校にも囲碁の普及をしています。全国には盲学校が67校ありますが、2015年から囲碁の普及を始めて、現在、49校の盲学校にアイゴを寄贈し、囲碁の普及をしています。盲学校の生徒たちの目標になるものを作りたいということで、17年から全国盲学校囲碁大会を開催しています。囲碁は世界共通のルールで打てるので、アイゴは世界に渡っています。台湾、韓国、中国、豪州、アメリカ、フランス、ドイツ、タイ、ベトナム、ルーマニアなどに送っています。各国に碁盤を届けています」

「アイゴ」の開発史については、「アイゴは１９８０年代初頭に奈良県の米田昌徳さんという方が考案しました。米田さんの叔父が囲碁好きで、碁会所に通っていましたが、糖尿病で視力を失い、碁会所にも行かなくなりました。叔父に、もう一度囲碁の楽しさを知ってもらおうと考案されたのがアイゴです。線が立体的に浮かび上がり、碁石を固定できる大変画期的な物でした。それからしばらくして生産停止状態になりましたが、２０１３年に僕と仲間たちがアイゴの金型を復活させ、大量生産ができるようになりました。今使っているアイゴツーは素材がプラスチックではなく、木くずを樹脂で固めたものです」と説明した。

普通の囲碁は19×19マスの19路盤を使う。ブライン碁サロンでは、目の不自由な囲碁初心者でも参加できるよう、９×９マスの９路盤を使った。石の生き死になどの基本を柿島さんが教えた後で、視覚障害者のゲストと柿島さんが９路盤で対戦するというイベントにした。関西には視覚障害者のオンライン囲碁サークル「烏《う》鷺《ろ》々《う》々《ろ》」がある。土曜日午後と火曜日夜に2時間ほど対局している20人ほどの仲間だ。このメンバーがしばしばゲストとして招かれた。

10月からは９路盤に代わって13路盤が使われた。９路盤が石の生き死にに重点が置かれるのに比べ、13路盤は布石という序盤がより重視される。これもゲストを招いての対戦を中心とした。２０２３年３月６日が開催最終日となった。

私や柿島さん、岩下さんは「2024年には、毎日新聞社でブライン碁のリアルの大会を開催しましょう」と、話していた。毎日メディアカフェの終了により、その夢は果たせなかったが、視覚障害のある人でも囲碁を楽しめるということを、少しでも知ってもらえただろうと思っている。

⑰ 地方自治体のイベントも開催

毎日メディアカフェは地方自治体との連携も追求した。和歌山県は毎日メディアカフェに協賛してくれた唯一の自治体だった。2015年8月4日、CSRセミナー「**世界遺産の保全ボランティア活動について学ぶ**」を開催した。熊野古道を含む「紀伊山地の霊場と参詣道」は2004年に世界文化遺産に登録された。県は09年、企業や市民の協力で熊野古道を保全する事業を始めた。すでに、道に土を入れて整備する保全活動に80企業・団体の計2万2000人が参加していた。山西毅治・県観光部長は「道は台風などで傷むので、保全を続けなければならない。参加企業は社員の癒しの場になったと喜び、継続してくれています。10万人参加を目指しており、多くの企業に参加してほしい」と呼びかけた。このセミナーに参加した企業が新たに保全ボランティアに加わり、和歌山県からはたいへん感謝された。

2017年、「日本一美しい村連合」の事務局を担当する北海道美瑛町東京事務所長の観音太郎さんがメディアカフェを訪れ、イベント実施を希望した。私は即座に承諾した。ところが、なかなか企画が出てこない。そこで、私が生まれ育った北海道余市郡赤井川村に、さきがけのイベントを実施してもらおうと考えた。赤井川村は日本一美しい村連合が発足した際、最初の加盟自治体になった7町村の一つだった。赤井川村には当時、母が住んでおり、毎年1回は訪れていた。２０１７年夏に実家に行った際、村役場に赤松宏村長を訪ね、毎日メディアカフェでの企画実施を打診した。担当になったのは、村役場総務課総務係長の髙松重和さん。髙松さんは目黒区でサンドイッチ店「シャポードパイユ」を開いている神岡修さんと連絡を取り、赤井川さんの肉や野菜を使ったサンドイッチを参加者に食べてもらいながら、赤井川村の紹介をする企画を考案した。神岡さんは２０１６年に旅行で訪れた赤井川村に魅せられ、真剣に移住を考えるほど、村のファンになったという人だ。神岡さんは20歳の時に北海道から鹿児島まで徒歩で縦断中に、パティシエになりたいと思い始めた。この時被っていたむぎわらぼうしが、厳しい雨風から守ってくれたことで、フランス語で「むぎわらぼうし」を意味するシャポードパイユにしたという。

赤井川村はニッカウヰスキー工場やスキー・ジャンプの船木和喜選手、斉藤浩哉選手、宇宙飛行士の毛利衛さんの出身地として知られる余市町の南に位置し、札幌市や小樽市とも隣接している。四方を山に囲まれたカルデラ盆地で、農業と観光を産業の柱にしている。赤井川村の人口は約１３００人だが、北海道有数のリゾート「キロロリゾート」があり、２０１５年には北海道内で１１５番目となる「道の駅あかいがわ」が開業、国内外から年間１００万人の観光客が訪れる村でもある。

10月2日に開催された「**村野菜のサンドイッチを楽しみながら語る　小さな農村あかいがわ村の夕べ**」では、髙松さんが村の現状や今後の村づくりへの取り組みについて話した。また、この年7月、東京での仕事をやめて赤井川村の「地域おこし協力隊員」になり、地域の情報発信やふるさと納税の推進役として活動する鈴木絵利香さんが、協力隊員になった経過やふるさと納税の現状を語った。神岡さんも同席して、村への思いを述べた。参加者には、神岡さんのサンドイッチが渡された（注：神岡さんのシャポードパイユは2018年、千葉市稲毛区に移転した）。

「日本一美しい村連合」の観音さんの企画による「**美しい村づくり北海道セミナー・物産展**」は11月2日に開催された。美しい村連合に加盟する北海道ブロック10地域（美瑛町・赤井川村・標津町・鶴居村・京極町・黒松内町・滝川市江部乙地区・江差町・清里町・中札内村）の厳選した特産品を持ち寄った物産展を昼間に開催した。夕方のセミナーでは、観音さんが「日本で最も美しい村連合は、小さくても素晴らしい地域資源や美しい景観を持つ町村が、失ったら二度と取り戻せない日本の農山漁村の景観・文化を守りながら、自立の道を歩むために力を合わせ、活動を推進している団体です」と紹介した後、各町村の職員が食や景観保全など美しい地域であり続けるための取り組みを報告した。

赤井川村は2019年1月25日、11月29日にもイベントを開催した。1月は「**120年前の農村開拓から国際リゾート地への歩み～北海道赤井川村の夕べ**」。2019年6月10日に開村120年を迎えるのを前に企画した。イベントでは、第26代村長の赤松宏さんがキロロリゾートや道の駅誕生の経緯のほか、ふるさと納税制度を活用して中学生全員をオーストラリアにホームステイさせるなど、子育てや教育を重視した施策について説明し、「村民全員が村づくりに参加して、みんなが光る村にしたい」と展望を語った。総務課主幹となった髙松重和さんは3分の1の農家が環境保全型農業に取り組んでいると報告し、村の特産品を紹介した。終了後は参加者から希望を募り、パレスサイドビルの飲食店で、赤井川村の農産物を使った料理を味わう交流会（会費1000円）も開催した。全国的にも知られる山中牧場のバターを使ったじゃがバター、豚丼、豚肉生姜焼き、肉じゃが、越冬キャベツの卵とじなどのメニューで、参加者は赤井川村の味を堪能した。

11月は「**小さな村で農を営む～北海道赤井川村の夕べ**」と題し、4月に第27代村長になった馬場希《もとむ》村長と、30代の農業者2人が登壇した。馬場村長は「赤井川村の農地約500ヘクタールのうち約150ヘクタールが水田、残りは畑です。70世帯が農家で、専業農家は50世帯を割っています。新規就農者を受け入れる制度を作り、約30人が村に入ってきてくれました。農家の高齢化が進んでいます。受け入れ体制をもっと整備し、新たに農業を始める若い世代の農家を増やしたい。村の産業は観光と農業の2本柱です。観光は食の部分が大きいですから、農業を継続することが我々に課せられた使命です。人を資源として考え、そこに投資したい」と語った。

登壇した農業者の赤木陽介さんは赤井川村出身。2005年に25歳で本州からUターンして就農し、有機JAS認定を受けた農場「赤井川コロポックル村」で、グリーンアスパラとホワイトアスパラを育てている。赤木さんのアスパラは08年洞爺湖サミットで各国首脳に提供された料理に使わ

赤井川村の（左から）馬場村長、赤木さん、二川さん、鈴木さん

れた。赤木さんは「自分で値段を決められない農業に違和感があり、自分でマーケットを探し、『売るまでが農業』という方針を貫いています。どういうものを作らなければならないという責任感があります。アスパラが好きだから、アスパラでは日本一になりたい」と決意を述べた。

もう一人の二川英司さんも赤井川村出身。北海道砂川市から04年にUターン就農した二川農園4代目で、メロン、ジャガイモ、ミニトマトなどを作付けしている。赤井川村と近隣の蘭越町の農家が集まった「どさんこ農産センター」取締役を務め、消費者との交流や担い手の育成にも力を注いでいる。二川さんは「どさんこ農産センターは父が1974年に設立しました。まだ産直があまりない時代に、東都生協と取り引きをしていました。当時は画期的だったそうです。関東の皆さんに支えられて農業を続けています。ミニトマト、ピーマン、馬鈴薯、関東圏の生協に出荷させてもらっています」と話した。馬場さんは「赤木さんは冬には販路拡大で東京や大阪を歩いて、売り先を見つけてきています。二川さんは農業を引き継いで、若い人を巻き込んでいます。二人ともよくやっていると思います」と評価した。最後に、地域おこし協力隊の鈴木絵利香さんが「赤井川に恋するファンを増やすため、ＳＮＳで発信しています。ふるさと納税の平均リピーター率は11％ですが、赤井川村は34％です。寄付者現地交流会を企画したところ、１００人以上の申し込みがあり、そのうち31人で交流会を開きました。アスパラを収穫して焼いて食べたり、新規就農者に話を聞いたりしました。寄付者とつながることを大事にしており、今後も開きたいと思います」と話した。

終了後、前回と同様に、赤井川村の食材を使った料理を食べながらの懇親会を開催した。

⑱スペイン歌曲の谷めぐみさんが登壇

私の北海道関連の企画には、スペイン歌曲の歌い手である谷めぐみさんのトークイベントがある。谷さんは私が通った北海道立小樽潮陵高校の2年後輩。谷さんと私をつないでくれたのは、私の同級生の宇野康子さんだった。

2015年7月15日、声楽家（バリトン）の宝福英樹・静岡大学教育学部教授の講演会「**声楽、声と言葉の織りなすミラクル！**」を開催した。宝福さんは小樽潮陵高校の同級生で、同窓会の際に登壇をお願いした。宝福さんは横隔膜の手作り模型を使って横隔膜の動かし方が歌うことにとって重要であることを示したり、日本と欧米で手のたたき方が違うことなどを話した。このイベントに宇野さんが参加した。宇野さんは高校在学中に学園ネタの漫画家としてデビューし（ペンネーム：旧姓の板本こうこ）、売れっ子になった。すでに漫画家を卒業し、自身が見込んだ人を支援する活動をしていた。谷さんはその一人だった。宇野さんは私に谷さんの登壇を提案した。

谷さんは京都市立芸術大学音楽学部声楽専攻卒業後、たまたま知ったスペイン歌曲に魅せられ、

「鳥の歌」を語る谷めぐみさん

単身でバルセロナに行き、スペイン歌曲を学んだ。日本におけるスペイン歌曲の第一人者だ。宇野さんの提案を受けて、私は谷さんと相談して、イベント開催を決めた。2015年7月23日に開催された「谷めぐみが語る魅惑のスペイン歌曲」で、谷さんはスペイン留学時の思い出やスペインの作曲家、演奏家などを紹介し、「ヨーロッパだけではなく、アジアやイスラム圏から人が入ってきたため、いろいろな地域の文化が溶け合ってスペイン文化ができた。多文化の融合によるスペイン独自の異国情緒があります」とスペイン歌曲の魅力を語った。「スペインらしさを感じさせるポイントのひとつにリズムの妙にある」として、参加者に手をたたいてリズムを体験してもらった後、大チェリストのパウ（パブロ）・カザルスの演奏で名高いカタルーニャ地方の民謡「鳥の歌」を独唱した。透明感のあるソプラノに、参加者は大きな拍手をした。

谷さんのイベントは好評だったことから、翌年から毎年のように開かれるようになった。2回目は2016年4月1日の、谷めぐみの歌&トーク「**漱石とグラナドスの時代　スペイン歌曲浪漫**」。2016年はスペインを代表する作曲家エンリケ・グラナドス没後100年記念の年。生年も没年も同じ文豪・夏目漱石の生涯と重ねてグラナドスを語る意欲的な構成だった。グラナドスは第一次世界大戦のさなか、米国からの帰途、乗っていた船が英仏海峡でドイツ潜水艦による魚雷攻撃を受け、非業の死を遂げた。谷さんはバルセロナ留学中にグラナドスの娘ナタリアさんの前で歌ったところ、「日本から来た女の子がパパの曲を歌ってくれた」と感激されたというエピソードを話した。

3回目は2017年8月30日の「**歌曲でめぐる芸術の街バルセロナ**」。建築家ガウディの「サグラダ・ファミリア」をはじめとしたバルセロナの街並みの写真を見せながら、バルセロナゆかりのグラナドス、モンポウ、カザルスらの歌曲を紹介した。イベントの2週間前、バルセロナでテロが発生した。谷さんは「バルセロナの人たちは『私たちは恐れていない』を合言葉にしています。平和を願って歌います」と、「鳥の歌」をハミングした。

4回目は2018年10月30日の「**知られざるハバネラの魅力**」。ヨーロッパで生まれ、キューバで熟成、スペインで花開いたリズム「ハバネラ」をテーマにした。谷さんは、最も有名なハバネラ作品の一つであるオペラ「カルメン」のヒロインのアリア「恋は野の鳥」が誕生したエピソードを語った。「ハバネラの特徴は癒されるような独特のリズムです。スペイン語の歌の親しみやすい魅力を分かりやすく伝えています」と話し、名曲「アマポーラ」をハバネラのアレンジで披露した。

回を追うごとに、谷さんのイベントへの参加者が増えた。２０１９年10月29日に開催された「**谷めぐみのスペイン歌曲～わが心のアランフェス**」は、名曲「アランフェス協奏曲」をテーマとしたこともあって多数の人が申し込んでくれた。会場を広い毎日ホールに移して開催した。私自身もエンディングノートに「葬儀では、アラランフェス協奏曲を流してほしい」と書いているほど好きな曲で、谷さんの話に期待した。

ギター・コンチェルト「アランフェス協奏曲」を作曲したのは、スペインの作曲家ホアキン・ロドリーゴ。ロドリーゴは幼い頃に視力を失ったにもかかわらず、その類稀な才能と知性で20世紀スペインを代表する音楽家として活躍した。哀愁を帯びたアランフェス第２楽章のテーマはさまざまなスタイルにアレンジされ、広く世界を魅了している。谷さんは没後20年だったロドリーゴの生涯を音と映像で紹介し、その音楽の独自の魅力に迫った。ロドリーゴはアランフェス宮殿に行った際に妻ビクトリアから聞いた庭園の景色を思い浮かべ、アランフェス協奏曲を作曲したという。谷さんは「ロドリーゴは快活な性格で、妻や友人に恵まれ、愛され、多彩な音楽作品を生み出すことができました」と述べた。最後に、アランフェス協奏曲第２章を、歌詞なしで歌うボカリーズで披露した。

谷さんの登壇はコロナ禍でしばらく途切れた。２年半ぶりに、２０２２年４月25日、谷さんのトークイベント「**鳥の歌～大いなる祈りの調べ**」が毎日ホールで開催された。テーマはスペイン・カタルーニャが生んだ歴史的大チェリスト、パウ・カザルスと、カザルスが神魂かたむけて演奏した「鳥の歌」。信念の人、良心の人、不屈の人であるカザルスの足跡をたどった。コロナ禍以降、谷さんがマスク無しで、人前で話したり、歌ったりするのは初めてだった。カザルスはフランコ独裁政権に抵抗しながら音楽活動を続け、１９７１年には国連平和賞を受賞した。「鳥の歌」は、カザルスが平和へのメッセージを込めて生涯演奏を続けたカタルーニャ地方の民謡である。カザルスは「音楽と隣人愛は私にとって切り離せないものだ」と言っている。谷さんはこの言葉を引き合いに、「コロナ禍で歌は不要不急のものと言われ、歌い手にとっては受難という言葉では表現できないほどの日々でした。楽器を通してではない人間の声だからこそ発信できる何かがあると信じています。人と会えない期間が続き、人とのつながりの大切さを改めて強く感じました」と思いを語り、「鳥の歌」を歌った。

谷さんのホームページ「谷めぐみの部屋」（https://megumitani.wixsite.com/sala）には、全６回のイベントの記事や動画が掲載されている。

⑲サンゴ礁保全でコーセーとキャンペーン

話は2016年に戻る。社内では、水と緑の地球環境本部と毎日メディアカフェに対する「逆風」が強まっていた。会社にとっては、収益面から考えると、水と緑の地球環境本部も毎日メディアカフェも収益を上げられないお荷物だった。会社が始めた事業見直しで、水と緑の地球環境本部は主要ターゲットの一つになっていた。私は事業見直し担当チームのヒアリングで、毎日メディアカフェの意義を述べ、開設2年目からは黒字運営であると主張した。しかし、担当チームは「人件費、場所代を出せていない」と、厳しい見方だった。私は水と緑の地球環境本部の存続は難しいと考えていたが、毎年150件前後のイベントを開催して軌道に乗っていた毎日メディアカフェを何としても続けたかった。私は水と緑の地球環境本部を廃止して部員を減らすとともに、新たに「健康医療・環境本部」を設け、健康医療分野での収益増を目指すことを提案した。最終的にこの案は認められたが、収益面での実績を残さなければ、いずれ健康医療・環境本部も消滅することは必至だった。

私は毎日メディアカフェがCSRとしての価値があるだけではなく、収益を生み出すことが可能であることを示さなければならなかった。サンゴ礁生態系保全の国際協力の枠組みである国際サンゴ礁イニシアティブ（ICRI）が、2018年を1997年、2008年に続く3回目の「国際サンゴ礁年」（IYOR：International Year of the Reef）に指定した。この取り組みで収益を得られないかと考えた。2017年10月、私は市瀬さんと相談して、環境省と、サンゴ礁保全に取り組んでいる代表的企業の一つであるコーセーとの連携を企画した。まず、国際サンゴ礁年を知ってもらうため、11月28日、毎日メディアカフェCSRセミナー「**国際サンゴ礁年2018～企業に期待すること～**」を開催した。環境省自然環境計画課の岡野隆宏さんはサンゴ礁の大切さや現状、サンゴ礁年の取り組みの計画を報告し、「企業はオフィシャルサポーターになって、サンゴ礁保全に協力してほしい」と呼びかけた。コーセーの立田益巳さんは、スキンケア商品「雪肌精」の販売量に応じて沖縄県でサンゴの株を植える「SAVEtheBLUE」キャンペーンを紹介した。コーセーは2009年から、沖縄県読谷村にある陸上のサンゴ礁「さんご畑」の代表、金城《きんじょう》浩二さんと連携して、キャンペーン期間中に売れた雪肌精のボトルの底面積と同じ面積分のサンゴ礁を移植する取り組みを始めた。金城さんは2005年、養殖したサンゴを海に移植して、世界で初めて産卵を成功させた人だ。コーセーは社員や販売店の人たちが金城さんの「さんご畑」に行き、サンゴ礁について学ぶサンゴ留学を実施するなどして、全社的に活動を盛り上げた。立田さんは「植えた場所では着実にサンゴ礁が回復している。社員のやる気向上にもつながった」と話した。

私たちはセミナーの企画と並行して、環境省、コーセーとの協議を重ねた。環境省には毎日新聞社と共催で国際サンゴ礁年のシンポジウムを開催することを提案した。環境省は国際サンゴ礁年への対応が遅れており、予算も確保できていなかった。毎日新聞社との連携は渡りに船だった。毎日メディアカフェの枠組みを使って、オープニングシンポジウムを環境省主催、毎日新聞社共催で開催することにした。実務はイーソリューションとプレシーズが環境省から業務委託を受けた。

2018年1月に明治大学リバティータワーで開催された「**国際サンゴ礁年2018オープニングシンポジウム**」では、中川雅治環境大臣の主催者あいさつ、土屋誠・琉球大学名誉教授の特別講演の後、東京海洋大学名誉博士・客員准教授のさかなくん&土屋名誉教授のトークショー、私がコーディネーターを務めるパネルディスカッションをした。準備期間が短い中、充実した内容だった。

コーセーには、「6~7月、毎日小学生新聞に『SAVEtheBLUE物語』を8回連載する。物語を読んだ小学生から感想文、感想画を募集し、コンクールを実施する。感想文、感想画それぞれの最優秀作品に選ばれた作者の小学生とその保護者を、金城さんの『さんご畑』で学ぶサンゴ留学に招待する」という内容の企画を提案した。コーセーは立田さんや広報部員の尽力で、これに賛同し、毎日小学生新聞連載の掲載料や事業費を拠出してくれることになった。コーセーにとっては、SAVEtheBLUEキャンペーンを子どもたちやその保護者に知ってもらえる。毎日新聞社にとっては、掲載料が入る。そして、この取り組みを通じて、サンゴ礁の大切さや国際サンゴ礁年のことを知ってもらえる。「三方よし」の企画だった。コーセーが5月に「さんご畑」で開催したサンゴ留学では、特別講師として、さかなくんが登場し、サンゴ礁に生息する生物の絵を描きながら、「サンゴ礁が元気だと海の仲間も元気です」と、海の生態系について解説した。

明珍美紀記者による連載は、サンゴ礁の減少とその原因から始まって、サンゴ移植に取り組んだ金城さんの生き方、それに共鳴してコーセーが協力を始めた経緯、サンゴ留学の様子、さかなくんのエールなどの物語をつづり、連載の最後を「『子どもたちには、自然に感謝し、自然と共に生きる大人になってほしい』。金城さんと『SAVE the BLUE』の願いです」と結んだ。

感想文、感想画コンクールの最優秀賞は感想文が東京都内の小学6年生の下川真子さん、感想画は小学1年生の金丸はなさんが受賞した。2人は保護者とともに、さんご畑でサンゴ留学し、サンゴ礁について学んだ。その様子は明珍記者が取材して、毎日新聞本紙と毎日小学生新聞に記事が掲載された。

連載記事やコンクールの結果は、コーセーのサイト（https://sekkisei.jp/site/p/savetheblue_story.aspx）に掲載されている。

⑳ CSR・SDGsセミナーを多数開催

ＣＳＲセミナーは毎日メディアカフェの柱の一つだった。設立当初からさまざまなテーマで開催した。社会課題の解決と企業の競争力向上を同時に実現する「ＣＳＶ」をテーマにしたセミナー、企業の部品・サービスの持続可能な調達に関する国際規格「ＩＳＯ２０４００」を学ぶセミナー、3Ｒ推進セミナーなど多彩な内容だった。

２０１５年3月3日に開催した「**企業間コラボによる本業を生かした被災地支援**」では、ライオンの矢島敏夫・ＣＳＲ推進部主任部員と、味の素の前原誠一郎・ＣＳＲ部社会貢献担当部長が登壇した。両社はいずれも毎日メディアカフェ協賛企業。宮城県亘理町で、料理教室と口腔ケア講習会を組み合わせた被災地支援活動を実施していた。ＣＳＲ分野での企業の連携を志向した毎日メディアカフェらしい企画となった。

２０１５年9月、国連総会は持続可能な環境目標（ＳＤＧｓ）を採択した。貧困や飢餓の撲滅、

運営事務局の市瀬さん（左）と冨永さんはしばしばCSRセミナーに登壇

地球温暖化対策など17ゴール、169ターゲットの目標を掲げている。運営事務局の市瀬さんはこれに注目し、国連広報センターの根本かおる所長に講師を依頼した。CSRセミナー「**持続可能な環境目標（SDGs）**」が16年11月16日に開催された。まだ、ほとんどの人がSDGsを知らない時期で、私もこのセミナーで初めて知った。根本さんは企業のCSR担当者などの参加者に、SDGsの目標を説明し、「SDGsは今後の世界をけん引する基本計画で、一人ひとりの行動が課題解決につながります」と話した。難民キャンプに衣料品を送っているアパレルメーカーの例などを挙げて、「企業の本業を通じて貢献してほしい」と呼びかけた。メディアカフェはこの後、次々にSDGs関連の企画を開催した。

2016年以降も、障害者が農業の担い手になる「**農福連携**」**のセミナー**、**住宅の省エネルギーを学ぶセミナー**、**地域学校協働活動に企業がどう協力するかを考えるセミナー**など、多彩なテーマでCSRセミナーを開催した。

SDG ｓゲームを説明する中田さん（中央）

市瀬さんは17年、パズルステージ社長の中田圭さん（のちに紹介する）とともに、地方自治体向けのＳＤＧｓゲームを開発した。１組５人程度のチームに分かれ、大規模（人口１００万人）、中規模（10万人）、小規模（1万人）の３パターンの自治体が、ゲーム終了までに人口50％以上減少させないことを目指す。自治体は「観光型」「エネルギー型」「第1次産業型」に分かれる。カードを使って、さまざまなアクションを実施する。ほかのチームと相談・交渉したり、資源の交換、政策カードの取得をしたりして、人口を減らさない道を探る。楽しみながらＳＤＧｓを学ぶことができるカードゲームだ。17年12月25日に開催したＣＳＲセミナー「**さまざまな立場からＳＤＧｓを考える**」の際、参加者にＳＤＧｓゲームを体験してもらった。市瀬さん、中田さんはその後、企業版ＳＤＧｓゲーム、子ども向けＳＤＧｓゲームを制作した。これらの体験会も実施した。

市瀬さんとプレシーズは２０１３年からＣＳＲ活

プレシーズの森で稲刈りに参加した人たち（2018年）

動として、「プレシーズの森・里山保全活動」に取り組んでいた。栃木県佐野市葛生東の農業、赤堀雅人さん（合同会社モリ田守代表社員）の里山で年４回、米作り体験や里山保全活動、自然学習をする。育てているのは酒米「五百万石」で、収穫された米は１６７３年創業の栃木県内で最も歴史のある佐野市の酒蔵「第一酒造」（酒名は「開華」）で、日本酒になる。毎日メディアカフェの協賛企業・団体にも参加を呼びかけ、多くの人が里山体験を楽しんだ。

２０２１年６月に英国で開催されたＧ７サミットで合意された「Ｇ７　２０３０年自然協約」では、30年までに陸と海の30％以上を健全な生態系として効果的に保全しようとする目標を掲げている。この目標は「30ｂｙ30（サーティ・バイ・サーティ）」と呼ばれる。環境省によると、日本で保全地域となっている割合は陸域20・５％、海域13・３％。環境省は国立公園などの保護地域の拡充のほか、ＯＥＣＭ（保護地域以外で生物多様性保全に資する地域）を認定していく。赤堀さんの里山はこのＯＥＣＭに登録申請をしている。

㉑工夫をこらした協賛企業のイベント

毎日メディアカフェは協賛企業・団体が年3回までイベントを開催できる仕組みにした。開催するイベントは商品宣伝を中心とした内容はＮＧで、ＣＳＲセミナーや参加者の学びにつながるイベントにしてもらった。各企業・団体は創意工夫をしてイベントを企画した。中でも凝ったイベントを企画したのは、アラムコ・アジア・ジャパンだった。経営企画室の石井陽子さんが中心となり、２０１７年度には、同社が支援しているサンゴ礁保全の関係者を沖縄県などから招き、連続セミナーを開催した。19年度には同社が支援する日本科学未来館（東京都江東区）の地球ディスプレー「ジオ・コスモス」の新規コンテンツ「未来の地層」を監修した研究者による連続セミナー「**科学者が見通す46億年の地球～人類と地球の未来**」を開き、ＡＩと社会の関係や科学の文化的位置づけを研究している佐倉統・東京大学大学院情報学環教授らが登壇した。その後も、アラビア文化を知るシリーズなどに取り組んだ。

アラムコ社はこの中で、私たちを驚かせる企画を実施した。２０１９年3月13日に毎日ホールで

モモアカノスリを手に載せた鷹匠の田籠さん（右）と大塚さん

開催した「**アラビア文化への誘い～鷹狩に学ぶ日本とアラブのつながり**」だ。アラビア文化の一つに鷹狩がある。鷹狩は2011年、アラブ首長国連邦（UAE）などの11か国の共同申請で、ユネスコの「人類の無形の文化遺産」になった。鷹狩文化を紹介するため、鷹匠の流派である諏訪流第17代宗家の田籠《たごもり》善次郎さん、第18代宗家の大塚紀子さんを招いて、放鷹術について話してもらった。2人は2004年にUAEで開催された「狩猟と馬術の展覧会」に参加し、アラブの放鷹術を見学している。大塚さんが世界と日本での鷹狩、放鷹術の歴史、自身が鷹匠になった経過などを話した後、放鷹術の実演に入った。2人はタカ科に分類される猛禽の一種であるモモアカノスリを毎日ホールに連れてきていた。カラスほどの、それほど大きくない鳥だ。田籠さんがノスリを放すと、ノスリは舞い上がって10メートルあまり離れた場所にいる大塚さんの手に止まった。この後、参加者の中から希望した2人がノスリを受け止める体験をした。「えがけ」と呼ばれる鹿革製の手袋を左手に装着して、飛んでくるノスリを止まらせることに挑戦した。体験した女性は「飛び立つときの蹴る力が、ああ生き物なのだなと感動しました」と、感想を述べた。事務局の市瀬さんは「毎日メディアカフェで最も衝撃的だったイベントの一つです」と振り返る。

田籠さんは2021年1月27日、脳出血で亡くなった。私にそれを伝えてくれた大塚さんによると、「前日まで普段と変わらず鷹を飛ばしていました。本人の念願に沿い、弟子たちが鷹を据えてお見送りをしました」という。

協賛団体である東京医療専門学校のイベントも好評だった。鍼灸マッサージ科教員で鍼灸師の船水隆広さん、松峰理真さんらがツボ押し体験、東洋医学ビューティー講座などを開催した。柔道整復科専任教員の加藤栄二さんが転倒予防の体操を教えるイベントもあった。東京医療専門学校は「学びのフェス」では、親子にツボを教える教室を開き、人気を博した。

協賛企業の日本郵船はコロナ禍前に毎年1回、川崎市の株式会社日本海洋科学でイベント「**きみは船長！ ～大型船のひみつを学ぼう**」を開催した。外航船員の魅力を伝えることを目的とした社会貢献活動「郵船みらいプロジェクト」の一環で、小学生に船の仕事を説明した後、2種類の操船シミュレーターと海図作成の体験をさせた。航海士が訓練に使う本格的な操船シミュレーターを使えるとあって、参加した小学生たちは目を輝かせながら、操船に挑戦していた。

協賛企業のイベントで参加者の関心が特に高かったのは、２０１９年10月21日に開催された「**伊部菊雄さんが語る『Ｇ‐ＳＨＯＣＫ開発ストーリー』と『新たな価値創造』**」だった。国立科学博物館は同年９月、未来に引き継ぐべき「重要科学技術史資料」（未来技術遺産）に、カシオ計算機の「Ｇ‐ＳＨＯＣＫ」１号機など26件を新たに選んだと発表した。以前からＧ‐ＳＨＯＣＫ開発物語を聞きたいと願っていた私は、同社の木村さんに依頼し、「Ｇ‐ＳＨＯＣＫの父」と呼ばれる伊部菊雄さんの講演会が実現した。

はじめに、Ｇ‐ＳＨＯＣＫが激しい振動、衝撃でも壊れず、深海でも動き続ける様子が映像で紹介された。伊部さんは「Ｇ‐ＳＨＯＣＫの開発は38年前のショッキングな出来事から始まりました。中学校の入学祝で、私は父親から腕時計を買ってもらいました。落とさないように注意していたのですが、歩道で女性とぶつかって、腕時計が落ちて壊れてしまいました。大事にしていた時計なので、ショックでしたが、それ以上に、腕時計が自分の手から落ちるということを自分が体験したことに感動しました」と、開発を思い立った経過を述べた。

次に開発ストーリーを語った。「『落としても壊れない丈夫な時計』というたった一行の提案書を書き、役員会で通りました。認められたのは、この一文に力があったのかなと解釈しています。しかし、アイデアはなく、基礎実験もしていない状態でした。ターゲットは道路工事の人です。誰も腕時計をしていない。腕時計をすると壊れるからです。腕時計のない不便さを解消してほしいと思いました。当時は薄型がかっこいいという時代でした。Ｇ‐ＳＨＯＣＫは大きくごつくなるでしょうから時代に逆行しています。目立たないところで実験をしたいと、研究センターのトイレの３階の窓から地上のコンクリートに落とすことにしました。最初は時計の4か所にゴムが付いていれば大丈夫だろうと簡単に考えていました。ゴムを巻いて落とすと、どれも壊れます。最終的にはソフトボールほどの大きさになりました。新しい構造を考え、心臓部を衝撃から5段階で吸収する5段階衝撃吸収構造を思いつき、サイズは劇的に小さくなりました。ところが、電子部品が1個だけ壊れる『もぐら叩き』状態になりました。コイルを強くすると水晶が割れるといったように、どこかが壊れます。頭が爆発しそうなほど考えました。開発を実現できなければ会社をやめる覚悟はできていました。99％はできないだろうから、どうやって納得して諦めるか。24時間、1週間考えることにしました。寝ているときも夢で解決策を探そうと試みました。どういう辞表を書くのかも考えました。開発期限の直前、公園で女の子がマリつきをしているのを見ているとき、突然、劇的な解決策がひらめきました。ボールの中に時計の心臓部が浮かんでいるように見えました。心臓部を面接触ではなく点接触で支える、浮いている状態に近いようにするのです。『5段階衝撃吸収構造＋点接触の心臓部浮遊構造』というG‐SHOCKの基本が完成しました。さらに難題がありました。材料を何にするかです。文献を調べつくしました。『ウレタンは医療器具に使われる。ただし、成形が非常に難しく、複雑な形状はできない』と書かれた文献がありました。ウレタンに決めましたが、協力メーカーから不良品が段ボール箱で送られてきて、それには『材料を変えるか、単純構造にしてください』と書かれていました。『あなた方ができなければ、日本でできる人はいない。日本のエンジニア魂を見せましょう』と訴えました。こうして、G‐SHOCKがついに完成しました」

G‐SHOCKは1983年4月に発売された。最初はほとんど売れなかった。アメリカのプロモーションで、アイスホッケーのスティックで叩いても壊れないというCMが放映された。誇大広告ではないかという視聴者の疑問に応えるテレビ番組で、CMと同じ実験をしたり、トラックでひく実験をしても壊れなかった。消防士や警察官が愛用し始めた。90年代後半、ストリートファッションに似合う時計として若者の人気を集めた。G‐SHOCKは2017年8月までに累計売り上げ1億個を達成した。

伊部さんは成功の要因や心構えについて、「いつの時代にも通じるコンセプト（丈夫である）、商品が新鮮（デザイン、技術の進化）、ファンづくりの3要因が大事です。1997年に大ブームが起こり、24時間態勢で生産しました。ブームはストンと落ちて大在庫を抱えました。そこで、原点に戻って育てようと考えました。2008年から世界にG‐SHOCKの本質と世界観を伝える『SHOCK THE WORLD TOUR』（現在は『ファンフェスタ』）を開催しました。開発ストーリーを理解していただく活動にも取り組み、これまでに30数か国で講演しています。『ネバーギブアップ』をメッセージにしています。全て通訳を介さず、母国語で講演しています。4か月かけて覚え、終わったらすぐに忘れます。ファン作りの際、語れるストーリーとは苦労談です。アイデアの99%は使えません。1%のために考えることを諦めないようにしましょう。アイデアは能力とは関係ない。アイデアが出ないのは考えている時間が少ないと思ってください」と話した。

㉒ＮＰＯの報告会を次々に開催

毎日メディアカフェで報告会を開催したＮＰＯ、団体は数えきれないほどある。特に国際協力の活動をしているＮＰＯの報告会が多かった。先に紹介したシャプラニールのほか、カンボジア農村部の学校や広場に即席の映画館をつくり、日本のアニメ映画を上映しているＮＰＯ法人「ＣＡＴｉＣ」の教来石小織さんと山下龍彦さん（２０１５年12月）、カンボジアとインドで児童買春や人身売買の根絶を目指す活動をしているＮＰＯ法人「かものはしプロジェクト」の村田早耶香さん（２０１６年１月）、レバノンでシリア難民の食料配布・教育支援に取り組むＮＰＯ法人パルシックの大野木雄樹さん（２０１７年２月）と岡崎文香さん（２０１８年４月）、イラク北部の都市モスルで子どもたちへの教育支援、保護事業をしている国際ＮＧＯワールド・ビジョン・ジャパンの岩間縁さん（２０１８年７月）、シリア難民など途上国の子どもたちを支援しているＮＰＯ法人「国境なき子どもたち」の松永晴子さん（２０１８年12月）などがある。２０２２年12月17日には、日本とフィリピンでフェアトレードや環境保全活動に取り組んでいるＮＰＯ法人ハロハロ（村社淳理事長、成瀬悠事務局長）が設立10周年記念パーティを毎日メディアカフェのイベントとして開催した。

国内で活動するＮＰＯの報告会も数知れない。思い出に残るのは、２０１８年1月11日に開催した「**食農交流で地方を元気に！**」だ。毎日新聞社に近い千代田区神田のオフィス街の一角に「ちよだいちば」という小さなアンテナショップがある。月替わりで全国各地の市町村の産品を特集し、日替わりメニューのランチも人気だ。販売だけでなく、料理教室や生産者と消費者の交流イベント、生産者を訪れる農業体験ツアーを定期的に開催している。これらの活動に取り組んでいるＮＰＯ法人農商工連携サポートセンターの大塚洋一郎代表理事が講演した。大塚さんは科学技術庁に入庁。文部科学省宇宙開発利用課長などを歴任して、経済産業省大臣官房審議官として農商工連携促進法の制定、運用を担当した。２００９年、農商工連携による地域活性化に取り組むため早期退職して、農商工連携サポートセンターを設立した。私は科学記者時代に科学技術庁（当時）を取材していたことがあり、大塚さんとは面識があった。官僚の安定した生活を捨ててＮＰＯ活動を始めた大塚さんの思いを聞きたくて、登壇を依頼した。

大塚さんは講演で、「農商工連携をしたいというだけで中身は何も具体化していないのに食べていけるのかと迷っていたのですが、やめちゃおうと決心しました。家族は大反対でした。今は活動を応援してくれています。私たちは食農交流を進めています。例えば、とれたてのアスパラを切って生で食べたり、炭で焼いて食べると、とても美味しい。そういうものを都会の人に食べてもらう。気に入ったら、その地方に行ってもらう。ものは地方から都会へ、人は都会から地方へというのが私たちの活動です。どちらか一つをしている団体はたくさんありますが、両方やっているところが私たちの強みかと思います。食と農の交流によって元気になるのは都会の人なのです」と話した。

大塚さんとは逆に40代後半になって中央官庁に勤めた人がいる。2022年1月11日、「**人生のラストスパートは、誰でもその時がくればかけられる**」に登壇した栗林美紀さんだ。栗林さんは実家の富山県富岡市の製紙工場で約15年間働いた後、43歳で東京大学大学院に入り、博士号（環境学）を取得。復興庁に入庁し、文部科学省などを経て、環境省で復興・再生事業を担当している。栗林さんは前年11月に出した著書『ラストスパート』（文芸社）を毎日メディアカフェに郵送してくれた。それを一読した私はすぐに登壇を持ちかけた。栗林さんは「地方都市の衰退や、自分のしたい仕事ができない雇用ミスマッチなどの社会課題を解決したいと考え、大学院を目指しました。東日本大震災後は復興に尽くしたいと考えました」と話し、「その気になれば、何歳でもラストスパートをかけられます。自分を信じてください」と参加者にエールを送った。

㉓福島関連イベントを徹底開催

再び、福島関連イベントを紹介したい。2015年5月20日、絵本作家の松本春野さんのトークイベント「**『ふくしまからきた子』を描く意味**」が開催された。企画したのは毎日新聞デジタル報道センター記者で、私と親交のあった石戸諭記者（現フリーランス作家、ライター）。石戸記者はこの1か月前に、松本さんのロングインタビューを書いていた。松本さんは絵本作家いわさきちひろさんの孫で、父の松本猛さんとの共著絵本『ふくしまからきた子　そつぎょう』（岩崎書店）が話題を呼んでいた。福島第1原発事故後、福島から広島に母と避難することを選んだ主人公の少女「まや」が、自分が通っていた福島の小学校の卒業式に戻ってくるという物語だ。前作「ふくしまからきた子」の続編として描かれたこの絵本は、前作とは大きな違いがあった。松本さんは石戸記者のインタビューで次のように語っている（抜粋）。

――2011年の夏に、私は福島県飯舘村から避難した小学校に取材に行きました。原発事故後の混乱や避難の話を聞いたのが前作の取材でした。母子避難をした子どもたちのいる子どもたちの話を聞く中で福島から広島に母子避難を選ぶ主人公の姿が決まってきた。前作は「ふくしまからきた子」と呼ばれた、まやが友人に受け入れられるまでの物語です。主人公はサッカーが好きな少女だけど、事故で傷つき、ボールを蹴ることに消極的になる。物語全体のトーンも暗く、うつむいている子どもの顔を表紙にしています。原発事故で、子どもたちの心に与えた影響や不安を表現している作品といえるでしょう。

当時、私も混乱していました。初めて聞く、ベクレルやシーベルトといった単位に驚き、困惑し、そもそも「安全」なのか「危険」なのか。極端な情報が飛び交い、全く判断ができない。その中で絵本作家として「福島の子どもたち」を守る作品を作る。それが自分の使命だと思っていました。今から思えば『ふくしまからきた子』というタイトル自体、「福島への差別を助長する」と思われても仕方ないですね。福島は広いし、放射性物質の汚染状況も違う。一律に語れないのに、私の意識の中で「福島に住んでいるのは危ない」「みんなが避難を選択したほうがいいのではないか」という思いがあった。それがタイトルや作品ににじんでいます。避難を選択した方からは「よく描いてくれた」と共感の声も寄せられました。一方で県内の人からは「つらくて表紙を開けない」「福島に残ることを否定されているようだ」という声も寄せられました。この声はずっと心に残っていました。

福島からの声を聞いて「もっと福島のことを知らないといけない」と思い、前作出版後に父と機会を見つけて、福島取材を続けました。子どもたちの状況や学校の対策を聞いて回りました。今から思えば、私は取材でずいぶんと失礼なことを重ねたと思っています。「普通の生活を取り戻した」という話はメモを取らず、生活を取り戻すための努力に関心を示さなかった。「まだ、大変なことがあるのでは」としつこく聞いていました。「放射線に対する不安」が出てくると熱心にうなずき、「不安」に対処するために放射性物質を徹底的に測るという対策については共感を示さない。福島の人が悲しい顔をすることを期待していたんですね。でも、福島に関するデータがだんだん明らかになってきました。

ある図書館の司書さんは涙を流しながら話してくれました。彼女の家庭にも小さなお子さんがいる。夫と一度は福島市内から避難を検討した。でも、自分は図書館の鍵を最後に閉めるのが仕事だと。子どもたちがいる中、自分から先に避難するわけにはいかない。放射線について勉強し「いまの線量なら避難はしない」と決断したそうです。この決断を不勉強だと誰が責められるのか、と深く考えてしまいました。福島に住むと決めた人は無知だから決めたわけじゃない。たくさん勉強して、考えていた。そんな当たり前のことすら私の想像力は及んでいなかったのです。

取材で訪れた福島県伊達市の霊山地区に古くからある家の方を訪ねたとき、家にずらっとご先祖の写真を並べてあるのを見て、感じるものがありました。土地や家の持つ意味はそれぞれに違う。避難すればいいってものじゃない。線量や計測を重ねて、その土地に暮らすことを選択した人がいるという事実は、私が単純に考えていたより重いものなのです。だから自分で数字と向き合い、決めてきた。決断の積み重ねが今なんです。

『そつぎょう』を描くときに私の中で、一つだけ決めていたことがありました。前作はうつむいた顔が中心だったけど、取材に行った小学校で子どもたちは日常を取り戻そうと努力を重ねる親や先生たちの背中を見て、とてもいい笑顔を浮かべていたのです。その笑顔を描こう、と。子どもたちにとっても、久しぶりに見るまやの姿はうれしかったのでしょう。みんな、走って駆け寄り、抱きしめながら「おかえり」といって迎え入れた。避難も一つの選択であり、帰ることも一つの選択です。いろんな価値観があり、人それぞれの選択がある。どんな選択も肯定する。そうした思いを込めました。

反原発運動の中に「福島には住めない」「福島県産食品は危険だ」といった差別的な表現があったのは事実です。それは今でも残っています。私はそこには絶対、賛同できない。反原発のために広大な福島を住めない土地にする必要はありません。福島に住むことに罪悪感を抱かせるような運動でいいのか。そこをもっと問わないといけない。差別や偏見を助長するような運動からも「そつぎょう」が必要なのです。

石戸記者の問いに、率直な自己批判を含めて答える松本さんの真摯な姿勢が印象的なインタビューだった。石戸記者の質問に答える形で進めたイベントでも、松本さんは「福島の人たちと話し、学び直すことによって変わりました」と語った。

毎日メディアカフェはその後、福島関連のイベントを数多く開催した。その多くはプレシーズの冨永浩敬さんが企画した。冨永さんは毎日メディアカフェ発足時から市瀬さんとともに、支えてくれた人だ。私と福島県のつながりから、福島関連のイベントを開催するうちに、冨永さんは福島に急速に関心を深めていった。冨永さんは「企業のCSR支援を業務の一つとしていたので、メディアと連携できる毎日メディアカフェは、仕事として使えるという感触でした。福島問題に関心を持ったのは、NPO法人シャプラニールの方たちと、福島県を訪ねてからです」と振り返る。NPO法人シャプラニールはバングラデシュの独立直後の1972年に活動を開始し、日本の海外協力NGOの草分け的存在として南アジア地域の貧困問題に取り組んできた。2014年12月に毎日新聞社が協力する言論NPOの「エクセレントNPO大賞」を受賞したことを機に、私が受賞記念講演会を企画し、2015年2月3日、「**エクセレントNPO大賞受賞　シャプラニールの挑戦**」というイベントで、小松豊明事務局長に話していただいた。

それからまもなく、シャプラニールが企画した福島に行き、県民の声を聞くイベントに、冨永さんは自費で参加した。冨永さんは愛媛県生まれ、兵庫県育ちで、それまで「3・11は重大な出来事であるが、よそのこと」という感覚があったという。一行は福島県大熊町から、隣接のいわき市に避難している人たちの話を聞いた。ある高齢女性は「東電のことを嫌いになれねえ」と言った。かつては冬季に男性が出稼ぎに行かないと一家が暮らせない地域だった。それが原発立地により、家族が車を持てる地域になった。「東電にいい目を見させてもらった」と言うのだ。冨永さんは「衝撃でした。誰が悪い、悪くないでは語れない。福島の問題を直視することを避けていた自分を反省しました」と振り返る。その後、毎日メディアカフェを通じて親交を得た開沼さんや、そこからつながった福島関連の人たちと連絡を取り、自分で企画を出すようになった。

2015年11月26日に開催された「**ふくしまの今を知る　開沼博さん×坪倉正治さん×堀潤さん**」は、冨永さんの企画だった。開沼さん、福島県で内部被ばく測定に従事した坪倉さんを迎えたイベントで、元NHKアナウンサーの堀さんにコーディネーターをお願いした。坪倉さんは早野さんたちと一緒に、ホールボディカウンターで内部被ばくを測定し、そのデータを次々に公表していた。野生動物を狩猟して食べているといったごく一部の人を除いて、内部被ばくは十分に低かった。坪倉さんはこうしたデータを示し、「データに基づいたリスク判断をしてほしい」と語った。

2017年2月16日には映画「新地町の漁師たち」公開記念セミナー「**福島の漁業は今**」が開催された。福島県新地町では、原発事故後、漁業者が操業自粛を余儀なくされた。映画監督の山田徹さんは2011年6月から3年半にわたり、漁師たちの姿を映像に記録し、ドキュメンタリー映画「新地町の漁師たち」を制作した。山田さんは「漁師たちの仕事に対する強い気持ち、生きざまを、映像を通じて感じてほしい」と訴えた。対談した北海学園大学の濱田武士教授（漁業経済学）は試験操業の現状を話し、「福島の漁業への理解を広げていきたい」と語った。

翌17日には「**帰還～飯舘村の課題と夢**」が開催され、飯舘村の菅野典雄村長が講演した。原発事故後、計画的避難区域に指定され、全村避難となった福島県飯舘村は約6000人の村民の60％は福島市に、35％は福島市以外の県内市町村に、5％は県外に在住していた。村は避難指示解除準備区域、居住制限区域、帰還困難区域に分けられていたが、17年3月31日、帰還困難区域（長泥）を除いて避難指示が解除されることになった。解除を前に、菅野村長の話を聞きたいと考え、菅野さんに登壇をお願いした。飯舘村は「日本で最も美しい村連合」に加わるのどかな農村で、「までいライフ」を掲げて村づくりを進めてきた。「までい」は「心を込めて」「手間ひまをおしまず」といった意味だ。

菅野さんはまず、「放射能という顔の見えない、色もにおいもない相手との戦いは、他の災害とは全く違うということをつくづく思い知らされました。まずは、危ないという人もいれば大丈夫という人もいる、百人百様だということです。2点目は、天災のように、乗り越えてゼロからのスタートというふうにはなりません。ゼロに向かって、長い間、世代を超え、不安と戦いながらいかなければなりません。3点目は、子どもが帰らないことです。親は子どもを村には戻しません。でも、学校がない村にはしたくありません。悔しいと思うことが多いですが、愚痴を言っても仕方がないので、腹を据え、逆手に取ってやっていくしかないと思っています」と、状況の厳しさを語った。

震災前は年間40億円程度の規模だった村の予算は、復興に伴い２０１６年度は１２０億円、17年度は２００億円を超える規模になった。「通常の4～5倍の仕事をしているので、ものすごく忙しいです。職員も頑張っていますが、応援もいただいています。そんな中で一番大切なこと、忘れてはならないことは、原発事故から何を学んで、次の世代に伝えるかです。もっと豊かに、もっと便利に、と思っている限り、エネルギー、電気が必要になってきます。次の世代に安全な日本をバトンタッチするのは、我々の責務だと思っています」と述べた。
最後に、「震災がなければ6期も村長を務めずに、旅行でもしていたかもしれません。震災を経験しなければこんな気持ちにならなかったと思うのですが、死ぬ時には親に対して堂々と、『一生懸命生きました』と言って死んでいけると思います。家を無くした人、跡取りを亡くした人、そういう人はたくさんいます。そう考えると、まだまだ頑張れます」との思いを語って、締めくくった。

5月8日には、冠木雅夫記者報告会「**『福島復興論』を語る**」が開催された。冠木記者は福島県喜多方市出身で、論説委員長も務めた。2013年4月から16年9月までの3年半、毎日新聞に「福島復興論」を連載した。原子力災害からの復興のために奮闘している人を紹介し、励まそうという狙いを込めた連載で、震災を機にふるさとに舞い戻って尽力している若い人たちなどの姿が描かれた。この連載をまとめた著書『福島は、あきらめない』（藤原書店）の刊行を記念しての開催だった。報告会では、冠木記者が連載の概要を報告するとともに、連載にも登場した大堀相馬焼・松永窯4代目の松永武士さんと、「復興と若い力」について話し合った。大堀相馬焼は、青ひび、二重焼きなどの特徴を持つ350年続く伝統工芸。慶応大学2年で起業した若手経営者の松永さんは、大堀相馬焼の新作シリーズ「KACHI-UMA（勝ち馬）」をプロデュースしたり、「縁器屋《えんぎや》」ブランドで大堀相馬焼全体の販売促進を企画するなど新たな挑戦を続けている。報告会では、松永さんプロデュースの作品も紹介された。

冨永さんの企画で最も気合が入っていたのは「**漫画『いちえふ』作者 竜田一人が語る『福島の今を知る』**」（2017年7月10日開催）だった。このイベントでは、漫画『いちえふ――福島第一原子力発電所労働記』の作者・竜田一人さんが、当時の体験を語った。冨永さんが竜田さんの聞き役を務めた。

最初は竜田さんが作詞作曲した曲を歌うミニライブをしながら、原発の様子や風評問題についての考えを述べた。

漫画でも描きましたけど、一番驚いたのが、行く前とのイメージの違い。意外に線量管理とかちゃんとしているというか、毎日線量計を付けて、記録をとって、ルール違反をするとお咎めがあったりとか。健康に影響が出るようなことは一切起こらないというのは、だいたい実感としてわかりました。私も元気ですし。それに関しては、あまり心配はしなくていいんじゃないかなと思います。なので、「中の様子はどうだったの」と心配されている方に対しては、「中で働いている人はみんな、元気に笑ってやってるよ」って。それだけで十分じゃないかと思っています。

だけどいまだに、不安に思って「福島のものは食べない」って人が、いっぱいいて。でも、この辺は検査をしているから、そういう危険なものは万が一あったとしても絶対お店に出ない。もともと危険なものなんか全然ないんですけど。米とか、農産物に関してはわりと風評は改善されてきたかなと思うんですけども、まだ残っていますよね。海産物に関しては、まだ本格的な漁も再開されていないので、それに関しても心配に思っている人がいっぱいいて。原発付近の海の魚を釣って実際に放射線を測る海ラボという活動があって、私はたまに参加して、一緒に船に乗って釣りをしたりするんです。すごいでっかい魚が釣れるんですよ。アイナメとかヒラメとか。それを持って帰ってきて、アクアマリンふくしまという水族館で測るんです。放射性セシウムは出ないですね。なので、もういい加減漁を全部、全面的に解禁してやってもいいじゃないかと。

データ的にはそうなんですけども、まだ風評が怖いからといって、いろいろ踏み出せないところがあります。漁業に関していうと、処理水っていうのがあって。でも、ほぼ全ての放射性物資は除去し終わって、ちょっと、トリチウムが残っているだけで。今、それがいっぱいあるのが問題なので、これどうするかっていう話になっているんです。薄めて海に流してしまえば、健康被害とかは出るわけがないんです。

だけど、それをやってしまうと、また風評が再燃するのではないかという恐れで、地元の漁業の方とかはいまだに反対している。ただ、恐れているのは風評なんです。これはデータを出しながら、計画通りやっていけば、もしかしたら風評って、やっても起きないんじゃないか。処理水に関しては計画通りにやれば、そんなに恐れることはないんじゃないかと思っています。

続いて、冨永さんとやり取りをした。原発作業員になった経過について、竜田さんは「私は漫画の仕事をやっていましたが、漫画で全然食えなくて。別の仕事もしていたんですけど、それもうまくいかない。転職しようかなっていうタイミングで、地震、原発事故があった。どうせ働くんだったら、どこか被災地で働ければいいかなと、仕事を探し始めて、なんだかんだあって。２０１１年から探し始めて、12年にやっと福島第1原発にたどり着きました。そのときの様子を最初から漫画にしようと思って行ったわけではなくて。実際に見てきて、いろいろと興味深いこともあって。何よりも中の雰囲気とか、実際の様子っていうのは、それまでイメージしていたものとあまりにも違うので、記録として残しておけたらいいかなと。そんな感じで、漫画にしました」と語った。

さらに、現場の様子や仕事への思いなどを以下のように話した。

インターネットとかでいろいろデマもあり、福島に行ったら死んじゃうくらいの勢いで言われていたのが、実際に働きに行って中に入ってみると、意外とみんな明るいんですよね。普通の職場として働いている人がいる。そんな空気の違いだけでも、記録として残しておけたらなという感じで描き始めました。

作業員の集合場所は、楢葉町と広野町の間のJヴィレッジというところです。そこから北に向かい、楢葉町、富岡町、大熊町を通って、大熊町と双葉町の境のところに1F、福島第1原発があります。最初のころはJヴィレッジでタイベックという防護服に着替えて、全面マスクを付けていたそうですが、私が行ったころには、Jヴィレッジから途中でマスクを付けていました。今では普通の格好で1Fに入ります。汚染度なり危険度、安全度などで状況も変わっています。２０１２年は休憩所の仕事や配管の仕事をしました。作業員1人当たりの年間被ばく量の限度は、20ミリシーベルトと決まっています。それを使い切っちゃったので1回帰ってきて、漫画を描き始めました。おかげさまで、こうやって単行本になりまして。

でもやっぱり戻って来ても、またあそこに行きたいなという想いが強くて。なんでわざあんなところに行きたいのかという疑問を持たれる方もいらっしゃるかもしれませんけど、楽しいっていう言い方もなんですけども、やりがいがあって興味深い、私にとっては働きやすい良い職場だったんですよ。日本のために福島のためにとか、そんなふうに大それたことを思ってやっている人は、たぶん誰もいないんですけど。多少なりとも、何かの役には立つんじゃないかっていう思いはみんなあって。

また現場に戻りたいなっていう希望を下請けの社長に出したら、14年にまた呼んでもらいました。今度やったのは、1号機の原子炉建屋の中です。ロボットが調査をするんですけども、その調査に行くロボットのお世話をする仕事。そのあとにやったのが3号機の原子炉建屋の中。がれきを撤去しているロボットがあるんですよね。放射線が高くて、人が中で作業できないところはロボットがやってくれるんです。ロボットはバッテリーで動いてるんで、そのバッテリーを交換してあげたり。リモコンで操作するんですけど、中継する機械とかもあって、そういうのを引っ張っていったりするのも大変なので、その周りの仕事をやったりしました。私がやってきた仕事はそんな感じ。

よく聞かれるのが、行くのは怖くなかったですかとかです。行く前の段階で、落ち着いて情報を精査していくと、みんな働いてるんだし、行っても大丈夫なんじゃないのっていう思いで行ったので、そんなに怖くはなかったですね。本当はどうなんだろうって興味があって、だったら自分の目で見るのが一番かなと思いました。

竜田さんは仕事への影響があるということで、覆面をしての登壇だった。

竜田さんの話にも出ていた「風評被害」をテーマにしたイベントが、10日後に開催された。7月20日のセミナー「**福島県の『風評被害』を考える**」だ。講師は福島県農産物の買い控え問題を調査、研究している半杭真一さん。半杭さんは福島県南相馬市生まれ。帯広畜産大学大学院を修了、2002年から14年間、福島県職員として農業関係の研究と教育に従事した。2016年から東京農業大学准教授になり、農産物のマーケティングを専攻している。

半杭さんはまず、「福島の農業と流通」の現状を話した。農業産出額は1985年の約4000億円から、2008年には2505億円、2014年には1837億円に減少した。県は震災前、脱コメ依存の一環で園芸振興を図るとともに、有機農業推進室を設置して、有機農業を振興していた。コメ、イチゴなどで県のオリジナル品種のブランド化とマーケティングにも取り組んでいた。

半杭さんは「私は福島県の一押しの農産物をどう売るかを仕事にしていました。それは前向きな希望のある課題でしたが、震災後は福島の農産物をどう売るかの意味が全く変わってしまいました」と振り返った。

イベントのタイトルは「風評被害」としていたが、実は半杭さんは「風評被害という言葉については、人によって捉え方が違うので基本的に用いてこなかった。流通業者・消費者の買い控えとして研究してきました」と語り、２０１６年6月に実施した福島県、首都圏、関西に居住する成人男女を対象にした意識調査の結果を報告した。明らかになったことの一つは、福島県が農産物の放射性物質検査をしていること、及びそのデータを示す前と後では、「福島県産については放射性物質の検査は十分に行われていない」「福島県では放射性物質に汚染された農産物が食べられている」と回答する割合が急減したことだ。「検査についての情報が十分に伝わっていないことが示されています。また、検査を知らないと回答した人の中には、クリックすると検査結果が得られるのにクリックしていない人がいました。伝わることの効果はある、検査結果を見ると理解してもらえると言えます。クリックしない人がいるというのは、『知りたくない人』の存在を物語っています」と指摘した。検査結果については、福島県民は「良く知っている」「少し知っている」の合計が89・8％を占め、首都圏の24・6％、関西の21・3％を大きく上回った。

どうしたら福島県農産物が売れるのか。半杭さんは「『福島には全国一のものがない』とよく言われます。これは作ろうとしてできるものではないですし、一番が良いかと言えば、そうとも言えません。リンゴは青森が一番と言われますが、青森のリンゴ農家が皆潤っているかというと、そうでもない。『ブランド化をすれば』という意見もありますが、どうやったらいいの?と言いたい。しかし、実は国産の農産物はまだ足りないし、福島県の農産物もまだ足りないのです。今後、高齢化が進んでいる産地が衰えていくことが予測されています。福島県の農産物はこれまでも、これからも東京の胃袋を支え続けるのです。オリンピックで風評払拭をというのはだめです。日本の食べ物が美味しいと評価され、それが福島県産だということになれば良いと思います。避難区域の営農再開はまだこれからですが、東京農業大学では支援のプロジェクトを始めます」と話した。

風評被害を考える最後のセミナーとなったのは、2018年2月8日に開催された「福島の今を知る・風評被害の払拭に向けて」だった。原発事故から7年近くたって、なお福島県産農林水産物の全国平均価格との乖離や教育旅行をはじめとした観光業の不振など、風評被害が根強く残っていた。復興庁は17年12月、「風評払拭・リスクコミュニケーション強化戦略」をまとめ、風評被害払拭に向けての強い意志を示した。セミナーは風評被害対策の内容と意義を論議するために開かれた。登壇者は復興庁原子力災害復興班参事官の増田圭さんと、東京慈恵会医科大学臨床検査学講座講師で相馬中央病院非常勤医師の越智小枝さんだ。

最初に、増田さんが話した。増田さんは復興大臣をトップに政府の各省庁局長級が参加する「原子力災害による風評被害を含む影響への対策タスクフォース」事務局を担当し、福島への風評払拭に取り組んでいた。「風評の源を取り除く」「正確で分かりやすい情報提供を進め、風評を防ぐ」「風評被害を受けた産業を支援する」という方針と、「知ってもらう、食べてもらう、来てもらう」の3本柱からなる「風評払拭・リスクコミュニケーション強化戦略」について説明した。

続いて登壇した越智さんは東京医科歯科大学医学部卒業。専門は膠原病内科と公衆衛生。2013年11月から相馬中央病院に勤務し、福島県で起こっている健康問題や食の問題について啓蒙活動をしていた。越智さんは「グーグルを検索すると、原発の現状がやばいとか、放射能で出ている体調不良といった内容のものが上位に出てきます。イメージが固定化されています。風評被害の多くは『結局、福島ってこうだ』というイメージの固定化で起こっている。風評被害と風化が同時に起こっているように思います」と指摘した。

風評被害はなぜ悪いのか。越智さんは「差別、いじめは絶対的に悪いし、なくさなければならない。これに理屈はありません。また、本当の弱者が増えているのに見落とされる。それが最も問題ではないかと思います。原発事故によって起きた健康被害は、放射能による被害よりもはるかに大きい。精神的ストレス、生活習慣による健康被害などです。放射能とがんのことばかり話すことによって、大量の健康被害が見落とされています。相馬市におけるがんの年齢調整死亡率のデータでは、がん死亡率の増加傾向はみられません。南相馬市の早産・低出生体重児の割合は震災後も増加していません」と語り、最後に「風評被害対策は、納得しないこと、問い続けること、普遍性を考えること。自分の中にある『福島』を見つけることが必要なのではないでしょうか」とまとめた。

時は前後するが、そのセミナーの10日前の1月29日には、「**原発事故がもたらした福島差別と分断を乗り越えるために**」が毎日ホールで開かれた。『しあわせになるための「福島差別」論』(かもがわ出版)の出版記念企画で、執筆者14人のうち8人が登壇した。放射線被ばくの過大視や誤解から生じる「福島差別」や、被ばく影響のとらえ方の違いに起因する「分断」を乗り越える道を探ることが目的だった。

進行役は執筆者の一人である開沼博さんが務めた。最初は福島大学名誉教授の清水修二さん。専門は地方財政論・地域論。清水さんは「原発事故と放射線影響を分けて考える。影響評価に政治的な価値判断を持ち込んではいけない。よく放射線影響は分かっていないと言われますが、過去の科学的知見、データによって分かっていることが少なくない。いつまでも分かっていないと言ってはいけない。被ばく影響の見方の違いが人々を分断していて、私も含めて友だちを失うことが少なくない。この本の表紙には『それぞれの判断と選択をお互いに尊重する。避難した人を非難することをしない。科学的な議論の土俵を共有する。福島の人たちのしあわせにつながらなければならない』ということを書いています」と話した。

次は東京大学大学院教授で哲学者の一ノ瀬正樹さん。専攻は因果論、パーソン概念、刑罰論、確率と曖昧性など。一ノ瀬さんは「哲学が専攻で、原因と結果について考えてきました。福島県の震災関連死は昨年3月時点で2147人に達し、福島県は突出して多い。その原因は何か。線量を考えると、被ばくが原因ということはありえない。双葉病院の高齢者がバスでいわき市に避難しました。バスの中で何人か亡くなり、3月中に50人が亡くなりました。原発事故で亡くなったと言えますし、原発事故を起こした東日本大震災が原因だとも言えます。今回のことを教訓に、震災関連死を100人でも、10人でも減らすことができるのではないか。避難行動のノウハウを蓄積していくべきです。例えば、数日間自宅待機することもありうるのではないか。『命の保全』が一番の目標です。リスクの相関を考えることが必要です」と指摘した。

続いて発言した大森真さんはテレビユー福島報道局長から福島県飯舘村職員に転職した異色の経歴の持ち主だ。私の福島支局長時代の親しい友人でもある。「今は生涯学習館に勤務しています。飯舘村で感じたことはセルフスティグマ（自分で押す負の烙印）です。『村は汚れてしまったので帰れない』と思い込んでいる人が多い。デマやメディアのセンセーショナルな報道が一つの要因だと思います。1割が帰村していますが、帰村した人も『子どもは来られない』と言います。しかし、私の受けた線量は1年間で0・7ミリシーベルトです。放射線的には問題はないのですが、そういう土地になってしまったという意識がある。一人ひとりが理解し、納得することが求められていると思います。昨年夏、漫才の人に来てもらいました。イベントの後に、参加者が『飯舘の人って、笑っちゃいけないと思っていたが、笑っていいんだね』と言ったのが心に残っています」と話した。

4人目は翻訳家の池田香代子さん。東日本大震災後、自主避難者に情報提供する活動に参加したのをきっかけに、さまざまな角度から福島に関わった。池田さんは「清水さんは原発への姿勢と放射線影響を分けて考えようと言われましたが、それに加えて、現政権に賛成か反対かを紐付けて論じる人が多い。どうしてそうなってしまうのでしょうか。関係ない話だと私は言いたい。科学者が積み上げてきたデータで答えが出ています。最初は健康影響を心配したが、影響がなくてよかったとどうして言えないのか。情報をアップデートして認識を新たにすることは恥ではなく、必要なことだと思います。東京にいるものとして反省しなければいけないことだと思っています」と訴えた。

絵本作家の松本春野さんは「福島の絵本を2冊出しています。最初は正義感と、放射線への間違ったイメージを抱いて、福島に行きました。正義感がどれだけ人を傷つけるかを知る体験を重ねました。福島を傷つける悪意のない言葉、ふるまいは、自分にも思い当たるふしがあります。福島差別というのは言い過ぎではないかと言う人がいますが、生活の場である国道6号線を高校生が清掃するというだけで、誹謗中傷、苦情が殺到した事例もあります。清掃の当日、防護服姿で来て、子どもたちの写真を勝手に撮った人たちがいます。こうした例は差別と言えます」と述べた。

続いて、日本大学准教授の野口邦和さん。専門は放射化学・放射線防護学・環境放射線学。福島県本宮市、二本松市の放射線低減対策アドバイザーを務めている。野口さんは「差別の背景にある原因の一つは放射能への誤解、偏見であり、それを払拭したいと考えています。測定値が信用できるのかをどう見分けるか。放射能が何かを知らない専門家、イデオロギーや立場にとらわれた人は信用できません。解釈の時点で政治的立場が入ることがあります。食品安全については、県も国も研究者もデータを出していて、それらに矛盾はありません。結論から言うと、自然放射線は年間約2ミリシーベルトですが、福島県の中通りの外部被ばく追加線量は年間0・2ミリシーベルト、内部被ばくは外部被ばくの100分の1から1000分の1です」と説明した。

次は医学博士、理学修士の児玉一八さん。核・エネルギー問題情報センター理事、原発問題住民運動全国連絡センター代表委員を務めている。児玉さんは福島県で実施されている18歳以下の子どもを対象とした甲状腺検査について、「甲状腺がんはほかのがんに比べて、変わったがんです。年齢分布が違う、予後がよい、進行が極めて遅いがんが多い、若年ほどたちがいいといった特徴があります。チェルノブイリ原発事故の際、ベラルーシでは甲状腺の被ばく量が1シーベルト以上の子が3万人いました。福島の被ばく量と2ケタは違う。年齢分布がチェルノブイリとは違うし、福島県内での地域差もないことから、福島で見つかっている甲状腺がんは被ばくに起因したものではないと考えられます。『症状が出たり、そのために死亡しないのに病気と診断する』という過剰診断ではないかという議論があります。韓国では2000年ごろから甲状腺がんの検査が推奨された結果、甲状腺がんと診断された人が2011年には1993年の15倍になり、がんのトップになりました。しかし、死亡率は変わっていない。予後のよい乳頭がんが大部分を占めています。手術した人の中には、声を出す神経が傷ついたり、甲状腺機能障害が起こるなどの後遺症が出てきました。検診でがんと診断されると、生命保険、結婚差別など実害が起こりえます。米国では症状がない人への甲状腺検査はしてはいけないという勧告が出ています。福島県での甲状腺検査の大幅な縮小、見直しが必要だと思います」と問題提起した。

最後に、開沼さんは「避難指示解除とか一次産業再生のことを話しても、『原発が落ち着いていないでしょう』と、廃炉の問題が切り札的に使われる状況があります。本では、見る目を養いましょうと書きました。どこの数字が変化したら危ない、どれが動かなければ心配ないということです。医療に例えると、事故があったときにすべきことは止血すること、衛生面の確保です。その次は骨折した部分をどう戻すのか。腫瘍だとすると取り除く。リハビリをしなければならないし、社会復帰が必要になります。原発では、今までは止血、衛生面の確保の段階でした。次は大規模な手術に向けたバイタルチェックが必要で、まさに今、ロボットが入って調べています。内視鏡の技術の応用も考えられています。どんな手術が必要かは技術者だけでは決められない。できるだけ早めに議論してプランを立てる。どう監視できるのか、皆でやっていこうと本には書いています」と語った。

「無念」を語る大和田アナウンサー

毎年3月11日の前後には、被災地支援につながるイベント、特に福島関連のイベントを開催するようにしていた。２０１８年には、ラジオ福島（ｒｆｃ）出身のフリーアナウンサーである大和田新さんに登壇を依頼した。私が福島支局長だった２００５〜07年、大和田さんと山地美紗子アナウンサーの「ラヂオ長屋」という毎週土曜日午前の番組に、早朝7時から数分間、電話出演させていただいた。その縁で、福島原発事故の直後から1年間で約50回、ラジオ福島の番組に電話出演した。実測データに基づいて、放射線被ばくによる健康影響がないと推定されることを繰り返し述べた。２０１２年には、大和田さんの案内で、私や糸井重里さんが被災地を回り、人々の話を聞く機会を設けてくれた、大和田さんはフリーになった後も、震災・原発事故のことを講演で話していた。福島県を代表する名物アナウンサーの大和田さんに、いつかは毎日メディアカフェで話してほしいと願っていた。

「大和田新が語る震災・原発事故からの7年」は3月7日、毎日ホールで開かれた。イベントでは、助かる命があることが分かりながらも救援活動を中断し、避難せざるをえなかった浪江町消防団の苦悩を描いた映画「無念」（いくまさ鉄平監督）を上映した後、この映画で声の出演をしている大和田さんが講演した。

上映前、大和田さんは次のように話した。

この震災は東日本大震災という言葉では伝えられない、「東日本津波・原発事故大震災」と言うべきです。上映するアニメ「無念」は皆でお金を出し合って作りました。我々はいつまでも被害者としてではない、悲しみや怒りを伝える責任があるということです。福島大学の天野和彦特任教授は「我々には被災地責任、被災者責任がある。福島の状況を発信していこう」と言っています。

「無念」の主人公は昨年3月避難解除になった浪江町の高野仁久さんです。看板業の人です。高野さんは地元の消防団員として沿岸部に行き、けがをした人がいないかどうか確認しに行きました。そこはがれきの山でした。「声が聞こえたら返事をしろ、声を出せなかったら、ものをたたいて音を出せ」と叫びました。声が聞こえたように思いました。しかし、夜に懐中電灯1本しかない。いったん浪江町役場の災害対策本部に戻り、再び沿岸部に行こうとしました。すると、町からの命令で、行くなと言われました。余震が続き、2次災害の恐れがあるという理由です。翌朝6時に捜索を始めることになりました。

その時、町長は「申し訳ない。皆さんには住民の避難誘導にあたってもらう」と言いました。「助けを待っている住民を見殺しにするのですか」「原発が危ない」「どう危ないのですか」「県からの情報はない。消防団は生きている住民を避難誘導してください」「見殺しにするのですか」。そんなやり取りの後、町長は涙を流しながら「頼む」と言いました。使命感を持って消防団に入った人たちが、助けを待つ人たちを助けに行けない。それが原発事故です。現在は福島市に住む高野さんは毎日、浪江町のほうを向いて、手を合わせます。

メディアは3月だけ取材に来ます。被災者にとっては、毎日が3月11日です。そういう思いでいる人がたくさんいるのです。助けることのできなかった無念がアニメになりました。アニメなら子どもたちも見られます。英語版、フランス語版もできました。私は米国ニュージャージー州の大学で英語版を上演しました。250人の学生が涙を流しながら見てくれました。無念を通して感じてほしいのは、原発事故さえなかったらという県民の悲しい怒りです。

続いて、「無念」が上映された。原発事故の後、町民はマイクロバスで移動を重ねる。1か月後、沿岸部の捜索が再開された。消防団員は「助けてあげられた命があったはずだ。つらい」と涙を流す。「原発の職員も同じ福島の人間だ。みんな苦しんでいるんだ。無念なんだ」「人前で泣いちゃいけないと思って、ふとんかぶって泣いているんだ。泣くことの大切さを感じるんだ。泣けるようになったことは前に進んでいるのじゃないか」。人々の複雑な思いが語られる。畑で採れた芋を孫に食べさせられない祖父、キャンペーン会場で売った野菜がごみ箱に捨てられている様子など、放射性物質による汚染が引き起こした出来事が淡々と描かれていく。

「悲しみや怒りが漂っています。だからとはいえ、あわれみだけでとらえてほしくない。県民は必ずやこの苦難を乗り越えます。泣きながら、一歩、半歩かもしれませんが、歩み続け、必ずや復興します。1000年に一度の苦難を乗り越えた物語として伝えられることを願っています」との言葉で終わる。俳優の大地康雄さんのほか、馬場有町長、大和田新さん、物語のモデルでもある高橋さん、「浪江まち物語つたえ隊」や浪江町職員の方々などが声の出演をしている。

上映後、大和田さんが話した。

無念は浪江町の消防団だけではなく、東電の無念も描きたかった。東電は許せません。事故は人災で、防げました。東電の責任は大きい。だけど、福島にいる東電社員は休みの日に被災地に入り、除染作業を手伝い、御用聞きをしています。懸命に福島に寄り添おうとしています。震災から7年たち、東電は福島復興のパートナーであると思っています。企業と人は違う。それを大事にしたい。東電本社で講演をしました。テレビ電話を通じて6000人が聞いていたそうです。誰からも質問がなかった。できなかったのだと思います。東京にいる社員は福島のことを知らない。福島復興本社と本社の温度差を埋めてください。そうしなければ、復興のパートナーとして認められないと言いました。社長から、そのためにはどうしたらよいですかと聞かれ、あなたが毎週、福島に来ることですと言いました。被災者の苦しみをあなたのこととして感じることです。トップが福島を訪れ、手を合わせることによって、会社は変わる。今からでも遅くないと言って、「無念」を渡しました。福島では東電社員に見せています。みんな、泣きます。責任を感じる、申し訳ないと言います。東京の社員からはそういう言葉を聞かない。

原発事故後、警戒区域になった地域での、津波被害者の遺体捜索は1か月後になりました。私が浪江町請戸に入ったのは警察庁長官に同行取材したときです。旗の下にご遺体があります。ご遺体のあるところを赤い旗で表示したのです。それが原発事故なのだと思いました。国や県への怒りがこみ上げました。福島県警の若い警察官がご遺体を洗うのです。少しでもご遺族にきれいな体を渡したいと、カラスをはねのけながらご遺体を洗っていました。遺体安置所で棺の中を開けないよう、警察官が止めます。制止を振り切って、棺を開ける人がいます。20歳のお嬢さんは顔がありませんでした。ご両親は声が出ない。警察官の胸ぐらをつかむのです。こんなんではわからないだろうと。しかし、警察官はがんばったのです。帰りには、ご両親が警察官のところに行き、「申し訳なかった。ありがとう」と頭を下げました。震災後、福島県警ではすごい数の警察官がやめています。PTSD（心的外傷後ストレス障害）です。浪江町消防団だけの無念ではないのです。

福島県では1605人が地震と津波で亡くなりました。直接死です。震災関連死は2211人で、直接死を600人も上回っています。関連死の原因は原発事故に伴う避難、持病の悪化、肥満、痴呆症が進むなどですが、最も大きな問題は自殺です。昨年1～11月、福島県の自殺者は12人です。宮城、岩手両県の2倍です。原発事故関連死です。これをきちんと理解し、自殺を予防するためにどうするかを、国や県は真剣に考えてほしい。浪江町の職員はたいへんです。住民の文句を直接受けるのは町役場の職員です。アンケートで定年まで残ると答えた職員は4割です。役場の職員は限界を超えています。職員数は半分になり、仕事量は5倍、10倍です。無念の現実がここにあります。

大和田さんは最後に、「無念は原発反対の映画でも、賛成の映画でもありません。原発事故の被害が震災関連死に表れていることを忘れないでください。復興とは道路をつくること、堤防をつくることではありません。それらは復旧です。痛手を受けた人たちがもう一度がんばっていこうと、一歩を踏み出すこと、それが復興だと思います」と、講演を締めくくった。

大和田さんの気迫と心情に満ちた講演に、会場から大きな拍手が寄せられた。私は大和田新の熱い魂の叫びに触れたと感じた。

風評被害、差別や分断を乗り越えるためには、福島に多くの人が行くことが最も良い方法だろう。そんな考えから、筑波大学大学院人文社会系准教授の五十嵐泰正さんと、フリーランス編集者の渡部真さんが企画したワークショップ「**誰かを誘って福島に行こう!**」が2018年6月8日に開催された。

五十嵐さんの専門は都市社会学・国際移動論。在住する柏市で、音楽や手づくり市などのイベントをする団体「ストリート・ブレイカーズ」の代表として、実践的にまちづくりに関わり、18年2月、『原発事故と「食」』（中央公論新社）を出版した。福島第1原子力発電所沖の魚の放射性物質を調べる「うみラボ」のアドバイザーをしている。渡部さんは広告制作会社で勤めたのち、フリーランス編集者となり、18年5月、岩手県陸前高田市に移住し、「東北の今」を発信している。

発案者である渡部さんは「福島についてのイベントに出ると、講師の話を聞くだけではなく、自分が話したい人が少なくないのではないかと感じました。そこで、皆が話をするイベントをしたいとワークショップの開催を考えました。五十嵐さんは原発事故後、市民と語り合う円卓会議を開いたように、対話を大事にされている方です。ぜひ、五十嵐さんにアドバイザーをお願いしたいと声をかけました。互いを尊重しあいながら話し合ってください」と話した。

福島県は大きく、浜通り、中通り、会津に分かれる。渡部さんと五十嵐さんは2コースに分けて、誰かをそのコースに誘うための計画を立てるワークショップを考案した。①いわき市の港から船を出して、常磐の海と釣りたての魚を楽しむマリンレジャーコース、②中通りの果樹園で桃狩りと郷土料理を楽しむ団体バスツアーコース――だ。五十嵐さんは現状を次のように説明した。

2月に出版した本でテーマにしたのはいわゆる風評被害です。例えば、福島での放射性物質検査について、認知に差があり、福島から離れるほど認知度が低くなります。福島県に来てもらえば、食べてもらえるでしょう。しかし、そもそも福島に行きますかという問題があります。実は、福島県には全国レベルの観光資源があります。中通りはフルーツ王国です。モモ狩りツアーは人気でしたが、打撃を受けています。団体旅行が減って、観光農園そのものが苦しいという背景もあります。

観光農園は消費者が自分で収穫してくれて、高く買ってくれる農家にとっておいしいやり方でしたが、曲がり角に来ています。福島県沖での試験操業は検査をするためではなく、漁獲販売を前提としています。検査を受けて出荷することが義務づけられています。

検査結果はND(不検出)が続いています。実質的には全魚種が解禁されていますが、魚は農産物以上に根強い不安があります。意識調査で「福島県産しかなかったら買わない」という強い忌避感を示す人が25%を超えているのは、農産物ではなく、魚だけです。不安の理由は原発からの汚染水のことや「生物濃縮」があるのではないかということです。カツオはどこの港の船でも群れに合わせて遠くで獲ります。小名浜港に水揚げされた小名浜産だけ危険だというのは完全な風評被害です。

海産物の安全性を知るには、釣りを楽しみ、釣った魚を食べるのが一番です。福島県沖は漁獲規制により、資源回復して、型のよい魚が多い。釣りデビューの地として福島は最適です。釣った魚を食べたい。どんなことをすれば、丸一日楽しめるのかを考えていただきたい。

この後、2グループに分かれての議論が始まった。議論の後、各グループの代表者が発表した。モモのコースでは、「フルーツ狩りを中心に、飯坂温泉に行くコースを考えました。子どもと一緒に行く場合は、子どもが楽しめる施設がほしい」、魚のコースでは、「3泊のコースを考えました。1泊目は楢葉町の温泉施設しおかぜ荘に宿泊します。海釣りをする人、岸壁で釣る人、魚が来るのを待つ人もいる。釣った魚を美味しくいただきます。2日目は東日本大震災を感じるために、北に行きます。富岡のサクラモール、夜ノ森、浪江漁港などを見る。浪江に旅館があるので、泊まれます。3日目は、いわき市のスパリゾートハワイアンズでゆっくり遊んで泊まります」という内容だった。最後に、渡部さんは「東京、関東の人が福島のことを考える機会をこれからも作りたい。実際にツアーを組むことができる企画を提案できたらうれしい」とまとめた。

毎日メディアカフェ運営事務局の冨永さんは2019年にプレシーズから同じ日本創発グループのキャドセンターに移り、運営事務局の仕事をほとんどできなくなった。しかし、福島関連のイベントは引き続き企画した。「**福島の今を知る　安心・安全の常磐ものを大いに味わう**」が開かれたのは、コロナ禍で毎日メディアカフェの活動が制限される直前の2020年2月17日だった。暖流の黒潮と寒流の親潮がぶつかる福島県沖でとれる良質の海産物は「常磐もの」と呼ばれる。福島第1原発事故の影響で、福島県の漁業は操業停止になった。翌年から試験操業を開始したが、セミナーの時点では本格操業には至っていなかった（2021年4月から本格操業）。セミナーを企画した冨永さんが同県の漁業についてのデータを説明した後、福島県富岡町富岡漁港の釣り船「長栄丸」船長の石井宏和さんが漁業の現状や常磐ものの魅力を語った。石井さんは「お客さんの喜ぶ顔を見たいから釣り船をしています。震災前に比べて漁獲量が減ったので、大きな魚が釣れるようになった。震災前に戻ることがゴールではなく、きちんと資源管理をして持続可能な漁業を目指したい」と語った。参加者は常磐もののヒラメの刺し身を味わった。

コロナ禍により、毎日メディアカフェはリアルイベントが激減し、オンラインイベントを増やしていった。東日本大震災と福島第1原発事故から10年となるのを前に、2021年3月4日にオンライン開催したのは、「**福島第1原発事故10年の再検証**」だった。放射線被ばく状況や健康影響、処理水問題、廃炉の見通しなど、原発事故についての知見と問題提起をまとめた『福島第一原発事故10年の再検証』（あけび書房）の出版記念企画。同書の著者である舘野淳・核・エネルギー問題情報センター事務局長、野口邦和・原水爆禁止世界大会運営委員会共同代表、児玉一八・原発問題住民運動全国連絡センター代表委員、岩井孝・日本科学者会議原子力問題研究委員会委員長の四人が講演した。

進行役は児玉さんが務めた。児玉さんは「大量の燃料デブリ、処理水、甲状腺がんスクリーニングによる過剰診断など、問題が山積しています。廃炉や放射性廃棄物をどうするかという問題もあります。放射線影響が生じているかどうかは科学的に検証されなければなりません。原発への立場とは関連のない客観的な事実です。情報がアップデートされていない人が少なくない。適切な解決法を実行するには、科学的判断とそれを踏まえた議論、政治的な決断が必要です。この本では、原発をめぐる多様な問題にどう対処すべきなのかを提案しています」とあいさつした。

舘野さんは「自然を理解するのが科学であり、自然の声を伝える役割が科学者にはある。放射能対策で最善の対処法は科学的であることです。人間は自然の一部ですが、自然は独立に存在しています。自然の声を伝えるのが科学の評価の基準であり、人間の論理を先にするのは本末転倒です。科学は人間の価値観には左右されません。真実であるか否かが最も重要です」と話した。

野口さんは「放射線（能）に関連する流言飛語をふり返る」と題して話した。「福島第1原発で再臨界が起こっている」というデマ、「福島は放射線管理区域に相当し、避難すべきだ」という言説を批判した。漫画『美味しんぼ』で騒ぎになった鼻血については、「高線量の被ばくをすると鼻血が出る可能性がありますが、福島県内で高線量被ばくをする状況ではなく、デマです。岩手県からの震災がれき処理を受け入れた大阪の焼却場近くの住民に鼻血などの症状が出たという描写もありました。これは大阪の団体がネットを通じてした調査で、実在の有無や実際の症状を確かめていません。主人公の父親が『福島の人たちに危ないところから逃げる勇気を持ってほしい』と大言壮語していますが、この時期に自主避難の必要性はなく、無責任極まりない。鼻血が増えているというデータはありません。デマの飛び交う量は事柄の重大性と状況のあいまいさによります。政府が状況を逐次、公表する必要があったが、拙劣だったと思います」と述べた。

続いて、児玉さんが「スクリーニングによる甲状腺がんの『多発見』と過剰診断問題」をテーマに話した。「症状のない人を対象とした検査であるスクリーニングが有効なのは、集団全体で死亡率が低下したものだけです。がんの進行度にはばらつきがあり、速い、ゆっくり、とてもゆっくり、進行しないの4種類があります。進行の速い膵臓がんなどでは、検診は有効ではありません。ゆっくり進行する胃がん、大腸がん、肺がん、乳がん、子宮頸がんは有効です。甲状腺がんは低危険度の乳頭がんだと進行は極めて遅く、スクリーニングは有効ではありません。若い人では予後がよく、命を奪うことはほとんどありません。韓国では甲状腺がんスクリーニングをした結果、大量に見つかりましたが、死亡率は変わらなかった。手術による深刻な副作用も相次ぎ、スクリーニングは行われなくありました。早めに見つけてがんを切除するという古い常識から、甲状腺がんの多くは一生悪さをしないから、手術はしないという新しい考えが常識になりました。チェルノブイリ原発事故では、年齢が低いほど甲状腺がん発症率が高かったのですが、福島では10代が多く、年齢構成が全く違う。個人の外部線量とがんの存在率に関連がない（線量反応関係がない）。これらから、国連科学委員会は福島で見つかった甲状腺がんは放射線によるものではないと判断しています。福島県でのスクリーニングはただちに中止すべきです」と提言した。

最後に、岩井さんが廃炉問題について、「日本原子力学会は2020年に出した廃炉についての報告書で、『更地にするには100年以上必要』としています。燃料デブリの全量取り出しは技術的に不可能です。私は墓地方式を提案しています。地下ダムを建設し、上部を堅固なシェルターで覆い、長期監視状態にします。更地方式にすると、大量の放射性廃棄物が発生します。処分場建設の見通しがありません。墓地方式では、放射化した構造物は解体しない。放射能という負の遺産を拡散させないためのよい方法だと考えます。使用済み燃料をどうするかという問題ですが、核燃料を再処理してプルトニウムを取り出し、再利用するという核燃料サイクルは完全に破綻しています。大量の使用済み燃料を安全に長期保管する必要があります。保管には、湿式と乾式があります。乾式貯蔵は金属容器の中に保存します。当面は乾式貯蔵での保管しかなく、保管は浅い地下が望ましいと思います。諸問題に正面から向き合い、国民の間で議論し、合意形成する必要があります。この本を、議論の判断材料にしてほしい」と話した。

続いて、3月26日には「**『東電福島事故「自己」調』が明かす3・11から10年の先へ**」が、リアルとオンライン併用で開催された。登壇したのは福島第1原発事故後、原子力発電所事故収束・再発防止担当大臣を務めた衆議院議員の細野豪志さんと、立命館大学准教授の開沼博さん。細野さんと開沼さんは2月、原子力関係者や福島県の自治体首長など13人のインタビューと、6項目の提言をまとめた『東電福島原発事故　自己調査報告書　深層証言&福島復興提言：2011+10』（徳間書店）を出版した。毎日メディアカフェに政治家が登壇した例は少ない。政治の主張をする場にしたくないと考えていた。しかし、細野さんの本は率直な自己批判を含む真摯な内容だと思った。原発の処理水問題など、重要な提言も含んでいるため、イベントを開催することにした。

開沼さんは「原発事故の検証が足りないと、よく言われます。分かりきっていない部分がある。昨年11月に細野さんから本をまとめたいから手伝ってくれないかと連絡をいただきました。10年を逃したら、そういう機会がないのではないかと。2か月で作り上げました。地元の人たちや専門家に話を聞いて、何が問題か、それにどう対応すべきかを提言した本です」と紹介した。この後、開沼さんが聞き手となり、細野さんが話した。

本を書いた思いとして、細野さんは「初めのイメージは福島の明るい未来を書こうと思っていました。ところが、進めるうちに違ってきた。例えば、年間1ミリシーベルトという除染目標を決めたのがどうだったのか。帰還の時期とか、健康不安にシビアな影響を及ぼしました。政治は結果責任で、10年たって結果は出ている。それに対してどう思うのかを、自らに突きつけなければならない。数値が一人歩きして、1ミリシーベルトは健康や帰還時期の基準とは違うのですよと言ったのですが、浜通りは大丈夫ですと、はっきり言わなければならなかった。詰めの打ち合わせで、開沼さんが『自己調査報告』というタイトルを考えてくれました。六つの提言をしましたが、皆さんが一緒に考えてほしい。私は政治家ですので、実現することが大事です。私の目的はこうした問題を解決して福島が良くなることです。日本がゼロリスクを求める社会ではなく、しっかりとバランスをとった成熟した社会になることを目指していきたい。それが達成できると、コロナの問題も対応が変わってくると思います。今につながる問題です」と話した。

細野さんは原発で発生した処理水問題で積極的に発言している。それについては、「処理水の海洋放出に福島の人が反対するのは分かります。風評被害が出るし、魚が売れなくなるからと。福島以外の人が反対するのはおかしい。核燃料再処理工場から大量のトリチウム水が出ているでしょう。どうして、福島だけだめなのか。選挙がある年はセンシティブなことはやりにくい。本当は昨年がチャンスでしたが、先延ばしされました。焦点は総選挙前にできるかどうかです。放出を決めても、すぐに出すのではありません。モニタリングをしたり、補償などの体制を作ります。来年は福島県知事選挙、参議院議員選挙があります。今年決めないと、先延ばしにされ、エンドレスになる恐れがあります」と説明した。最後に、「書いた責任は重い。書きっぱなしにならないよう実行する政治家でありたい」と決意を語った。

政府は翌4月、処理水の海洋放出による処分方針を決定した。2023年の放出開始に向け、東京電力が準備を進めている。

それまで、福島関連のイベントで部分的に語られてきた甲状腺検査について、本格的に論じるセミナーは2021年8月10日、オンラインで実施された。「**福島の甲状腺検査と過剰診断**」と題したこのセミナーは『福島の甲状腺検査と過剰診断　子どもたちのために何ができるか』（あけび書房）の出版を記念して開催された。登壇者は、りんくう総合医療センター甲状腺センター長兼大阪大学医学系研究科特任講師の髙野徹さん、宮城学院女子大学教授で医学博士の緑川早苗さん、長崎大学客員教授で医学博士の大津留晶さん、大阪大学サイバーメディアセンター教授で理学博士の菊池誠さん、核・エネルギー問題情報センター理事で医学博士の児玉一八さんの五人の共著者全員だった。

司会進行役の児玉さんは「この本には、福島県で行われている甲状腺検査によって過剰診断が発生して子どもたちに深刻な被害が広がっていること、子どもたちを守るためにこれからどうしたらいいのかについて書かれています。過剰診断とは『治療せずに放置しても、生涯にわたって何の害も出さない病気を見つけてしまうこと』であり、福島第1原発事故がもたらしたもっとも深刻な被害の一つです。福島県では子どもたちを対象に甲状腺超音波検査が行われ、数多くのがんが発見されました。子どもの甲状腺がんは性質がおとなしく、命を奪うことはほとんどありません。このような甲状腺がんを見つけてしまうと、過剰診断という深刻な問題を引き起こしてしまいます。子どもにとっては、がんと診断されること自体が害となります。心に深刻な被害を及ぼすだけでなく、恋愛や結婚などのさまざまな場面で不利益を被ったり、生命保険やローン契約ができないといった不利な取り扱いを受けたりしてしまいます。この検査は、明らかに過剰診断を発生させていますから、見直しが行われるべきでした。ところが、何の議論もされることなく検査は続けられていて、福島県で甲状腺がんの診断を受けた子どもたちは約300人に達しています。本日はいくつかのテーマにそって、皆さんから話していただきます」とあいさつした。

髙野さんは「がんは早期診断、早期治療が重要というのが一般の理解ですが、実際には違います。成長が極めて速いがんは早く見つけても治療が間に合わないので、早期診断は役に立ちません。ある程度の速さで増えるものは、手遅れになる前に見つけて治療するということで、早期診断が役に立ちます。成長の遅いものは症状が出てから治療しても問題はなく、早期診断の意味がありません。成長しないがんは診断そのものが無駄です。甲状腺がんは一見、悪性度が高いように見えます。小さなうちから甲状腺の外に広がるし、成長が速い。ところが、経過はいい。20年以内の死亡は極めてまれで、生涯生存率は95％以上です。子どもの甲状腺がんは症状が出てから治療できるか、症状が出ないものの2種類しかないので、早期診断は役に立ちません。無症状の子どもへの超音波検査は無駄、あるいは有害です」と断じた。

続いて、緑川さんが「甲状腺がんスクリーニングに関する国際的な考え方」を話した。「2010年に発表されたH・ギルバート・ウェルチ博士の『がんの過剰診断』という論文で、甲状腺がんは最も過剰診断が起こりやすいがんとされています。福島県での甲状腺検査は11年10月に始まりました。スクリーニングは症状がない人を対象とするので、過剰診断が起こると、健康だった人の人生を大きく変えます。17年、米国予防医学専門委員会は『無症状の成人に対する甲状腺がんスクリーニングは推奨しない』という勧告を出しました。利益よりも過剰診断の不利益が多いと判断されたからです。WHO（世界保健機関）の機関であるIARC（国際がん研究機関）は18年、『原子力事故後に甲状腺集団スクリーニングを実施することは勧奨しない。リスクの高い個人に対して長期の甲状腺健康モニタリングの提供を検討するよう提言する』と勧告しました。勧告が生かされていないのは残念です」と話した。

次に、児玉さんが「甲状腺がんの『多発見』には、原発事故による放射線の影響は考えられないとされています。その理由を説明します。放射性ヨウ素は揮発性が高く、原発事故により、環境中に放出されます。体内に取り込まれると、甲状腺に集まって、そこで放射線を出します。福島第1原発事故とチェルノブイリ原発事故を比較すると、放射性ヨウ素の推定放出量はチェルノブイリの11分の1と推定されています。国連科学委員会は2013年報告書で『放射線被ばくが直接の原因となる将来的な健康影響は見られそうにない』と評価しました。20年報告書でも『健康影響は見られそうにない』という評価は変わっていません。甲状腺がんの年齢分布は福島とチェルノブイリでは全く異なります。チェルノブイリでは事故時の年齢が低いほど甲状腺がんが多く見つかりました。福島では年齢の上昇とともに増えています。放射線被ばくとは関係なく、年齢の上昇とともに増える甲状腺がんだと考えられます」と話した。

菊池さんは「2013年から韓国での過剰診断の話が聞こえてきていて、14年に論文が出ました。それで過剰診断の概念を知りました。これはまずいだろうと思いました。確信できたのは会津地方での甲状腺がんの数を見てからです。会津はあまり放射能汚染されなかったので、会津で被ばく由来の甲状腺がんが増えるとはとても考えられない。ところが高い頻度で甲状腺がんが見つかった。やってはならない検査をして、見つけてはならないがんを見つけているというのがデータから導かれる結論です」と述べた。

過剰診断の問題点として、高野さんは「過剰診断のもたらす害は健康影響と人権問題が考えられます。がんが見つかると、無駄な手術につながりやすい。親は手術しないという選択はしにくい。手術の合併症が心配ですし、生涯の通院が必要です。がんと診断されると、進学、就職、結婚などのライフイベントで差別、不利益が起こりえます」と指摘した。緑川さんが「検査のお知らせ文は福島県立医大から対象者全員に郵送されます。検査を受けるかどうかの意向を聞く前に、検査日時が指定された知らせが来るということです。検査は任意であることを理解することが難しい状況です」と実情を紹介し、大津留さんは「早く軌道修正することが重要だと思います。学校でのスクリーニングではなく、希望する個人の検査に変える、学校検査をやめることが最も重要な取り組みだと考えます」とコメントした。

こうした問題提起はあっても、なお甲状腺検査は続いている。

冨永さんは次のように振り返っている。

浜中会津、野馬追、までぃの心、さすけねえ、いかにんじん、天のつぶ。すべて毎日メディアカフェで知った福島の文脈で使われる言葉の一部です。本業のCSR企画業務につながればという思いで参加していたメディアカフェですが、福島イベントをきっかけに少なくとも年に数回、多い年には30回も福島に通うようになりました。今ではいつか移住できたらとも考えています。よそ事だったことが自分事になりました。リアルな交流で培われた人脈で、数多くの福島イベントを開催することができました。登壇に協力いただいた方々に感謝しています。復興は、少しずつ前に進みつつも、多くの課題があります。一生涯をかけて関係を続けていければと思っています。こんな自分を変えた毎日メディアカフェを生涯忘れることはないでしょう。

㉔ 人生が変わった秋山宏次郎さん

毎日メディアカフェにより、人生が大きく変わった人がいる。秋山宏次郎さんだ。大手通信会社に勤める秋山さんは、毎日メディアカフェのイベントに参加した際、終了後の懇親会で私と話をした。秋山さんが勤める会社は社内起業を奨励しており、秋山さんは社内提案コンテストで1位になるアイデアを出したことがある。しかし、それは社内事情で実現せず、鬱屈を抱えたまま仕事をしていた。東日本大震災後、防災用品販売部門の所属になった秋山さんは、災害に備えるため備蓄されている非常食が賞味期限切れになって廃棄されていることがあると知った。この社会課題を解決するため、秋山さんは仲間とともに、「行政、企業が備蓄食料を登録するシステムを作り、賞味期限前にセカンドハーベストジャパン、こども食堂ネットワークなど、食料を受け入れる機関に送る」というアイデアを考えた。この案を内閣府が開催した「防災4・0ハッカソン」というイベントで提案し、賞を受けた。ところが、内閣府には実現に向けた予算はなく、受賞したという事実が残っただけだった。秋山さんのそんな話を聞いて、私は「秋山さん、その案を毎日メディアカフェで発表しませんか」と誘った。

行動力に満ちた秋山さんは内閣府の職員、非常食メーカーに声をかけ、企画を練った。ＣＳＲセミナー「**非常食でＣＳＲ！　ＩＴで変わるこれからの防災**」が２０１７年5月9日、毎日メディアカフェで開催された。秋山さんは「提案したシステムができると、フードロス解消につながり、災害時の食料支援も可能になる」と訴えた。非常食のサンプルを提供したのはアルファー食品、井村屋、ＬＬＣ、カゴメ、杉田エース、ハウス食品の6社。どれも工夫されていて、美味しい食品ばかりだった。乾パンに代表される古いイメージの非常食から大きく進展していることを物語っていた。

秋山宏次郎さん

このイベントには、子ども食堂関係者が参加していた。イベント終了後の懇親会で、秋山さんはその人たちとつながった。秋山さんは一般社団法人こども食堂支援機構を設立し、代表理事に就任した。支援機構は行政や企業と、子ども食堂を結ぶシステムを作り、累計２００万食をマッチングすることができた。

秋山さんは２０１９年、会社を退職して、社会的起業をする決断をした。２０１９年４

月18日、秋山さんが登壇する「**こども食堂のサポーターになる方法〜誰でも今日からゼロ円で〜**」が開かれた。

子どもに無償や格安で食事を提供する子ども食堂は全国に約３０００か所あるといわれる。その活動は善意で成り立っており、運営が厳しい子ども食堂が少なない。この問題を解決するため、こども食堂支援機構は企業が業態に合わせて子ども食堂を支援できるさまざまな仕組みを作ってきた。このワークショップでは、秋山さんが子ども食堂支援を始めた経緯と、支援のための枠組みを話した。参加者はグループに分かれ、枠組みに参加する方法や新しい支援方法を考えるワークショップをした。

秋山さんは次々に活動の幅を広げていった。『こどもＳＤＧｓ　なぜＳＤＧｓが必要なのかがわかる本』（カンゼン）の監修を務めた際、「単に本を売るのではなく、売り上げの一部を子ども食堂支援にあてるという、出版自体をＳＤＧｓプロジェクト化する取り組みにしよう」と提案し、実現した。「こどもＳＤＧｓ」はベストセラーになり、シリーズ化された。２０１９年には、ＳＤＧｓ実践の活動として、「ＳＤＧｓ提案グランプリ」を始めた。２０２２年5月6日に開催された毎日メディアカフェのオンラインイベント「**官民連携事業も多数実現！　ＳＤＧｓ企画の発想と共創を実践してみよう！**」では、提案グランプリの活動と成果を語った。秋山さんは社内で腐っていた時期から、メディアカフェで子ども食堂とつながるまでの経験を話し、「私にはアイデアを提案できる機会があったので、社会に提案して実現するということに気づきました。気づかないまま腐っている人たちがいると思います。これは世界を変える力の損失です。提言できる場を作り、みんなの力を活かして世界を変えていこうというのがSDGs提案グランプリを始めた理由です」と目的を説明した。

グランプリに出された提案はすでにプロジェクト化された実例がいくつも出ている。秋山さんは「コロナ禍で飲食店がつぶれ、販路がなくなった生産者が多くいます。企業の寄付で生産者から買い取って、子ども食堂に送るという取り組みがあります。子どもたちが支援してくれた企業のファンになってくれます。内閣府の、企業版ふるさと納税制度では、寄付した金額の9割が免税されます。全額寄付の自動販売機を設置するというアイデアを出した女子高校生がいます。ふるさと納税制度と組み合わせると、10万円の負担で100万円の寄付ができます。この高校生をリーダーにプロジェクトを開始しました。頑張っている若者は注目されます。地元で話題になり、メディアでも取り上げられました。アイデアは組み合わせです。0から1を作ることは難しい。古くからあるものの掛け合わせで新しいものができます。また、自分には力や権限がないと諦める人がいます。そうではなく、自分が社長だったらと仮定して考えたほうが良い。コンテストのためのコンテストはしない。アイデアを実現させて世の中を良くしていくというのがゴールです。良いアイデアは事務局も協力して実現に取り組みます」と話した。

この年の第4回提案グランプリは、環境省、アパレル企業3社への提案を募集していた。「アパレル業界は改善できそうな課題がいくつもあります。新しい服の4割が一度も着られないまま廃棄されているのが現状です。環境省でできること、官民連携でできることを考えます。このうちの1社は廃棄衣類をゼロにする取り組みとして、売れ残りの製品を黒に染めてリブランド再販したり、服の回収ボックスを設置し、布をほどいて新たな布を作成しています。別の社はエシカルな服でおしゃれになりたいと思っている人への認知および集客法のアイデアを求めています。もう1社はオーダーメイドの革製品を作っていて、財布に代わる主力アイテムや新しい販促方法と、財布や名刺入れ、スマホケース、パスケース、手帳などに代わる革製品のアイデアを募集しています」という秋山さんの説明を受けた後、参加者はグループに分かれ、アイデアを出し合った。

※ＳＤＧｓ提案グランプリサイト（https://sdgsonlinefesta.com/）

秋山さんは毎日メディアカフェ最終盤の２０２２年11月、新たな構想を提案してきた。「こどもアーティスト食ロス削減プロジェクト」と題した提案は、ふるさと納税企業版を活用する。企業が地方自治体にふるさと納税をした場合、寄付額の９割は減税される。自治体の食ロス削減の課題解決に向けて、企業が1億円を寄付したとすると、企業は９０００万円の減税があるため、実質的負担は１０００万円で済む。この９０００万円の7割を使って規格外野菜などの食ロス予備群を買い取り、全国のこども食堂に配送する。残りの3割で、自治体の食ロス解決のための広告案をこどもたちに提案してもらい、大人のアーティストが協力して広告に仕上げ、新聞に掲載するというアイデアだ。私は構想のスケールに驚き、これをぜひ毎日新聞で実現したいと願い、社内調整を始めた。毎日メディアのイベントやシステムを使って、この企画の周知や作品募集につなげることができる。しかし、メディアカフェの終了が決まり、在職中に企画を実現することはできなかった。

それでも、2023年3月22日、毎日メディアカフェで、「**こどもアーティスト食ロス削減プロジェクトキックオフイベント**」を開催することができた。秋山さんが構想を話すとともに、さまざまな関係者が登壇した。アーティストとして、子どもの作品をもとにした広告作成に協力する漫画家すぎやまゆうこさんは、「まぜこぜアートなこども食堂」の運営、「ゆめぴっく宇宙桜グランプリ」の開催などに取り組んでいる。自治体の食ロス問題として、卵を産めなくなった廃鶏の処理(鹿児島県南九州市)、豊作すぎて余ってしまった農作物や、形がいびつで市場で価格がつきにくいB級品などの扱い(岩手県一関市)、牛乳余り問題(北海道猿払村)などがある。それらの担当者が会場やオンラインで現状を話した。さらに、イオン九州株式会社、生活協同組合コープこうべの担当者が小売業の立場から、この取り組みへの期待をオンラインで語った。

質疑応答で、私たちにとってサプライズな出来事が起こった。参加していた株式会社マリオン(本社・東京都新宿区)の福田敬司社長が「当社は不動産関連サービス業ですが、一般財団法人マリオンを設立し、児童養護施設への支援をしています。当社のテナントにスーパーがあり、食ロス問題に関心を持っていました。どうしたら、こどものためになるかを一緒に考え、協力できることがあれば支援したいと思いました」と表明してくれたのだ。企画の実現に向けて、勇気を与えてくれた発言だった。

毎日メディアカフェによって、人生が全く変わってしまった秋山さんは今後、さらに大きく羽ばたいていくに違いない。

㉕ 若者たちの夢を応援

毎日メディアカフェは若い世代の人たちを応援する企画を実施した。私が自身に課していることの一つに「今の若い者は…」という言葉を言わないということがある。年齢を重ねると、自分の下の世代の批判をする人が少なくない。私は常に客観的にとらえるべきだと思い、客観的にとらえて、今の若い世代を批判することをできないと思っている。例えば、環境意識は今の若い世代のほうが、私の世代よりも明らかに高い。私は毎日新聞社が取り組んでいた富士山再生キャンペーンの一環として、何度か富士山周辺の清掃活動に参加した。山梨県の青木ヶ原樹海での清掃活動だ。学生ボランティア企画集団「NUTS」の大学生と一緒に行くことが多かった。県道の脇の森林に入ると、NPO法人富士山クラブの人たちの清掃活動によって、すでにごみが取り除かれていて、目立つごみはない。ところが、ビニールの破片を見つけて、その周辺を掘ってみると、大量のごみがある。ごみは飲料容器などだが、製造年代は明らかに昭和だった。要は、私や私の上の世代が捨てたごみなのだ。それを、若い大学生が集めている。私に「今の若い者は」という資格が全くないことを、このエピソードが示している。

若い人たちの中に、何かに挑戦したり、社会課題解決に努力する人が少なからずいる。私はそうした人たちを応援したかった。３人の若者を紹介しよう。

その一人はネパール出身のライ・シャラドさんだ。ＮＰＯ法人 YouMe Nepal 代表であるライさんとの出会いは２０１５年2月21日に糸井重里さんの「ほぼ日」と、立命館アジア太平洋大学（ＡＰＵ）が企画したイベント「**活きる場所のつくりかた**」だった。探検家の関野吉晴・武蔵野美術大学教授ら7組9人が自身の活動を語った。その一人がＡＰＵ出身者のライさんで、故郷ネパールに学校を建設する取り組みを報告した。

ライさんの活動に共鳴した私たちは２０１８年2月の毎日メディアカフェＣＳＲセミナーで活動報告をしてもらった。２０１８年10月12日には、ライさんがクラウドファンディングを始めたことを機に、単独で登壇してもらった。国際協力セミナー「ネパールの子どもたちの未来をつくる～新たな教育環境の実現に向けて～」だ。

ライさんは「僕が生まれた村は首都カトマンズから東に２２０キロの村です。電力、ガスはありません。僕は10歳のとき、全国からカトマンズの学校に99人が選ばれて入学できる、その1人に選ばれました。食事、学費、お小遣いをもらえました。そのうち33人が国費で留学できます。それに選ばれて日本に留学しました。国費で勉強できたので、国に恩返ししたいと思いました」とプロジェクトの動機を語った。

続いて、「恩返しを、どうやって形にするか。２０１０年、故郷の人たちがどうしているかを調べました。多くは中東やマレーシアなどに出稼ぎに行っていた。何人もが遺体で帰ってきます。事前のトレーニングがなく、英語もできない。高所から落下するなどして亡くなったり、砂漠のど真ん中に行き、暑い環境に適応できずに体調を崩したりします。僕の村でもこの半年に2人が亡くなりました。8割の子どもは公立学校に行きます。公立学校で学んでも、読み書きはできますが、考える力がない。出稼ぎに行くしかありません。子どもたちの未来をこのサイクルから逃れさせるには、学校をつくり、きちんとした教育を受けさせることです。11年、30万円で『YouMe学校』をつくりました。1人の先生と8人の生徒で始まりました。15年には新校舎を建てました。180人の生徒を14人の先生が教えています。片道3時間半のところから来る子どももいます。学校では、全て英語で教えています。自分たちで学校を掃除するという日本のやり方をしています。公益財団法人味の素ファンデーションと一緒に給食プロジェクトもしています。17年4月には、2校目のYouMe学校を開校しました。生徒180人、先生20人です。日本の学校のように運動会を開催したら、子どもたちが喜びました。You Me学校は時間を守る、言ったことをするというのが基本です。『和の魂』と言っています。ネパールにはカースト制度があります。生まれる前から、カーストが決まっています。下のカーストの人に、家の中に入ってくださいと言っても、入ってこない。見えない壁があります。それを破壊するのは難しい。You Me学校ではカースト制度は禁止です。全てのカーストの子どもたちが来ています。学校の中ではカーストフリーの心で癒されていると思います」と、これまでの活動を報告した。

クラウドファンディングはオンラインスクールの開設資金を得るために始めた。支援金はオンラインのテレビ（64インチ）3学校分、カトマンズ教室のテレビ、ソーラーパネル、ジェネレーター、パソコンなどのインターネット機器、教師3人の報酬、スタッフ人件費などにあてられる。

ライさんは「ネパール全国で、500万人の子どもが勉強しています。YouMe学校を全国に広げるには、膨大な時間がかかります。そこで考えたのが、オンラインスクールです。たくさんの子どもたちにきちんとした教育ができる。カトマンズの優秀な先生が公立学校の子どもにきちんとした授業をするシステムです。これを実現するため、クラウドファンディングを始めました。リムチョンボン市の市長は韓国の工場で8年間出稼ぎしてきた方で、教育が鍵だと分かっています。この市長が賛同してくれています。2週間前、市長に会いに行くと、通信のための4Gタワーが完成していました。ここでは、中学校卒業試験を受けた約300人のうち、4人しか合格しませんでした。解決策は何か、先生たちと話しました。特に数学、英語、科学の試験のできが悪い。この3科目をカトマンズの先生からオンラインで教えてもらうことにします。オンライン教育は、無限大にふくらむ学校です。5万校の500万人に届く可能性があります。これをやり遂げるために、仲間をつくりたい。高い志を持つ若いリーダーたちを育てたい。ネパールの人たちが少しでも笑顔になるようにしたいと思っています」と夢を語った。

会場には、17年前からネパールでの学校建設に取り組んできたNPO法人アジアン・アーキテクチュア・フレンドシップの野田隆史副理事長（竹中工務店勤務）が参加していた。野田さんは「公立学校のレベルを上げることが大事です。私たちの建てた学校では先生が熱心で、8割が中学卒業試験に合格しました。教育者、保護者の意識を高めることが重要です。地道にやるしかない。オンライン教育は教育を広げるという点で、良いことだと思います」と評価した。日本初のオンライン集団指導塾を構築した東大NETアカデミーの松川來仁さん（フィオレ・コネクション代表取締役）も発言し、「オンライン教育は優秀な人からｆａｃｅ ｔｏ ｆａｃｅで学べる。映像授業はやる気のない生徒には苦痛で、モチベーションが続かない。オンライン教育はテレビ電話が使えるので、対面授業と同じ状況が作れます。カトマンズの人材を活用し、恩恵を受けていない地域の子どもに還元できるのが大きい。先生の質を上げることにつなげるのは素晴らしい。仕組みをつくることは難しくないので、いかに生徒にやる気を出させるかが次の課題になると思います」とアドバイスした。

クラウドファンディング「無限大にふくらむ夢の学校を、ぼくの故郷ネパールに。」の目標金額は７００万円。毎日メディアカフェの開催時にはまだ３００万円だったが、最終的には支援総額１０４１万３０００円と、目標を大きく上回った。

次に紹介するのは、２０１６年7月27日の「**児童養護施設卒業者に振袖撮影をプレゼント～ACHAプロジェクト始動～**」に登壇した山本昌子さん。山本さんは同年3月に児童養護施設出身者に振袖姿の撮影をプレゼントするＡＣＨＡプロジェクトを始めた。毎日メディアカフェ参加者の一人がこのプロジェクトのボランティアをしていた縁で、企画された。

山本さんは生後4か月で、両親のネグレクト（育児放棄）により保護され、乳児院、児童養護施設、自立援助ホームで19歳まで育った。社会福祉専門学校に進学し、保育士資格を取得して、働いていた。成人式を前に、友人たちと成人式の話題が出た。山本さんは「興味ないから」と会話に加わらなかった。成人式には振袖姿で参加する女性が多い。振袖はレンタルでも高額の費用がかかり、山本さんにはそれを払うことができない。だから、無関心を装った。成人式には出席しなかった。ところが、専門学校の先輩が振袖姿の撮影費用を出してくれ、山本さんは振袖姿の写真と思い出を手にすることができた。山本さんは「後輩たちに、振袖姿の写真撮影をプレゼントしたい」と考え、振袖の販売やレンタルを扱う会社や着付師、ヘアデザイナー、カメラマンへの協力を求めた。それぞれ、協力者ができて、この年3月に第1回の撮影会を開催した。ＡＣＨＡは振袖撮影をプレゼントしてくれた先輩の名前に由来するという。

イベントで、振袖姿の山本さんは「先輩に『自分は大切にされる存在だと思って生きてほしい』と言われ、うれしかった。生きる勇気につながりました。『生まれてきてくれてありがとう』を後輩に伝えたい」と話した。

毎日新聞東京都内版で、このイベントが記事になった後、ＡＣＨＡプロジェクトは順調に撮影会を開催し、テレビや新聞で取り上げられるようになった。山本さんは２０１９年、児童養護施設出身者3人による児童養護施設情報発信ＹｏｕＴｕｂｅ番組「ＴＨＲＥＥＦＬＡＧＳ希望の狼煙」の活動を始めた。20年にはコロナ禍で児童養護施設出身の仲間たちが孤立している現状を変えようと、定期的に交流するための居場所を提供する「まこＨＯＵＳＥ」を開設した。さらに、22年には、クラウドファンディングで寄付金を募りながら、虐待された経験のある若者たちの声を集め、ドキュメンタリー映画の制作に取り組んだ。「虐待経験のある70人の若者と作り上げた」という山本昌子監督のドキュメンタリー映画「ＲＥＡＬＶＯＩＣＥ」は23年4月12日に完成試写会が開かれた。

最後に紹介するのは、２０１６年5月から1年かけて、北米、南米の88か国延べ１万１０００キロの自転車一人旅をした青木麻耶さん。青木さんは帰国後まもない17年6月23日、毎日メディアカフェのイベント「**南北アメリカ自転車縦断～チャリンコ女ひとり旅報告会**」で、旅の様子を報告した。これがきっかけで、青木さんは旅の体験を本にまとめることにして、著書の出版日である19年9月9日、再びトークイベント「**なないろペダル～世界の果てまで自転車で～**」を開催した。

青木さんは横浜市出身。農学部森林科学科卒業後、就職した大手企業を1年半で辞め、山梨県都留市に移住。ＮＰＯ法人で農体験や家づくりのワークショップなどに携わった。趣味でわな猟を始め、ジビエ料理や皮なめしを研究する中で、先人の知恵や文化に興味を持つようになった。青木さんは「30歳になる直前、これからどう生きていこうかと悩みました。いろいろな世界を見たい、価値観をリセットしたいと思い、旅に出ることを決めました。アメリカを選んだ理由の一つは、幼少時代にアメリカにいたので、そのころの友人に会いたかったことです。自転車旅の先輩が勧めるパタゴニアには行きたい、マチュピチュ、ウユニ塩湖も旅のルートに入れたいと思いました。そうすると、南北アメリカ大陸縦断ということになります。バンクーバーからロサンゼルスへ。ロスからペルーに飛び、チリ、アルゼンチンを回った後、キューバ、メキシコへ行きました」と旅に出た経緯を話した。

印象的な出来事として、「カナダ・ソルトスプリング島で、仲良くなったコミュニティのオーナーから『コミュニティの女性がシカをはねてしまった。シカが車の中にいて困っている』と電話があり、『私に任せて、私はハンターだから』と返事しました。シカをさばいて、シカ肉料理を振る舞いました。美味しいと食べてくれました。何がどこで役立つか分からない、無駄な経験はないと思いました。ボリビアからチリに抜けるアタカマ砂漠には赤色や緑色の湖があり、『宝石の道』と呼ばれますが、チャリダー界では世界でも屈指の悪路とされる未舗装の道です。20キロ先にテントを張れる目標地点があるのですが、1時間に2キロしか走れない。誰もいないからわんわん泣いて、帰りたいと叫びながら進んでいました。砂が深いとタイヤが沈みます。台風並みの風が吹きます。そういう場所では、自分と向き合うことになります。自分のこと、過去のことを考えたりしていました。泊まるために、テントを張ったと思ったら、風で吹き飛ばされる。心身ともに疲れました。それでも、出会った人がやさしくしてくれます。車が通ると、食料や水をくれます。1週間分の食料、水を持っていましたが、それも少なくなっていたので、助かりました。ホテルの陰にテントを立てて泊まろうとしたときは、従業員の女性がこっそり泊めてくれてシャワーも浴びさせてくれました。砂漠6日目に意識とテントをなくす事件がありました。下り坂なのに自転車を押さないと進まない。下り坂は何もしなくても進むと期待していたのに、期待が裏切られて、いらいらしているのです。自分や他人に期待して、それが裏切られていらいらするのは、普段と同じだなと思いました。はじめから期待しない、ありのままを受け入れればいいと気づきました。ごろごろと石が飛び出ていたところがありました。気がついたら地面に横たわってしまいました。通りかかった夫婦が宿に連れて行ってくれました。横になると頭が痛く、このまま死ぬのではないかと悲しくなりました。ヘルメットが割れていて、メガネも壊れている。テントがなく、相当派手に転んだのだなと思いました。宿のそばにある温泉で療養したら、もう少しがんばろうと思いました。砂漠の終わりに近いエメラルド色に輝くラグーナ・ベルデを見た瞬間、感動してうれし泣きしました。砂漠の道を振り返ると、こう思います。前の職場で人間関係に行き詰まり、重苦しくなり、逃げました。『他人からは逃げられても自分からは逃げられない』と、ある人に言われました。その通りです。旅に出たら変わるかと思いましたが、何も変わっていない。今は壁があったら、逃げてもいい。いつか壁を乗り越えられる時があれば、それまでは逃げていてもいいと思います」と、旅先で見つめた自分を語った。

旅に出て「日本のことをあまり知らない」と気づいた青木さんは2017年8～11月、31都道府県4000キロの旅をした。「日本のものづくりを見てきました。新潟県のシナ織はシナノキの樹皮を使い、機で織ります。軽くて丈夫な伝統工芸品です。山梨県都留市の藍染め作家にも会いました。藍染めの原料となる『すくも』は、藍の葉を堆肥みたいにしたものです。藍染めに必要なアルカリ剤として、灰を水に混ぜた上澄み液を使います。その作家は『いろりのある暮らしだから、灰が出て、藍の色が出る』と言っていました。暮らしと作品がセットになっているのです。兵庫県姫路市では、『白なめし革細工』の職人に会いました。塩と菜種油で皮をなめすのです。肌触りがよいものになります。被災地では、東北の人たちは温かいという印象がありました。ある女性が『被災したときに、多くの人がボランティアに来てくれた。できることがあれば返したいと思っている』と言ったので、『私もここで受けた恩を返したいと思っています』と話すと、『あなたが来てくれて、世界の話をしてくれることだけでお返しになっている』と言ってくれました」と旅の報告をした。

㉖毎日新聞のコンテンツを紹介

毎日メディアカフェは広告掲載とタイアップしたイベントの開催などを通じて、社業に貢献するよう努めた。ほかに、毎日新聞社が開発したコンテンツを広めるイベントも実施した。その例を以下に紹介する。

一つは、「思い出ノート」。「100の質問に答えるだけで自分史づくり」「半生を振り返りながら脳を活性化」とのキャッチコピーが表紙にあるように、学校、住まい、趣味、友人、仕事、恋愛、夢などに関連する100の質問について書くとともに、各年に起きた自分の出来事を記入する。思い出しやすいように、各年の重大ニュースや話題になったことを記している。価格は500円で、安価に自分を振り返ることのできる優れたコンテンツだ。開発したのはビジネス開発本部の椎原洋委員。私は早い時点で椎原委員からこのアイデアを聞き、「高齢化社会になった今、需要の大きい素晴らしいコンテンツです。ぜひ企画を実現してください」と言って、椎原委員を励ましたことがあった。

その後、1年ほどたって「思い出ノート」が2018年9月に発売されることが決まったと、椎原委員から連絡があった。私はすぐに思い出ノートのワークショップ開催を決めた。8月7日、ワークショップ「**『思い出ノート』を使って自分史作りに挑戦！**」が開かれた。講師の椎原委員は「自分史づくりとは、自分の生きてきた証しを文章で残すことであり、自分を客観的に見る機会になります。自分史に決まった形はありません。何十ページも書くことは難しいので、ノートを使って整理してください」と話し、思い出ノートの使い方を説明した。参加者はノートに記載された年表をもとに、時代を思い出す作業をした。

作業の間、椎原委員は「このノートをなぜ作ったか。約20年前に亡くなった祖母は晩年、認知症になり、施設で亡くなりました。おばあちゃんにはとてもかわいがってもらいました。見舞いに行ったときに、『誰だれさん、知らない？』と問われて、『知らない』と答えてしまいました。いま考えると、知らないと否定するのは、認知症の人への最悪の対応でした。自分がおばあちゃんのことを何も知らないことに気づきました。墓参りをしたときに、おばあちゃんの好きなものを供えたいが、それも知らない。こういうものがあれば役に立つと思い、認知症予防財団に相談に行きました。思い出すことは認知症予防に役立ちます。最初は写真をたくさん載せて思い出すことを考えましたが、冊子の金額が高くなる。そこで、自分史づくりに使える思い出ノートを考案しました」と、考案の経緯を話した。続いて、「自分史のためのターニングポイントを探し出す」「思い出しのコツ」を伝授し、5W1Hを入れていくことの大切さを語った。

「思い出ノート」は当初、毎日新聞販売店で発売した。各地の公民館や老人クラブ連合会などでワークショップを開催し、そこでも販売した。企業・団体とタイアップして、その企業・団体の特徴に合わせたオリジナル版を作成することもあった。ノートの販売部数はすでに10万部を超えている。

もう一つは「**記者トレ——伝える力　育てます——**」だ。教育事業室の宮島友香さんが大阪本社勤務時代に、「記者の仕事は、取材相手から引き出した内容を読者に分かりやすく伝え、考えたり行動につなげたりしてもらう。これは記者に限らず、社会人にも求められるスキル（技術）であり、教育研修に生かせるのではないか」と考え、多くの記者からの聞き取りや専門家の協力により開発した。コンテンツの良さを感じた私はすぐにワークショップ「**記者トレ——伝える力　育てます——**」を企画し、2020年2月3日に開催した。

記者トレはステップ1「多視点でとらえよう」からステップ7「特集記事を書く」までの7段階の記者の仕事を学ぶ。多視点で学ぶという例で、「記者トレ」は昔話の「桃太郎」を使って例示している。桃太郎がお供の動物を連れて、鬼退治をするという物語だが、桃太郎の視点に立つと悪い鬼を退治するヒーローの話になり、逆に鬼の視点からは桃太郎が鬼ヶ島への侵略者ということになる。そうした学びを通し、情報を論理的に判断し、分かりやすく伝える力を身につける。

記者トレで進行役を務めた林愛実アナウンサーは「多角的な視点で事実を整理し、自分の考えを分かりやすく伝えることは大切。身につけるヒントが記者の仕事の中にあります」と話した。参加者は大相撲初場所の記事に主見出し、脇見出しをつけたり、桃太郎や鬼、お供の動物など、それぞれの視点から見出しをつけたりした。警察の発表文から、不足した情報を探すことにも挑戦した。

「記者トレ」のキャッチコピー「伝える力　育てます」はその後、「記者トレ　聞いて・まとめて・発信する力　育成します」に変更された。相手に的確に必要なことを伝える技術を求める社会人向け研修でも好評を博した。受講者からは「相手の気持ちに沿って伝える方法を学んだ」「限られた枠の中で端的に伝えること、相手に共感され受け止めてもらえる伝え方を学んだ。実務に生かして悩みを解決していきたい」などの声が寄せられたという。

㉗登壇者から運営スタッフに

毎日メディアカフェの登壇者から運営に携わるようになったスタッフがいる。中田圭さんだ。毎日メディアカフェは２０１４年11月から「数独」で知られるニコリ社との連携イベントを始めた。数独はニコリ創業者の鍜治真起さんがナンバーズプレイスという９×９のマスに数字を入れていくパズルをもとに改良したパズル。毎日新聞社はニコリと契約して、毎日新聞に数独の問題を掲載していた。私はニコリに連絡して、**「数独の夕べ」**を毎月１回の定期イベントとして開始した。その講師を務めたのが中田さんだった。東京大学理科１類に合格して入学した後、３年で中退したものの、翌年に再び理科１類を受験し、合格。工学部に進んでいったん中退して再入学し、東京大学工学研究科大学院を修了したという稀有な経歴の持ち主だ。東京大学・大学院に14年近く在籍したことになる。大学院修了後、ニコリに入社し、数独の問題作成や毎日新聞社を含めた対外折衝の仕事をしていた。１年間担当した「数独の夕べ」では、数独の基本的な解き方を分かりやすく伝えた。

１年後、鍜治社長（当時、21年逝去）ら幹部が「数独の夕べ」の講師役を引き継いだ。中田さんは

16年にニコリを退社し、パズルステージというパズル開発の会社を起業した。19年から毎日メディアカフェ、学びのフェスの運営に携わり、欠かせないメンバーとなった。

もう一人はフリーカメラマンの宮地岩根さん。2016年3月4日に開催した「**無人島『ジープ島』の魅力を語る**」で、ミクロネシア連邦国にある直径34メートルの無人島に移り住み、観光スポットにした吉田宏司さんと、ジープ島で写真撮影を続ける宮地さんが登壇し、美しい風景写真を見せながら島の魅力を語った。この縁で宮地さんは毎日メディアカフェとつながり、毎日メディアカフェイベントの動画撮影、配信に協力してくれるようになった。

登壇者ではないが、毎日メディアカフェの初期に、企画者として協力してくれた人に、桑野和之さんがいる。毎日映画社の社員だった桑野さんは、同社に保存されているフィルムの活用を考え、毎日メディアカフェでの「**毎日映画社秘蔵フィルム上映会**」を提案してくれた。1970年安保闘争を記録したフィルムを上映し、当時を知る毎日新聞OB記者に話してもらうイベントなどを開催した。その第4回では、「昭和の鉄道」をテーマにした。東京—大阪間を走る列車を追った「東海道超ドン行」、赤字戦で廃止された北海道の根北線、赤字線でも残った中国地方の因美線などの映像を流し、堀プロマネジャーで鉄道マニアとして知られる南田祐介さん、鉄道ファンで子育て中の「ママ鉄」、豊岡真澄さんが話をした。南田さんは「鉄道には昔の人たちの愛情や知恵が詰まっています」、豊岡さんは「貴重な映像を見ながら、ファンと一体になれて楽しかった」と話した。会場は鉄道ファン150人で熱気に包まれた。桑野さんは毎日映画社を離れ、別の会社に移った後も、毎日メディアカフェの運営に映像面で協力してくれた。

㉘滝沢ごみクラブ定例企画で芸人が登壇

毎日メディアカフェの最終盤を彩ったのは、「滝沢ごみクラブ」の連続イベントだった。「滝沢ごみクラブ」は、ごみ清掃芸人として知られる「マシンガンズ」滝沢秀一さんが創設したクラブだ。滝沢さんと毎日メディアカフェの縁は2019年2月19日に開催したトークイベント「**みんなで考える！　大都市東京のごみの今と未来**」から始まった。企画したのは毎日新聞東京本社社会部の成田有佳記者。成田記者は2017年11月、東京都杉並区の清掃事業を取り上げた「ドキュメント東京ごみストーリー」を連載し、毎日メディアカフェの記者報告会で取材の様子を話したことがある。その後、取材で滝沢さんと知り合い、滝沢さんが自身のごみ清掃体験をまとめた著書『このゴミは収集できません』（白夜書房）を出版した際には、記事で紹介した。成田記者は滝沢さんと、大東文化大学准教授の藤井誠一郎さんに声をかけ、トークイベントを企画した。

滝沢さんは1976年東京都生まれ。98年に西堀亮さんとお笑いコンビ「マシンガンズ」を結成。太田プロダクション所属。「THE MANZAI」2012、14年認定漫才師。2012年、お笑い芸人の仕事と並行してごみ清掃会社に入り、ごみ収集作業員の仕事を始めた。トークイベントの中で、滝沢さんは作業員の1日の仕事内容やごみの現状を語り、「ごみ収集していて、まだ使えるものがある。100円だから買って、すぐに捨ててしまうケースがあります。思いを込めて買えば、捨てないと思うのです。買うときに、捨てるところまで考えてほしい。冷蔵庫の中身を夜にチェックすると、無駄なものを買わなくなると思います」と呼びかけた。

2019年夏、食品ロス削減推進法（食品ロスの削減の推進に関する法律）が10月1日に施行されるのに合わせて、私は食品ロス削減シンポジウムを環境省と共催する企画を考えた。シンポジウムを開催し、その1ページ特集を毎日新聞に掲載するという企画で、環境省にスポンサーになっていただいた。日本の食品ロスは年間643万トン（2016年度）。1人当たり毎日茶碗1杯分の食べ物が廃棄されていることになる。食品ロス削減推進法は、国や地方公共団体、事業者の責務を明らかにするとともに、消費者が食品ロス削減の重要性を理解し、自主的に削減に取り組むことを求めている。毎年10月を「食品ロス削減推進月間」とすることも定めた。

この「**食品ロス削減推進シンポジウム**」のパネルディスカッションのパネリストの一人として、滝沢さんを招いた。シンポジウムは食品ロス問題専門家で栄養学博士の井出留美さんの講演、環境省の担当課長の報告の後、滝沢さんや井出さん、料理研究家で食品ロス削減アドバイザーの島本美由紀さん、消費者庁と農林水産省の担当者によるパネルディスカッションをした。井出さんは2016年6月3日、お供え物を一人親家庭に配っている「おてらおやつクラブ」代表の松島靖朗住職とともに、食品ロス削減を目指す毎日メディアカフェのシンポジウムに登壇して、食品ロスの現状と課題を話したことがある。

島本さんは２０１９年5月24日の「**家庭の冷蔵庫から食品ロスを減らす！　島本美由紀の食エコ講座**」で、家庭から出る食品ロスの主な三つの原因である「むきロス」（野菜の皮などを厚めにむく過剰除去）、「残しロス」（食べ残し）、「期限ロス」（冷蔵庫に入れたまま調理されなかった直接廃棄）を防ぐ方法をアドバイスしていた。滝沢さんを含めた３人とも、毎日メディアカフェゆかりの人だった。

井出さんは「食品ロス削減は働き方改革です。世界で40億トンの生産量があり、その3分の1が廃棄されていますが、廃棄するより、最初から作らなければ働く人は楽になります。広島の『捨てないパン屋』さんはかつて８人が働いていて、たくさんパンを捨てていましたが、夫婦２人にして、パンを捨てないようにしました。休みが増え、年商は２５００万円です。京都では１日１００食限定の飲食店があります。店には冷凍庫がありません。介護をしている人でも働き続けられます。学校給食で牛乳の飲み残しが発生します。ある管理栄養士は学校に生きている牛を連れて行きました。牛の乳搾りを見せて、牛の命からいただいていることを肌で知ってもらったところ、飲み残しが減ったそうです。賞味期限はロスを生み出す要因の一つです。千葉県の台風被害の際、ペットボトルの水の賞味期限が切れていたことが問題になりました。しかし、これは長く保存すると水が蒸発するために設けた期限で、安全性に問題はありません。自然災害が頻発しているのですから、ルールを柔軟にしてほしいと思います。農畜水産業では、規格外品の問題があります。青森県では摘果リンゴでリンゴのお酒を作った農家があります。食べ物は命です。命を無駄にしない世の中にしましょう」と講演した。

パネルディカッションで、島本さんは「私は使い切り、時短が得意で、MOTTAINAIキャンペーンのサイトで、MOTTAINAIレシピを紹介しています。食エコ研究所を設立し、家庭でできる食品ロス削減をテーマに、最後まで食べきるためのアイデアやコツを紹介しています。家庭から発生する食品ロスを食材別で見てみると、第1位は野菜です。もやしは野菜室に保存する人が多いかもしれませんが、もやしは低い温度が大好きです。正しい住所は冷蔵室、もしくはチルド室です。保存の仕方で食品ロスを減らすことができます」、滝沢さんは「本業はごみ清掃員で、アルバイトで芸人をしています（笑い）。食べ物が無駄になっている現状を話します。ごみ収集をしていると、お米が捨てられています。ごみと同じように扱われています。もったいないなと思います。ごみ集積所はごみ捨て場ではありません。高級住宅地で出た食品では、玄米もち、魚沼産のコシヒカリがありました。ふるさと納税品が余ったのでしょうか。僕の祖父が新潟で農家をしていたので、ちょっとショックです。作った人の苦労に触れることが大切だと思います」と話した。

メディアカフェ運営事務局の市瀬さんはシンポジウム後の懇親会で滝沢さんと意気投合し、滝沢さんとの連携を持ち続けた。滝沢さんはその後、妻の友紀さんが漫画を描いた『ゴミ清掃員の日常』（講談社）など多くの著作を出し、「ごみ清掃芸人」としての地位を確立した。「滝沢ごみクラブ」を設立して、ツイッターで積極的に発信していた。

市瀬さんは2022年夏、滝沢さんと相談して、毎日メディアカフェでの「滝沢ごみクラブ」連続イベントを企画した。コンセプトは「売れない芸人のリサイクル」。芸人の中には、かつての滝沢さんのように、芸人の収入だけでは生活できず、別の仕事を持っている人が多い。一芸に秀でた芸人もたくさんいる。そうした芸人を、毎日メディアカフェを通じて世に出そうという企画だった。

第1回は9月1日の「防災の日」に合わせて開催した「**滝沢ごみクラブ定期イベント〜ごみと防災〜**」。防災芸人の「赤プル」さんを招いた。赤プルさんは滝沢さんと同じ太田プロ所属。夫・松丘慎吾さんとの夫婦お笑いコンビ「チャイム」を組んで、浅草フランス座演芸場東洋館などで漫才をしている。出身地である茨城県常総市では2015年の関東東北豪雨で、鬼怒川の堤防が決壊し、大きな被害が出た。赤プルさんは自分の姉一家が逃げ遅れて救助されるという経験をした。被災地支援活動をしている際に防災ネタを作ってほしいと言われたことから、「防災を勉強しよう」と考え、2017年に防災士の資格を取った。その後、下館河川事務所が作成したマイ・タイムラインを伝えるリーダーになった。マイ・タイムラインは、自分の住んでいる地域や家屋の水害リスクを知り、台風や洪水災害が発生した際に、どのように避難するかを、自分で考えておくという防災ツールだ。赤プルさんはイベントで、自身の経験やマイ・タイムライン作成の意義を語った。整理収納アドバイザー1級を持ち、片づけのプロでもあることから、「包丁や菜箸など、何気なく置いていたものが命を奪う恐れがあります。普段から家の中を片づけておく、家の中を安全にしておくことが一番の防災になります」と訴えた。

第2回は10月6日に開催された「**味覚の秋　キノコとSDGsのお話**」。きのこに詳しい芸人、坂井きのこさんが登壇した。太田プロ所属の坂井さんは「キノコ歴30年、キノコ800種類の名前と、毒の有無を言える」という、キノコ大好き芸人だ。イベントで、坂井さんは「2歳のとき、祖父に山に連れていかれ、紫色のキノコを見つけました。ムラサキシメジです。家に持って帰り、お母さんが料理してくれて、おいしかった。それがキノコに興味を持ったきっかけです」と話した。「きのこ検定3級」の資格を持つ。滝沢さんから「1級は持っていないの」と突っ込まれると、「きのこ検定は秋に実施されます。その時期はたいてい山に入っています。1級の過去問題を見たら、だいたい分かりました」と答えた。

坂井さんはエノキの下の部分を焼いた「エノキいしづきすてーき」、パスタの代わりにエノキを使う「エノキパスタ」、シイタケにチーズを載せて焼く「シイタケチーズ焼き」など、キノコ料理を紹介した。「キノコは森の分解者です。倒木や動物の死体などの有機物を分解して無機物に変えます。キノコがいなければ、山はごみだらけになります」と、生態系の中でキノコの果たしている役割を説明した。「シイタケは太陽光に当てるとビタミンDが増えます。だから僕は買ってきたシイタケをすぐに使わず、縁側に置きます。ナメコのぬるぬるは喉にいいです。マイタケには、たんぱく質分解酵素が入っています。安い肉でも、マイタケと炒めると、高級肉のようになります」など、役立つ情報も提供した。

11月14日に開催された第3回「**ごみ屋敷とその社会のあり方**」では、アルバイトでごみ屋敷を片付けているお笑いコンビ「六六三六」のシバタさんが招かれた。シバタさんは太田プロ所属。柳沢太郎さんとのコンビ「六六三六」で活動している。特技はアイスホッケーで、インターハイ、インターカレッジ出場経験がある。シバタさんは「片付けを代行する会社のアルバイトで、ごみ屋敷の片付けをしているうちに、まとめてみると面白いと思いました」と話し、ごみ屋敷のカテゴリー分けをした。

生屋敷、紙屋敷、犬猫屋敷、物屋敷、弁当がら屋敷、尿ぺ屋敷、エロ屋敷。「生屋敷は生ごみが多く、紙屋敷は書類や本など紙類が捨てられずに積み上がったごみ屋敷、犬猫屋敷は多頭飼育などで、飼育が困難になり人もペットも住めなくなったごみ屋敷。物屋敷はごみではなく物で埋まった屋敷、弁当がら屋敷は弁当や飲料容器の多い屋敷、尿ぺ屋敷は尿の入ったペットボトルが出てくるごみ屋敷。1本出てきたら100本あると言われています。1本ずつトイレで流します。エロ屋敷はエロい物に囲まれた欲望丸出しごみ屋敷。オタク屋敷とも呼ばれます。ごみ屋敷の定義は『病害虫の発生や悪臭など、既に社会的な問題となっていたり、周辺住民から何らかの苦情等が寄せられているものなど』とされています。周りに迷惑がかかっていないけれど、ごみ屋敷になっているところはたくさんあります。ごみ屋敷の片付けは月に2回あるかないかぐらいですが、40世帯の団地があるとして、2世帯ぐらいはごみ屋敷だと思います」と語った。

なぜ、物を捨てられないのか。シバタさんは「物に囲まれていると落ち着く、捨てるのが面倒くさい、気にならない、ホーダー（溜め込み）などの理由があります。ごみ屋敷になった人に多い共通点は、ヘビースモーカー、大酒飲み、ギャンブル好き、性豪です。市区町村のごみ屋敷対応ですが、ごみ屋敷条例ができている市区町村もあります。まず、住人への聞き取りをして、サポート案

滝沢さんと、ドドんの石田さん、安田さん

を考えます。それが拒否されると勧告、命令が出て、それに応じなかったら行政代執行します。ごみ屋敷を防ぐには、本人の抱える問題を解決しないとなりません。まだごみが少ない段階で、サポートできる仕組みが望ましいと思います」と話した。

シバタさんは、この登壇がきっかけとなり、ごみ屋敷についての本を出版する話が生まれた。

第4回は12月22日に開催された「**お坊さん**×**葬儀屋**×**ごみ清掃員**」。お笑いコンビ「ドドん」の石田芳道さん、安田義孝さんに仏教や葬儀の今について話を聞いた。二人は浅井企画所属。石田さんは曹洞宗住職免許を持つお坊さんで、実家は愛媛県松山市の古刹、雲門寺。特技の書道は八段の腕前だ。安田さんは葬儀屋でアルバイトとして勤務している。仏教×笑い×音楽がテーマの仏教エンターテイメント集団「南無ズ」のメインボーカルで、ギターは芸人界随一とされる腕前。２００９年にコンビを結成し、「お坊さんネタ」で笑わせている。

石田さんは２００８年、大学卒業後に愛媛県の瑞應寺というお寺で修行した。「当時は30人ぐらいが修行していました。入山は春か秋で、私は春に入り、秋に出ました。翌年春に、お笑いの養成所に入りたかったのです。そのときの住職が話上手な方でした。法話が大切だから、おしゃべりを勉強してきなさいということで、山を下ろしてくれました。芸人で14年やっていますが、お坊さんでおしゃべり上手だねと言われる。芸人として上手だねと言われたい。お坊さんとして話していると、芸人さんやっていると面白いですねと言われる。お坊さんとしても勉強しているのですが。坊さんとしての私、芸人としての私。私というのはどこにあるのだろうか。諸法無我だと気づくのです。曹洞宗では肉体的な追い込みをしません。家事をしっかりやります。精進料理を作るというのは大事な修行です。料理当番のときに、先輩に怒られたことがあります。料理はいただいたものでやりくりします。キャベツをたくさんいただいた。キャベツだけでは味気ないですかねと料理長のお坊さんに言ったら、『キャベツがいっぱいあるから味気ないと思うかもしれないが、１個しかなかったらそうは思わないはずだ。お前がキャベツの価値を決めるな』と怒られました。いっぱいあると、雑に扱ってしまう。なるほどと思いました。修行は続けるもので、完結することはないです。少欲知足という仏教の言葉があります。欲を少なく、足るを知るです。実はもう満たされている。そこで満足しないとゴールがない。自分がいま幸せだと気づいておかないと苦しみが続きますよと、お釈迦さまも言っています」と話した。

安田さんは葬儀会社で、夕方6時から朝9時までの夜当番をしている。電話があったら病院に行き、病室から遺体を霊安室に運び、遺族に葬儀を自分の会社に担当させてもらうよう勧めるという仕事だ。安田さんはコロナ禍で変化した葬儀の状況を説明し、「死を目の当たりにするので、自分が変わってきました。家で看取った時代と違い、病院で亡くなる人が多い。病院と葬儀場でしか見ないので、死に触れる機会が少ない。死に対する意識が薄いと思います。人間はいつか死ぬのだから、ちゃんと生きなければと思います」と語った。トークの後、石田さんと安田さんは「ドドん」の漫才を披露した。石田さんの仏教、お坊さんネタと、安田さんの音楽ネタを組み合わせた漫才で、会場は笑いに包まれた。

２０２３年2月20日の第5回「**ごみ拾い仙人×ごみ清掃員**」には、初めて芸人ではないゲストが招かれた。「ごみ拾い仙人」と呼ばれ、２０２２年末に『ゴミ拾いをすると、人生に魔法がかかるかも♪』（あさ出版）を発刊した吉川充秀さんだ。吉川さんは株式会社プリマベーラ（本社・群馬県太田市）代表取締役会長。横浜国立大学経済学部を卒業、地元スーパーに就職した後、太田市に「利根書店」を開業。古書のほか、古着、貴金属、整骨院、経営術や自己啓発セミナーなど事業領域を拡大し、プリマベーラを4事業部、17業態、51店舗、従業員数３９０人を有する年商47億円の企業に発展させた。

吉川さんは「経営改善で環境整備、整理整頓を6年間やってきた２０１５年、20世紀最高の教育学者と言われた森信三さんの本を読みました。『足元の紙くず一つ拾えない人間に何ができよう』

という一節がありました。紙くず一つ拾っていない自分を振り返り、社長としてしなければならないと思い、ごみ拾いを始めました」と、ごみ拾いを始めたきっかけを語った。ごみ拾いをすると、何が変わるのか。

吉川さんは「ごみ拾いを続けていると、ごみを増やしたくなくなります。買い物するときに、買った後どうなるかを考えます。最後はごみになると考えると、本当に必要な物以外、買わなくなります。すると、慎重に本当に必要な物を真剣に悩んで買うようになります。ごみ拾いをしていたら、生活を楽しむようになる。拾ったごみは運命の出合いです。拾ったサンダルを愛用していて、それに名前をつけています。ごみすら可愛く思えたら、ものも可愛く思える、すると、人も可愛く思える、自分も可愛く思える。これが自己肯定感です。ごみ拾い→物を大切にする→ごみが減るということになります。ごみ拾いはごみを減らすためにも最高の習慣です。ごみ拾いは周囲をきれいにすることが目的でしたが、究極は自分の心をきれいにするためです。皆さんもごみ拾いをぜひ一度、体験してみてください」と勧めた。

吉川さんの公式サイト（https://gomihiroi.com/）では、拾ったごみの数を表示している。登壇当時、109万個だったが、23年6月にすでに112万個を超えている。

最終回となった「**第6回滝沢ごみクラブ定期イベント　介護とごみ**」は3月9日に開催された。介護芸人の「さかまき。」さんと、タレントで介護士の西田美歩さんをゲストに迎えた。さかまき。さんはライジングアップ所属で、「ガン太さん」とお笑いコンビ「マッハスピード豪速球」を組んでいる。

　芸歴16年、介護歴は12年という、さかまき。さんは、「介護福祉士実務者研修を受講し、1月に試験を受けました。自己採点で合格点数に達しているので、3月中に介護福祉士取得予定です。芸人活動の傍ら、介護施設の夜勤で働いています。宿泊可能なデイサービスです。これまでに、200人以上の認知症の方を介護してきました。介護芸人を名乗ったのは4年前。きっかけになったのは、滝沢さんです。ごみ清掃芸人として活動する滝沢さんを、うらやましいと思い、あこがれがありました。特技がないとテレビに出られない。滝沢さんに相談したら、何のバイトをしているのかと聞かれ、介護だと答えると、活動していることをそのままやればいいと言われました」と、滝沢さんとの出会いを話した。

　この後、事例紹介の漫画を見せた。一つは「幻覚のネコを追い払うミッション」。おばあちゃんが「ネコがエアコンの隙間にいる」と言う。認知症による幻覚だ。追っ払うミッションを指示された主人公（さかまき。さんの分身）はネコを追い払うふりをする。解決かと思ったら、おばあちゃんは「イタチもいるの」。イタチも追い払う。すると、「おいなりさん（キツネ）が来ました」。おいなりさんに丁寧に帰ってもらい、悪乗りした主人公は「馬が来ました」と言うと、おばあちゃんは「あら、ホントだ」。さらに、「象も来ました」と言うと、おばあちゃんは「象はいない」。ユーモラスなやり取りだ。さかまき。さんは「認知症は面白いという感覚があります。認知症はぼけると表現しますね。お笑いでも、ぼけるという言葉を使います。認知症はお笑いの生みの親かと思ったのです」とコメントした。

もう一つの事例は、認知症で毎食後に「ご飯はまだか」と聞き、「もう食べましたよ」と言うと、「私を飢えさせる気か」と暴れる認知症のおじいさんの話だ。職員会議で「めしまだ問題」が討議され、「半量にして、2回出す」という方法が提案された。実行すると、2回目の後、すぐに「ご飯はまだか」と言われ、失敗。次は、「食器下げない作戦」。食事したことが分かるようにした。おじいさんは葛藤している様子で、言うに言えないようだった。1週間後、おじいさんは妙案を思いついた。食器を「これ私のじゃないですね」と言って、「ご飯はまだか」に戻ったのだ。

主人公は感想文作戦を提案した。食後に感想を書いてもらう。さかまき。さんは「ご飯を食べたのが一目で分かるので、大成功して、飯まだコールはありません。この作戦を介護学会で発表しませんかと、同僚に言われました。日々解決策を模索しているのが介護施設です。スタッフで問題を共有している間は楽しいですね。介護の三大イメージは暗い、重い、辛いです。介護をしていると、たいへんそうだね、えらいねと言われると思います。僕はそうかな？　と思います。僕は『明るい認知症』をテーマにしたい。超高齢社会で、介護なしでは社会は成り立たないのです」と訴えた。

西田さんは「私は自分が介護されるときは性格が良くなるようにしたい。人の意見を聞かない、がんこなお年寄りもいますが、ありがとうと素直に言える性格になりたいです。私が働く介護施設には運動施設があり、見た目はスポーツジムと同じです。そこで、介護予防体操をしています。介護施設が楽しいところだと知ってほしい」と呼びかけた。

滝沢ごみクラブのイベントではないが、番外編として、3月20日、「**楽しく、真剣に災害に備える！**」が開催された。東日本大震災から12年。災害への備えを考えようと、「東日本大震災・原子力災害伝承館」（福島県双葉町）の上級研究員を務める東京大学大学院の開沼博准教授が企画し、滝沢さん、赤プルさんと、地図芸人の小林知之さんが応援に駆け付けた。開沼さんと毎日メディアカフェ運営事務局の市瀬さん、中田さんが共同で制作した「災害避難すごろく」を参加者が体験し、防災について学んだ。小林さんは地図製作会社に勤める芸人で、「地図は過去、未来を可視化する道具です。住んでいる地域のハザードマップを知ると、災害で避難する際の参考になります」と、ハザードマップの重要性を訴えた。

滝沢さんを通じて、毎日メディアカフェとつながった芸人では、イラスト芸人の本田しずまるさんがいる。本田さんは2023年1月7日に開催したNPO法人そらべあ基金の小学生向けワークショップ「**20年後、ごみが捨てられなくなる？**」で、そらべあ基金事務局長の下川寿代さんとともに登壇した。そらべあ基金は3Rの手伝いをしてくれる、なぞの生き物や未来のグッズを考える「おもしろ　おえかきコンテスト2022」の作品募集をしていた。小学生に応募作品を描いてもらうワークショップで、本田さんは自身の考えたキャラクターを描きながら、子どもたちにイラスト指導をした。

毎日メディアカフェの公式イベントは2023年3月23日のオンラインセミナー「**ライフプランに関わる法改正～知っておきたい公的年金、保険、育児・介護休業制度のポイント**」が最後となった。協賛団体の全労済協会が企画し、望月ＦＰ社会保険労務士事務所の望月厚子所長が社会保障や社会保険制度の改正のポイントについて講演した。

㉙「学びのフェス2023春」

3月25日、実践女子大学渋谷キャンパスで、「**学びのフェス2023春**」が開催された。私は「晴れ男」を自認していて、それまでの13回の「学びのフェス」は雨の日が皆無だった。最後だけが雨になった。「涙雨ですね」と言ってくれた出展者の方もいた。当日の準備は万端だった。

長く「学びのフェス」を支えてくれた出展者であるカシオ計算機の五十嵐和典さん、傳敏彦さん、對馬早苗さん、広瀬仁美さん、航空連合の皆川知果さん、内藤晃さん、松本一彦さん、クラシエホールディングスの大上夏子さん、佐藤千尋さん、日本郵船の吉野恵里香さん、連合運動企画局の岡本直也さん、国土緑化振興機構の瀬戸宣久さん、田坂仁志さん、シナネンホールディングスの木村涼さん、吉田明子さん、戸田建設の富田美和子さん、矢吹慎悟さん、宇野杏梨さん、YPスイッチの鳥海最さん、寺島洋輔さん、佐藤俊輔さん、NPO法人そらべあ基金の下川寿代さん、田畠麻帆さん。新たに出展してくれた明治の本間由香里さん、杉山詩織さん、葩島里菜さん、ソニー・インタラクティブエンタテインメントの西島拓弥さん、早坂恵さんの姿もあった。初期から協力してくれたガリレオ工房の原口智、るみ夫妻、エコマジシャン・ミヤモさん、NPO法人富士山クラブの吉田チエ子さんと石坂政俊さん、オルガニート愛好会の宮本由利子さんと佐々木幸弥さんもいた。運営側では、プレシーズの面々は小澤尚郎社長をはじめ、山田章夫さん、新橋治さん、飯高一生さん、冨野雅之さん、増田英樹さん、菅原和人さん、萩原嘉和さん、和嶋幸子さんが集まった。

カシオ計算機を退職後、市瀬さんやプレシーズとともにＳＤＧｓ経営支援サービス「Dr・ＳＤＧｓ」を始めた木村則昭さん、里山保全活動をしている佐野市の赤堀雅人さんも手伝いに来ていた。ここにいる出展者、スタッフのおかげで、学びのフェスを９年間にわたり開催することができたのだと、私は改めて思った。27企業・団体28教室の授業に、親子約１４００人が参加した。雨の影響は心配したほど大きくはなかった。事故もなく、成功裡に終わった。これが私にとって、最後の「学びのフェス」になった。

エピローグ

2023年2月、私は社内の事業見直し推進チームのヒアリングを受けていた。毎日新聞社には、多くの新規事業がある。それらを精査して事業の将来性を評価し、存続の可否を判断するのがチームのミッションだった。毎日新聞社に限らず、販売部数と広告収入の減少により、新聞社の経営は厳しい。会社の事業見直しは必然の流れだった。私は毎日メディアカフェが「情報、組織や人とのネットワーク、発信手段を持つという新聞社の特性を生かした、本業に根差したCSRであり、社会的意義は極めて大きい」と主張するとともに、「広告との連携を強化すれば、会社の収益増につながる」と訴えた。しかし、それは認められなかった。数週間後、私はそのチームが毎日メディアカフェ存続に否定的な判断をしたことを知った。チームの判断をもとに、経営会議で事業継続か否かの結論が出る。私は毎日メディアカフェの廃止を受け入れるしかなかった。一方、「学びのフェス」については、将来性があると判断され、存続が決まった。

毎日メディアカフェは消滅するが、毎日メディアカフェが築いてきた人と人とのつながり、社会課題解決への努力はなくなることではない。私は最後に、自身の記者活動と毎日メディアカフェを振り返るイベントを企画した。盟友である市瀬慎太郎さんも同じことを考えていた。私は「斗ヶ沢秀俊記者報告会『毎日新聞のCSR、そして毎日メディアカフェの9年間』」という凡庸なタイトルを考えていたが、市瀬さんは「斗ヶ沢秀俊とゆかいな仲間たち」という、気の利いたタイトルを用意してくれていた。もちろん、それを採用させてもらった。

ファイナルパーティには約100人が参加した。キユーピーに勤める大串万葉さんは飯舘村の菅野典雄前村長と話をした。帯広畜産大学の先輩と後輩の関係だ。大串さんは菅野さんの経験を会社の人たちに伝えたいと思い、キユーピーでの菅野典雄講演会開催を決意した。

このエピソードはファイナルパーティで生まれたつながりの一つにすぎない。人と人の新たなつながりが、ここで生じた。私たち、毎日メディアカフェ事務局メンバーが望んでいたことだった。

あとがき

2023年3月28日、毎日メディアカフェのファイナルパーティで、あけび書房の岡林信一代表取締役に再会しました。文中で書いたように、あけび書房の出版した福島関連の書籍の出版をきっかけにしたイベントを、毎日メディアカフェで開催してきました。岡林さんは「毎日メディアカフェのことを出版しませんか」と私に提案してくれました。「書いても、売れませんよ」と私は答えました。一部の本を除き、本はなかなか売れない時代です。岡林さんは「うちは売れない本を出していますから」と笑みを浮かべ、「ここにいる人たちがいます」と言いました。パーティには100人近い人たちがいました。「確かに」と私は思いました。ここにいる人たちは、まぎれもなく、毎日メディアカフェに共感し、愛してくれた人たちです。売れるかどうかは別として、この人たちに、毎日メディアカフェ9年間の記録を伝えることは、私に課せられた義務かもしれないと考えました。

3月31日に退職した私は、次の仕事を見つけられないまま、年度代わりを迎えました。私は岡林さんに電話して、「20日間をめどに、原稿を提出します。出版できるかどうかは、岡林さんが判断してください」と伝えました。書き始めてみると、毎日メディアカフェが創出した世界は、自分が思っていたよりも豊穣でした。毎日新聞での掲載紙面やフェイスブックの詳報記事を読み直し、学び直すことができました。生きざまや知見を伝えたい登壇者が数多くいました。登壇者の総数は1000人を超えています。巻末の「主なイベント」を含めても、紹介できたイベントは3分の1程度です。できるだけ多くの人の声や行動を紹介したかったのですが、紙数の都合で割愛させていただきました。毎日メディアカフェには広範囲な分野で奮闘している方々が登壇しました。SDGsやさまざまな社会課題の解決に取り組もうとしている方にとって、指針となるべく人たちや考え方が本書に記載されているのではないかと自負しています。

私は若いころ、自分が興味のある、楽しいと思える仕事をしてきました。それは大切なことだと思い、後輩たちにも伝えてきました。年齢を経ると、それは次第に「周囲の人たち、社会にどう役立つか」を考えるようになりました。毎日メディアカフェの9年間はまさしく、「社会にどう役立つか」を考え続けた日々でした。記者生活の終盤をそのように過ごせたことは、幸運以外の何ものでもないと思います。

登壇してくださった皆さまの発言は、真意を誤らずに伝えたいと思いながら記述しましたが、私の意に反して、間違いやニュアンスの異なる個所があるかもしれません。全ての責任は私にあります。

全ての登壇者、参加者の皆さま、運営に協力してくれた仲間たちに感謝を申し上げ、あとがきとさせていただきます。

毎日メディアカフェ主な開催イベント一覧

文中で紹介したイベント以外の主な開催イベントは以下の通り。

【2014年】〈7月〉
記者報告会「自衛隊は変わるのか～『集団的自衛権閣議決定後』の私たち」
社会部の滝野隆浩編集委員が、集団的自衛権の行使を容認するかどうかは「時間をかけた国民的な議論が必要だ」と語った。

〈8月〉

「魅力あるイベントを創る～ガリレオ工房の実験教室」

NPO法人ガリレオ工房の原口智、るみ夫妻がガリレオ工房の活動内容を語り、磁石を使った理科実験を披露した。


「命の授業」

命について話す出前授業を社会貢献活動として実施してきたカシオ計算機の若尾久さんが、親子に命の大切さを伝えた。


「オーロラ生中継3000日」

オーロラの生中継をネット上で配信する「遊造」の古賀祐三社長が米アラスカ大学の観測所に高感度カメラを設置して生中継する取り組みを報告した。


〈9月〉

「富士山の光と影」～渡辺豊博教授の「富士山学」講座～

グラウンドワーク三島専務理事で都留文科大学教授の渡辺豊博さんが、富士山周辺の環境の現状を語り、「富士山庁」の創設を提言した。


〈10月〉

「これで安心！　子どもの自立」

『自立のすすめマイルール　いつもこういうときどうするんだっけ』（毎日新聞出版）を出版した文筆家の辰巳渚さんが、子どもの自立の大切さを語った。


〈12月〉

CSRセミナー「毎日Do！　コラボ」

戸田建設の樋口正一郎さん、キリンの太田健さんが、社会課題の解決と企業の競争力向上を同時に実現するCSVについて話した。


第19回ジャーナリズム研究会「江川紹子さん講演会」

朝日新聞が設置した「信頼回復と再生のための委員会」外部委員でジャーナリストの江川紹子さんが、福島原発事故での「吉田調書」報道の問題点などを語った。

【2015年】〈1月〉
「ノーベル賞の表と裏」
青色LED開発でノーベル物理学賞を受賞した赤崎勇さん、天野浩さん、中村修二さんの授賞式を取材した科学環境部の千葉紀和記者が取材秘話を語った。

〈2月〉

「富士山講談会」

夫婦太神楽「かがみもち」（鏡味仙三、仙花さん）のエコ曲芸の後、女流講談師、神田紫さんが富士山登山史を彩った女性たちを描いた創作講談を語った。

〈3月〉

「手作りカヌーで4700キロ航海」

インドネシアから沖縄県石垣島までカヌー「縄文号」「パクール号」で航海した探検家の関野吉晴・武蔵野美術大学教授と、航海の記録映画を制作した水本博之監督が航海を振り返った。

「体験！『まわしよみ新聞』作り～新聞で遊ぼう」

5人ほどのグループに分かれ、新聞の気になる記事を切り抜いて話し合い、最後に「まわしよみ新聞」を作るワークショップを、考案者である観光家・陸奥賢さんを招いて実施した。

安心・安全登山講座「山登りは健康にいい」

登山家の大蔵喜福さんが日本の山の素晴らしさや登山の魅力、安全に登山するための服装や装備について語った。

〈5月〉

「ネパール大地震緊急報告会」

地震発生当時にカトマンズにいたスポーツフィッシングプロの森宏太郎さん、JICA青年協力隊の山本結生さん、村岡大輔さんが被災時の様子を報告。日本ネパール協会の小嶋光昭代表と大蔵喜福理事、ヴァッタ・ヴァバン海外在住ネパール協会国際本部副会長が支援を訴えた。

〈6月〉

「パラリンピックと共に歩んだ12年～競技生活と会社員生活の両立～」

2010年バンクーバーパラリンピック・アイススレッジホッケー銀メダリストの上原大祐さんが自身の経歴やパラリンピックの様子、今後の展望を語った。

〈7月〉

「ユニバーサル音楽物語ぞうのババール」

毎日新聞ユニバーサロンの企画で、女優・声優の八十川真由野さんが『ぞうのババール』の絵本を朗読、昭和音楽大学電子オルガン講師の西山淑子さんが曲を演奏した。

「中東で起きていること、私たちにできること」

NPO法人パレスチナ子どものキャンペーンの報告会。国際政治学者の高橋和夫放送大学教授が「イスラム国」をめぐる動きについて講演した後、同NPOの南詠子さん、部谷由佳さん、手島正之さん、川越東弥さんが活動報告をした。

「18歳選挙権の開く未来」

保坂展人・世田谷区長、硤合宗隆・玉川学園教諭、高校生団体「Ｔｅｅｎｓ Ｒｉｇｈｔｓ Ｍｏｖｅｍｅｎｔ」の百瀬蒼海代表、与良正男専門編集委員が18歳選挙権の意義と課題を語り合った。

「がんになっても働ける社会の実現を」

がん患者である生活報道部の三輪晴美記者と、キャンサー・ソリューションズ社長の桜井なおみさんが、がん患者が働ける社会に向けた課題を語り合った。

〈8月〉

毎日映画社秘蔵フィルム上映会「秘蔵フィルムで振り返る昭和の10大ニュース」

東京オリンピックや大阪万博、3億円事件、ロッキード事件などのニュース映像を見ながら、毎日新聞社の小川一取締役と、毎日映画社の桑野和之さんが話した。

「南極プチ体験教室！」

第54次南極地域観測隊員として昭和基地で越冬経験のあるKDDIの大越宗文さんが親子に南極の魅力を伝えた。

〈9月〉

毎日映画社秘蔵フィルム上映会第2回「安保で揺れた時代」

1960～70年代の日米安保条約改定、学生運動に関連するニュースフィルムを上映。毎日新聞東京社会部警視庁担当として「よど号」事件（70年）、浅間山荘事件（72年）を取材したOBの加藤順一さんが当時の様子を話した。

CSRセミナー「毎日Do！　コラボ」

「社内ボランティアを増やす秘訣」をテーマに、太陽生命保険の秋山清重さんと、グラクソ・スミスクラインの橋本真友子さんが活動事例を報告した。

毎日希望奨学金チャリティーイベント「音のかなたへ」

マリンバの菅原淳さんとピアノの森浩司さんが演奏した後、本紙に「音のかなたへ」を連載中の梅津時比古・桐朋学園大学学長が菅原さんと対談した。

〈10月〉

「天皇の料理番　秋山徳蔵氏の秘蔵メニューと食文化」

大正から昭和に主厨長を務めた秋山氏の資料を遺族から寄贈された公益財団法人味の素食の文化センターの津布久孝子専務理事が、秋山氏の業績や時代ごとのメニューカードを紹介した。

「子育て情報の見分け方講座」

小児科医の森戸やすみさんと管理栄養士の成田崇信さんが子育て情報の問題点を指摘し、「母乳信仰」をいましめた。

〈11月〉

毎日映画社秘蔵フィルム上映会第3回「スポーツが時代を沸かせた」

1964年東京オリンピック、72年札幌オリンピック、プロ野球の王貞治、長嶋茂雄など昭和の時代を沸かせたスポーツと伝説のアスリートたちの素顔、取材の裏話を、元毎日新聞東京本社運動部長の中島章隆・館山通信部長が語った。

「芝居をつくる」

劇団俳小公演「イルクーツク物語」演出担当の河田園子さん（劇団昴）と、出演する渡辺聡さん（劇団俳優座）、舞山裕子さん（劇団昴）、北郷良さん（劇団俳小）が、芝居の楽しさや苦労を語り合った。

〈12月〉

CSRセミナー「毎日Do！　コラボ」

NPO法人キッズドアの渡辺由美子理事長が教育支援活動を報告、ゴールドマン・サックス証券の綿貫治子さんがその活動への支援を語った。

「アドラー流お片づけ講座」

ホームオーガナイザーの丸山郁美さんが、アドラー心理学を応用した片づけの仕方を伝授した。

「ワーキングピュア〜働くってどういうこと？」

連合の企画で、評論家の荻上チキさん、自治労の野角裕美子さん、連合非正規労働センターの藤川由佳さんが若者の労働の現状を話し合った。

【2016年】〈1月〉

「アバランチナイトin毎日メディアカフェ」

アバランチとは雪崩のこと。雪崩安全対策に取り組むNPO法人日本雪崩ネットワークの出川あずさ理事長が雪崩対策に必要なことを語った。

「俳人・大高翔の新春トーク&句会」

俳人の大高翔さんが第四句集「帰帆」の句を紹介し、参加者の詠んだ句を評した。

「TBSプロデューサーが語る『夢の扉』を開く鍵」

TBSテレビ番組「夢の扉＋」のチーフプロデューサー黒岩亜純さんが、番組で取り上げた9人の生き方や言葉を紹介し、夢を追うことの大切さを説いた。

〈2月〉

「わかりやすいハラール解説講座」

イスラム教の「ハラール」の研究者の岩口龍児さんが、ハラールが食事に限ったものではないこと、成分表示が大切であることなどを語った。

〈3月〉

「ローカル鉄道演劇を楽しむ」

ひたちなか海浜鉄道の吉田千秋社長と劇団シアターキューブリックの俳優、谷口礼子さんが鉄道車内で上演する演劇「ひたちなか海浜鉄道スリーナイン」について話した。

「写真で見る被災地気仙沼の現状」

東日本大震災の最大の被災地の一つである宮城県気仙沼市に震災後に移住し、復旧、復興の姿を写真で記録している写真家、かとうまさゆきさんが気仙沼の現状を話した。

「日本を楽しもう！　お花見の本質を紐解く」

民俗情報工学研究家の井戸理恵子さんがサクラの語源や花への信仰の歴史などを話した。

CSRセミナー「毎日Do！　コラボ」

LRQAジャパンの冨田秀実さんが、企業の部品・サービスの持続可能な調達に関する国際規格「ISO20400」について説明した。

「『新幹線車両名鑑』制作秘話と秘蔵映像」

新幹線全18形式約1万3000両のデータをまとめた『新幹線車両名鑑』（JTBパブリッシング）を編集した大野雅弘さん、斉藤洋一さんが内容や苦労を語った。

〈4月〉

「『新劇女優カレンダー』をつくります！」

舞山裕子さん（劇団昴）、まちだまちこさん（劇団俳小）、佐古真弓さん（文学座）、保亜美さん（劇団俳優座）が、新劇女優の2017年カレンダーをクラウドファンディングで作るプロジェクトを語った。

「**実はこんなにやっています！　プラスチックゴミ対策～発生抑制や有効利用**」

日本プラスチック工業連盟の岸村小太郎さん、一般社団法人プラスチック循環利用協会の冨田斉さんがマイクロプラスチック対策を報告した。

〈6月〉

「**認知症はよくなる～『あきらめてはいけない』と教えてくれた食事と言葉の力**」

認知症の母親を介護中のフードライター、大久保朱夏さんと、主治医で東京メモリークリニック蒲田の園田康博院長が、認知症の人の食事の大切さを語った。

「**困難を乗り越える音楽の力**」

公益社団法人才能教育研究会の早野龍五会長と、一般社団法人エル・システマジャパンの菊川穣代表理事が、音楽を通して生きる力を育む活動について語り合った。

〈7月〉

「**記者報告会～漢字の使い分けを考える**」

毎日新聞校閲グループの岩佐義樹記者と、フリーの編集者兼ライターで『漢字の使い分けときあかし辞典』（研究社）の著者、円満字二郎さんが、漢字について語り合った。

〈8月〉

「**その治療法は怪しくないですか？　現役医師に聞く、誤解される統合医療の真実**」

日本統合医療支援センター代表理事の織田聡さんと、東京医療専門学校鍼灸・マッサージ科長の船水隆広さんが、西洋医学と、サプリメントや鍼灸などを組み合わせた統合医療について語り合った。

〈9月〉

「**あなたのオフィスやご家庭は大丈夫？　地震時にも安心・安全な建築技術**」

戸田建設技術開発センター長の半田雅俊さんが、地震に強い建物作りの最新技術について話した。

キャンパる「戦争を考える取材班」報告会

毎日新聞夕刊の「キャンパる」学生取材班の高井里佳子さん、川田璃子さん、原子奈津実さん、小野田愛美さんが戦争体験者からの取材内容を報告した。

〈10月〉

「**三つのRで、限りある資源を未来につなぐ**」

環境省の鈴木弘幸さん、ライオンの藤津雅子さん、GOMIファンタジスタプロジェクトの山下太郎さんが3R推進について話し合った。

〈11月〉

「**砂漠の世界にようこそ**」

アラムコ・アジア・ジャパンが企画、鳥取大学乾燥地研究センター長の山中典和さんが砂漠化の現状や防止の取り組み、砂漠化した地域の緑化について語った。

【２０１７年】〈１月〉

「ドキュメンタリー映画『０円キッチン』試写会」

　食品ロス削減をテーマにしたドキュメンタリー映画「０円キッチン」（オーストリア）の試写会で、ダービド・グロス監督が試写会前にインタビューに答えた。

「『脳科学が明らかにする言語と音楽の普遍性』～スズキ・メソードと東京大学の共同研究、狙いと意義～」

　公益社団法人才能教育研究会の早野龍五会長と、東京大学教授で言語脳科学者の酒井邦嘉さんが対談、よりよい演奏を目指したいということに関係した脳の場所がどこなのかなどを調べる共同研究の計画を明らかにした。

〈２月〉

ＣＳＲセミナー「農福連携～障害者が楽しくいきいきと働ける社会の実現を」

　障害者が農業の担い手になる農福連携に取り組む農福連携自然栽培パーティ全国協議会の佐伯康人代表、磯部竜太理事、里見喜久夫理事、支援するカシオ計算機の小林誠ＣＳＲ推進部長が活動内容を報告した。

「高橋敏夫×武内涼トークショウ」

　富士ゼロックスが企画し、文芸・文化批評家で早稲田大学文学部教授の高橋敏夫さんと、時代小説家の武内涼さんが「だから時代小説はおもしろい」をテーマに対談した。

「震災から６年。石巻の子どもたち・お母さんたちは今」

　ＮＴＴドコモ東北復興新生支援室の企画で、ＮＰＯ法人石巻復興支援ネットワークの兼子佳恵代表理事と、ＮＰＯ法人こども∞感ぱにーの桝谷和子事務局長が母子支援の活動を報告した。

〈３月〉

「沖縄から東京へ出前講座！　みんなで学ぼうサンゴの海～サンゴの島の環境学習」

　アラムコ・アジア・ジャパンの企画で、沖縄県立芸術大学の藤田喜久准教授がサンゴ礁の現状を語った。

「ジョギングはこう走ろう！　～楽しく長く続けるためのとっておきメソッド～」

　アサヒグループホールディングスの企画。同社員で青山学院大学陸上競技部出身の伊藤弘毅さんがトレーニング方法を伝授した。

「『貧困クライシス』出版記念トークライブ！　藤田孝典さんと考えるニッポンの未来」

　『貧困クライシス　国民総「最底辺」社会』（毎日新聞出版）出版記念イベントで、ＮＰＯ法人ほっとプラス代表理事の藤田孝典さんが貧困問題を語った。

〈４月〉

ＣＳＲセミナー「毎日Ｄｏ！　コラボ」

　労働の基本ルールであるワークルールについて、岩本充史弁護士、上西充子・法政大学教授、日本ワークルール検定協会の高橋均専務理事、西野ゆかり連合広報・教育局長が討議した。

ＣＳＲセミナー「毎日Ｄｏ！　コラボ」

　文部科学省の多田祐美さん、国立青少年教育振興機構の下田力さん、バンダイの岩村剛さんが、地域学校協働活動に企業がどう協力するかを話し合った。

「しまんと新聞ばっぐを作ろう」

インストラクターの高村典子さんが、デザイナーの梅原真さん考案の「しまんと新聞ばっぐ」の作り方を指導し、参加した親子らが制作した。

〈6月〉

パレスサイドビル名店会シリーズ「自分で淹れたコーヒーを味わおう」

パレスサイドビル名店会会長で、1966年開業の喫茶店「ティールーム花」オーナーの岡田洋明さんがコーヒーの楽しみ方を話し、参加者が自分で淹れたコーヒーを味わった。

〈7月〉

「デフ&女子　サッカー世界一を目指して～あいおいニッセイ同和損保所属4選手を招いて」

デフサッカー日本代表の松元卓巳選手、松本弘選手、女子サッカーの横山亜依選手、成宮唯選手が抱負や夢を語った。

「知っていますか？　36協定」

連合非正規労働センターが企画し、千葉商科大学専任講師の常見陽平さんが、労使で時間外、休日労働の上限を決める36協定の意義と課題を語った。

「十日町の夕べ」

新潟県十日町市役所の桑原善雄さんと2017年全国きき酒選手権大会新潟県代表で松之山温泉玉城屋旅館当主の山岸裕一さんが米や山菜、酒など十日町市の魅力を語った。

〈8月〉

「昔ながらの食の魅力」

大地を守る会の企画で、佃煮の遠忠食品の宮島一晃さん、せんべいの富士見堂の佐々木健雄さん、麦茶の川原製粉所の川原渉さんの3人が、東京都内で伝統食品を生産する苦労と喜びを語った。

「ドキュメンタリー映画『風のかたち』上映&トーク」

小児がんの子どものキャンプや小児病棟を撮影したドキュメンタリー映画「風のかたち」を上映した後、伊勢真一監督と、小児がん治療に取り組む聖路加国際病院の細谷亮太医師、キャンプ参加者の羽賀涼子さんが話し合った。

「松井孝太郎の『触れる地球』で視る地球のふしぎ講座」

コスモラボ代表の松井孝太郎さんが、地球儀に触ることで地球温暖化や地震などのデータを知ることのできる「触れる地球」の使い方や魅力を話した。

〈9月〉

「沖縄から東京へ出前講座！　みんなで学ぼうサンゴの海～サンゴの天敵たち～」

アラムコ・アジア・ジャパン企画の「沖縄シリーズ」第1回。沖縄県サンゴ礁保全推進協議会理事でコーラルクエスト代表取締役の岡地賢さんがオニヒトデの捕食によるサンゴ礁の減少について語った。

「家畜にストレスを与えないアニマルウェルフェアと

は」

大地を守る会の吉田和生さんと松木洋一・日本獣医生命科学大学名誉教授がアニマルウェルフェア（家畜福祉）の考え方や先進的な取り組みを紹介した。

「『やばいこと』を伝える教室」

リスクコミュニケーションの専門家でリテラジャパン代表の西澤真理子さんが著書『「やばいこと」を知らせる技術』（毎日新聞出版）出版を機に、リスクコミュニケーションのあり方を話した。

「『校閲記者の目』出版記念・校閲記者トークイベント」

『校閲記者の目　あらゆるミスを見逃さないプロの技術』（毎日新聞出版）出版記念で、岩佐義樹、高木健一郎、平山泉、渡辺みなみ、斎藤美紅の5人の校閲記者が話した。

〈10月〉

「困難を乗り越える音楽の力」

東日本大震災被災地の子どもたちを音楽で支援する一般社団法人エル・システマジャパンの菊川穣代表理事）と、スズキ・メソードの早野龍五会長が音楽教育の意義を語り合った。

「商品テストから見えてくる健康食品の今」

食生活ジャーナリストの会の企画で、国民生活センター理事の宗林かおりさんが、自身が取り組んだ商品テストで問題が判明した健康食品について説明した。

「バラとワインに魅せられて～知られざるブルガリアの夕べ～」

日本ブルガリア協会の企画で、ブルガリアローズコーディネーターの伊東瑠璃子さんとワイン総合研究所代表取締役の渡辺正澄さんがブルガリアの魅力を語った。

「日本とザンビアでつくる未来～バナナペーパーでSDGsを実現～」

スウェーデン出身の環境コンサルタント、ペオ・エクベリさんが、ザンビアで有機栽培されたバナナの茎を再利用する紙の普及プロジェクト「バナナペーパー」について報告した。

〈11月〉

「沖縄から東京へ出前講座！　みんなで学ぼうサンゴの海～サンゴの島の環境学習」

アラムコ・アジア・ジャパン企画の「沖縄シリーズ」第2回。沖縄県石垣島で子どもの環境学習に取り組む「エコツアーふくみみ」代表の大堀健司さんが環境学習の様子を紹介した。

CSRセミナー「不足している社会的支援に対し企業ができること」

NPO法人親子はねやすめ代表理事の宮地浩太さんが、重い障害や病気のある子どもとその家族のレスパイトケア（一時休息）の活動を報告、カシオ計算機の木村則昭さんが支援の取り組みを話した。

「どっちに行きたい！？　北海道・十勝VS知床ねむろのフォトジェニックな冬コンテンツ」

北海道の十勝観光連盟の後藤典久係長、別海町観光

協会の山内絵理事務局長が、それぞれの地域の食や風景を紹介した。

「出張アマノ食堂・フリーズドライ食品アレンジレシピ実践教室」

アサヒグループ食品の中村勇也さんがフリーズドライ食品の仕組みや特徴を話し、くり抜いたパンの中にビーフシチューを入れる「ポットパン」を試食した。

「親子で体験！　オルゴールの曲作り＆ミニコンサート」

カード式手回しオルゴール「オルガニート」のワークショップ。宮本由利子さんら「オルガニート愛好会」のメンバーの指導で、親子が曲作りに挑戦した。

〈12月〉

「安全登山フェスタ２０１７」

山岳天気予報「ヤマテン」、山岳情報サイト「ヤマレコ」、山岳保険「やまふき共済会」が構成する「チーム安全登山」が企画、ヤマテンの猪熊隆之さん、ヤマレコの的場一峰さん、雲研究者の荒木健太郎さんらが話した。

「雪結晶で読み解く雲の心」

気象庁気象研究所研究官で雲研究者の荒木健太郎さんが、市民が撮影した雪結晶の画像をツイッターで募集する「関東雪結晶プロジェクト」について報告した。

「大人の独身女性『おひとりウーマン』の恋・仕事・幸せとは？」

世代・トレンド評論家の牛窪恵さんの『「おひとりウーマン」消費！巨大市場を支配する40・50代パワー』（毎日新聞出版）出版記念イベントで、牛窪さんが40、50代女性の消費動向を語った。

「不動産暴落時代の相続対策～実家が持ち家の方は要注意」

相続・不動産コンサルタントの藤戸康雄さんが、実家相続の難しさを説明し、実家を負の遺産にしないための対策をアドバイスした。

【２０１８年】〈１月〉

「３世代で話そう！　子育てのこと」

「希望するみんなが保育園に入れる社会をめざす会」代表の天野妙さん、体験プログラム「家族留学」を実施する慶應義塾大学大学院生の新居日南恵さん、毎日新聞の小川一取締役、中村かさね記者が、安心して子育てのできる社会について語り合った。

「パラリンピアンに学ぶ身体のケア＆メンテナンス体験講座」

シドニーパラリンピック陸上４００メートルリレー銀メダリストで視覚障害のある星野直志さんが身体ケア、ストレッチの方法などを教えた。

「東日本大震災被災地の子どもたちの心のケア」

ＮＴＴドコモ東北復興新生支援室の企画で、ＪＣＳレインボープロジェクトの岩附マリさんと一般社団法人三陸駒舎理事の黍原豊さんが子どもたちへの支援活動を報告した。

「沖縄から東京へ出前講座！　みんなで学ぼうサンゴ

の海～サンゴ礁を明日に伝える～」

アラムコ・アジア・ジャパン企画の「沖縄シリーズ」第3回。沖縄県サンゴ礁保全推進協議会会長の中野義勝さんが人間とサンゴ礁とのかかわりについて語った。

〈2月〉

CSRセミナー「味の素・花王の協働アクションから生まれた新しい環境啓発活動」

味の素の坂本眞紀さんと花王の井上紀子さんが、両社が川崎市で実施している親子向けプログラム「夏休みチャレンジ」を紹介した。

「希少難病を知っていますか？　～社会課題解決に必要なものとは～」

NPO法人希少難病ネットつながる理事長の香取久之さんが、希少難病の当事者として約30年にわたって病と向き合った経験を語り、支援を呼びかけた。

「家庭で作るスマートフォンルールブック」

デジタルアーツの企画で、親子が「スマホで何をしたいか」「どんなアプリを使いたいか」などを話し合い、「わが家のルール」を発表した。

「親子でつくろう！　非常用持ち出し袋ワークショップ」

NPO法人石巻復興支援ネットワークの兼子佳恵代表理事の指導で、親子が非常用持ち出し袋に入れるものを考えた。

〈3月〉

「サンゴ礁を知ろう・守ろう！　サンゴ礁ゲーム体験」

NPO法人海の自然史研究所の今宮則子代表理事がサンゴ礁保全を楽しく知るゲームを紹介、コーラル・ネットワークの宮本育昌事務局長がサンゴ礁保全の取り組みを語った。

「似せる楽しさ、もらう喜びを感じる似顔絵教室」

死者と遺族の似顔絵を1枚にした「絆画」を描くイラストレーター大村順さんが「パーツの位置、顔の輪郭を正確にとらえる」とアドバイスした後、参加者が似顔絵描きに挑戦した。

〈4月〉

「バングラディシュカルチャーナイト～キラキラ雑貨と音楽の夜～」

バングラディシュに住む女優の渡辺麻恵さんと、アニメスタジオを運営する水谷俊亮さんの2人が、雑貨の製作販売や音楽、アニメを通じた日本との交流促進を語った。

「佐々木敏・東京大学医学部教授が語るデータ栄養学のすすめ」

『佐々木敏のデータ栄養学のすすめ』（女子栄養大学出版部）出版記念企画で、佐々木敏さんが食と栄養の情報を科学的に評価する必要性を語った。

〈5月〉

CSRセミナー「みんなで〝AKARI〟アクション～無電化地域へあかりを届けよう」

パナソニックの浅野明子さん、新延悠太さん、日本福音ルーテル社団のローウェル・グリテベックさんが、世界の無電化地域にソーラーランタンを贈る活動を報告した。

「**スポーツ・イズ・グレート**」

英国大使館との共催イベント。英国パラリンピック協会最高責任者のティム・ホリングスワースさん、日本パラリンピアンズ協会会長の河合純一さん、日本財団パラリンピックサポートセンターのマセソン美季さんがパラリンピックについて話し合った。

〈6月〉

「**地域を活かす『ご当地エネルギー』～全国の取り組みと『おだやかな革命』紹介～**」

再生可能エネルギーをテーマとした映画「おだやかな革命」（渡辺智史監督）のアドバイザーでノンフィクションライターの高橋真樹さんと、神奈川県小田原市でソーラーシェアリングに取り組む小山田正和さんが地域での再エネの現状と展望を語った。

〈7月〉

「**美味しい福島の地酒飲み比べまつり！**」

福島県出身の社会学者、開沼博さんと、エフライフ社長の小笠原隼人さんの企画で、福島県の酒造の14銘柄の地酒を、参加者が飲み比べた。

「**サステナブル・シーフードで海を守れ！　社員食堂への導入でSDGs達成に貢献**」

公益財団法人世界自然保護基金ジャパン（WWFジャパン）の三沢行弘さん、MSC（海洋管理協議会）の石井幸造さん、パナソニックの喜納厚介さんがサステナブル・シーフードの重要性を語り合った。

「**食と音楽でつくるコミュニティーデザイン～食べること、歌うこと、生きること～**」

料理研究家の大瀬由生子さんと、音楽アーティストで子どもミュージカル「ひなた号の冒険」の作・演出を手がけるひなたなほこさんが食と音楽を語り合った。

〈8月〉

「**J&Jキッズ～医療や健康について学びながら自由研究を作成しよう～**」

医療をテーマとした自由研究ウェブサイト「J&Jキッズ」を開設するジョンソン・エンド・ジョンソンが企画、同社の上田寛之さんが肩の仕組みと働きなどを話し、参加した小学生は「健康の図鑑」を作った。

「**もしもディズニーが難病を患う子どものために施設を創るとしたら**」

公益社団法人「難病の子どもとその家族へ夢を」代表の大住力さんが家族全員旅行などの支援活動を報告した。

「**深海100メートルの世界**」

世界最高峰のフリーダイビング大会「バーティカルブルー2018」で、フィン（足ひれ）を付けて潜水する競技に出場し、深度106メートルの世界記録を達成した廣瀬花子選手が大会を振り返った。

〈9月〉

上映&トークライブ「横井久美子　ネパールを語る」

シンガー・ソングライターの横井久美子さんが、ネパールの秘境で暮らす人々との交流を記録したドキュメンタリー映画のダイジェスト版の上映、トークライブをした。

「もっとおいしく、もっと楽しく　スパイスセミナー」

ハウス食品スパイス製品開発担当の齊野和美さんがスパイスの説明をした後、参加者が5種類のスパイスを混ぜて、オリジナルのカレーパウダー作りに挑戦した。

「犬猫たちの命を助けるために知るべきこと」

NPO法人日本動物生命尊重の会ALISの金木洋子代表とレーシングドライバーの中村進さん、博水社代表取締役の田中秀子さんが犬猫の殺処分ゼロを訴えた。

〈10月〉

「ネット時代　新聞はどこへ行く？　～毎日Live 50回記念公開生放送～」

元村有希子記者、中嶋真希記者が朝日新聞のウェブメディア「DANRO」編集長の亀松太郎さん、テレビ朝日プロデューサーの芦田太郎さんと、新聞社の動画配信の課題を話し合った。

「今話題のインプロ（即興演劇）の世界へようこそ」

日本で数少ないインプロのプロフェッショナル集団「TILT」を主宰する佐久間一生さんとインプロバイザー（役者）たちが、台本のない芝居であるインプロを実演し、その魅力を伝えた。

「小説は東日本大震災を描けるのか？　～『美しい顔』騒動から見えるもの」

日比嘉高・名古屋大学大学院人文学研究科准教授とノンフィクションライターの石戸諭さんが、芥川賞候補作となった小説「美しい顔」のノンフィクション作品からの盗用疑惑について語り合った。

「知っているようで実は知らないビタミンの話」

ハウスウェルネスフーズの山本憲朗さん、野崎喜代司さんが13種類あるビタミンの役割や研究の歴史を語った。

「食を通して育む、みらいを生きる力」

キユーピーみらいたまご財団の大串万葉さんが財団の食育助成活動を紹介。助成を受けた「あーすりんく」の漫画家すぎやまようこさん、NPO法人未来プロジェクトの猪爪まさみさんが活動を報告した。

〈11月〉

「MOTTAINAIで糖尿病を克服しよう～健康長寿の秘訣とは～」

慶應義塾大学医学部腎臓内分泌代謝内科専任講師の税所芳史さんが糖尿病を予防する食生活について話した。

CSRセミナー「SDGsを前進させる」

岸和幸・キシエンジニア代表取締役がSDGs経営の重要性を語った。

「気象災害から身を守るために～先人が残してくれた

ことわざに学ぶ」

テレビやラジオで気象キャスターを務める気象予報士の弓木春奈さんが、天気についてのことわざに学んで気象災害から身を守ることを勧めた。

「遠回りしなければ分からかなった薬物依存症」

自身の薬物依存症の経験をもとに、映画「真っ白の闇」を制作した内谷正文監督が、作家に薬物使用を告白して依存症から脱した経験や、弟が薬物依存症リハビリ施設「ダルク」での生活を通じて社会復帰した経過を話した。

「ワーグナーオペラ作品に描かれたヒロイン像～巨匠が愛した音と香り～」

一般社団法人奏楽会が企画、オペラ歌手の武井涼子さん、鈴木晶子さん、萩原雅子さんがワーグナーやオペラの魅力を語り合った。

〈12月〉

「障がい者達の成人を祝う写真撮影会10年の歩み」

撮影会代表でダウン症の息子がいる田村有希さん、撮影協力してきた亀有スタジオの増田恭子さんが会の設立の経緯や活動内容を報告した。

「データでニュースを読みとく『データジャーナリズム』って何？」

『データサイエンス「超」入門　嘘をウソと見抜けなければ、データを扱うのは難しい』（毎日新聞出版）の出版記念イベントで、著者の松本健太郎デコムR&D部門マネジャーと、エコノミストの鈴木卓実さんが対談した。

「あなたと作る、シリア難民キャンプの子どもたちへの授業」

ＮＰＯ法人「国境なき子どもたち」の松永晴子さんがヨルダン・ザアタリ難民キャンプの現状を報告、白鴎大学客員教授の下村健一さんとともに、現地で実施できる授業を考えるワークショップをした。

「不確かな時代、アートは何ができるのか～現代アートの巨人・蔡國強と９万９０００本の桜～」

現代アーティストの蔡國強を描いた『空をゆく巨人』（集英社）の著者、川内有緒さんと横浜美術館館長の逢坂恵理子さん、評論家の荻上チキさんがアートの可能性を語り合った。

【２０１９年】〈１月〉

「ビオキッズムービー・あそびのレンズ」

世田谷区羽根木公園で開催されている外遊びをテーマとした野外フェス「ビオキッズ」について、実行委員会代表の植田泰さん、映画監督の佐伯龍蔵さんが語った。

ＣＳＲセミナー「２０２０年からの学校支援を考える」

「社会に開かれた教育課程」を盛り込んだ新学習指導要領の実施を前に、福分堂代表取締役の村岡明さんが企業による学校支援のあり方を語った。

「ラグビーの可能性～国際協力を通じて」

日本ラグビーフットボール協会が企画。元日本代表の向山昌利・同協会国際協力部門長、元青年協力隊員の久留米陽平さん、元女子日本代表の乾あゆみさん、大分県ラグビーワールドカップ２０１９推進課の秦拓真さんがアジアでのラグビー普及活動を語った。

「親子ワーケーションの可能性」

Ｚｏｏｏｐｓ Ｊａｐａｎ代表取締役の渡部佳朗さん、「ＴＥＴＡＵ」理事の森脇碌さん、ランサーズの篠原智美さんが自身の体験や親子ワーケーションの意義を語った。

〈２月〉

ＣＳＲセミナー「クラフトビールやお菓子が誕生！東日本大震災復興プロジェクトストーリー」

アサヒグループホールディングスが一般社団法人東松山みらいとし機構（ＨＯＰＥ）と取り組む「希望の大麦プロジェクト」を、ＨＯＰＥ代表理事の大村道明さん、アサヒ飲料の三井茂史さん、大麦工房ロアの上武裕さんが報告した。

「情報の伝わり方を見える化すること～原発事故でＳＮＳの果たした役割」

公益財団法人ルイ・パストゥール医学研究センターの宇野賀津子さん、日本大学文理学部情報科学科助教の尾上洋介さん、相馬中央病院の坪倉正治さんが、原発事故後のツイッターの分析結果を報告し、データに基づき発信した人と、感情的な文章を発信する人との分断を指摘した。

「乳酸菌の知られざる力と乳酸菌Ｌ―１３７の秘密」

ハウスウェルネスフーズの広瀬義隆さんと曽我恒太郎さんが乳酸菌Ｌ―１３７の研究開発と、応用の展望を語った。

〈３月〉

「カルピス絵本読み聞かせイベント」

アサヒ飲料の企画で、ＪＡＰＡＮ絵本よみきかせ協会認定の絵本よみきかせマイスターである影山晃子さん、結城明美さん、安田寿子さん、丸山友香さんが子どもたちに３冊の絵本を読み聞かせた。

「東日本大震災から８年　いわき市を盛り上げよう」

ＮＴＴドコモ東北復興新生支援室が企画、ＮＰＯ法人タタキアゲジャパンの小野寺孝晃理事長、ＮＰＯ法人いわきオリーブプロジェクトの松崎康弘理事長が活動報告をした。

「人はなぜ宇宙を目指すのか～アポロ月面着陸50年を機に考える」

生命倫理政策研究会共同代表の橳島次郎さんが、宇宙に行くことが人間にとってどんな意味があるのかを考察し、宇宙進出への期待を語った。

「缶コーヒーとレギュラーコーヒーの違いって何？おいしい飲み方も伝授」

アサヒグループホールディングスが企画。同社員で、日本スペシャルティコーヒー協会アドバンスド・コーヒーマイスターの渋市郁雄さんが、おいしい飲み方を伝えた。

〈４月〉

「靴磨きの『正解』教えます～『靴磨きの教科書』刊

行記念ワークショップ」

シューケアブランド「M・モゥブレイ」を創設した「靴磨きの鉄人」と呼ばれるR&D代表取締役の静孝一郎さんが靴磨きの方法を伝授した。

〈5月〉

「**震災・原発事故を乗り越える～福島県沿岸部の教師と子どもたちの8年～**」

NTTドコモ東北復興新生支援室の企画で、2019年3月に楢葉町立楢葉中学校長を退職した荒木幸子さんが、苦難や心の傷を抱えた子どもたちに教師たちはどう向き合ったのかを語った。

「**誰でも野球が楽しめる『ユニバーサル野球』開発報告会&体験会**」

ユニバーサル野球を開発した堀江車輛電装の堀江泰社長と障がい者支援事業部の中村哲郎さんが開発の経緯を説明。本塁からセンターフェンスまで6メートルある野球盤で、障害のある少年らが試合を体験した。

〈6月〉

「**親と子のいのちの朗読コンサート～絵本『あなたをママと呼びたくて　天から舞い降りてきた命』**」

「いのち」をテーマにした絵本作りや朗読活動を続ける群馬県前橋市の絵本作家、空羽ファティマさんが仲間のキャメルングループと朗読コンサートを実施した。

「**畑の上の太陽光発電で新しい農業を作る**」

千葉エコ・エネルギー代表取締役の馬上丈司さんが、農業と太陽光発電を一緒に実施するソーラーシェアリングの意義や現状、展望について話した。

「『**しあわせの牛乳』から、未来を考える**」

「山地酪農」を掲げる「なかほら牧場」の中洞正さんの生きざまに迫るノンフィクション『しあわせの牛乳』（ポプラ社）の著者である佐藤慧さん、安田菜津紀さんが中洞さんとともに、酪農のあり方などを語り合った。

〈7月〉

「**アポロ月着陸捏造疑惑を斬る！　～月探査新時代を前に**」

会津大学准教授の寺薗淳也さんが、「アポロ月着陸はうそ」という陰謀論を、反証を挙げて批判するとともに、月探査の展望を語った。

「**吉田松陰から学ぶ『あなたの人生がきらめく　ヒント満開のトークショー』**」

さまざまな分野で活動する人を支援する団体「マイタイムシェア」が企画。同団体の小橋凡子さんを聞き手に、松蔭大学客員教授の長谷川勤さんが「志を立てて以て、万事の源と為す」など、松陰の名言を解説した。

「**介護崩壊」トークライブ～小野沢医師と考える「首都圏2014０年介護危機**」

毎日新聞「医療プレミア」編集部が企画。在宅医の小野沢滋・みその生活支援クリニック院長は「最大の問題はヘルパー不足で、高齢者にとっては首都圏が最も危険な地域になる」と警告した。介護福祉士の田中春枝さんは介護現場の実態を語った。

「発明歴40年の古内衣枝さんと、ひまわりマリリンのトークショー『自分らしい生き方』」

「ひまわりマリリン」の名前で各界の女性の活動を支援している石田麻理子さんが聞き手となり、78歳の現役発明家で、防災グッズなど25件以上の特許を取得している古内衣枝さんに、発明にかけた人生と思いを聞いた。

「家業×SDGs　日本の中小企業のサーキュラーエコノミー化を目指して」

家業イノベーション・ラボの企画で、大川印刷の大川哲郎社長とプランティオの芹澤孝悦CEOがSDGsの取り組みを報告した。

〈8月〉

「相澤いくえ『モディリアーニにお願い』ができるまで」

東北地方の美大生3人の青春を描いた漫画『モディリアーニにお願い』作者の相澤いくえさんが、中嶋真希記者を聞き手に、執筆のきっかけや主人公の造形などを語った。

〈9月〉

「グリーン・イノベーションを起こそう〜みどりの国際都市TOKYOを目指して〜」

NPO法人Green Connection TOKYOの佐藤留美代表理事が緑を増やし活用する活動の実例と課題を語った。

「科学者が見通す46億年の地球〜岩石が語る地球の歴史」

アラムコ・アジア・ジャパンが企画した日本科学未来館コンテンツ「未来の地層」監修者の連続セミナー第1回。本吉洋一情報・システム研究機構国立極地研究所教授が南極観測の歴史や岩石研究について話した。

〈10月〉

「ロヒンギャ難民100万人の現場から」

元毎日新聞記者で、NPO法人難民を助ける会の中坪央暁さんが、ミャンマーの少数民族ロヒンギャ難民の現状を報告した『ロヒンギャ難民100万人の衝撃』(めこん社)出版を機に、難民キャンプの様子を語った。

「まいもく」100回記念公開ライブ「ネットメディアのこれからを考える」

2017年から毎週木曜日に開催した解説ライブ「まいもく」の100回記念イベントで、スローニュース代表取締役の瀬尾傑さん、BuzzFeed Japan編集長の小林明子さん、ハフポスト日本版編集長の泉谷由梨子さんが「ネットメディアのこれから」をテーマに話し合った。

「こども乳酸菌研究所」

アサヒ飲料の佐野公美さんが講師となり、子どもたちに実験をしてもらいながら、乳酸菌や発酵について教えた。

「科学者が見通す46億年の地球〜化石に残る地球の歴史」

アラムコ・アジア・ジャパン企画の連続セミナー第2回。千葉大学教育学部理科教育講座特任助教の泉賢太郎さんが足跡化石や糞化石などの「生痕化石」について話した。

「ヒマラヤの子どもたちに教育の場を！」

NPO法人Asian Architecture Friendship副理事長の野田隆史さんが、ネパールの村フィリムでの学校開設の支援活動を報告した。

「アマゾンを守れ！　～気候危機を考える＃2」

NPO法人熱帯森林保護団体の南研子代表と、慶應義塾大学教授の大沼あゆみさんが、地球の財産としてのアマゾンの重要性と現状を語った。

「天に選ばれし、名水の地～やまなしの水をめぐる物語～」

山梨県森林環境部の原川理さんが日本のミネラルウオーターの全国シェア4割を誇る山梨県の名水の魅力を語った。

〈11月〉

「食を通して育む『みらいを生きる力』～キユーピーみらいたまご財団～」

キユーピーみらいたまご財団の岡曜子さんが食育に取り組む団体への助成活動を紹介、キユーピーの伊藤裕子さんが健康寿命延伸のための取り組みを話した。

「緑の募金で進めようSDGs～パレスチナ・インドでの支援活動の現場から～」

国土緑化推進機構の「緑の募金」から支援を受けているNPO法人パルシックの小林悦子さん、ラムサールセンターの大原みさとさんが活動を報告した。

「SDGs×海外社会起業家～協業して社会を変える」

カンボジア人起業家と日系企業をマッチングするプラットフォーム「#value!」代表でカンボジア在住の原畑実央さんが設立の経緯やマッチングの実例を語った。

山田順が語る「米中冷戦　中国必敗の結末」

ジャーナリスト、作家の山田順さんの出版記念講演会で、米国と中国の「新冷戦」構造を詳しく解説し、「中国は米国に勝てない」と持論を語った。

「ブルガリアフェア前夜祭」

日本ブルガリア協会が企画。二松学舎大学名誉教授の菅原淳子さんが日本とブルガリアの関係、日本ソムリエ協会名誉ソムリエの渡辺正澄さんがブルガリアワインの魅力を語った。

「『定時で帰ります』が守る子どもの心と体～親子の幸福論～」

北里大学医学部の可知悠子講師と「みらい子育てネットワーク」の天野妙子代表が働き方改革について語り合った。

「オフィスから離れて働く！　リモートワーク最前線お勧めの場所は？」

ワーケーションの火付け役で元和歌山県庁職員の天野宏さんと、「HafH」共同代表の大瀬良亮さんがワーケーションの意義や楽しさを語った。

〈12月〉

「桜丘中・西郷前校長×子ども×親×FTCJトークイベント～子ども自身が「世界は変えられる」と信じ行動できる社会にするには～」

世田谷区立桜丘中学校前校長の西郷孝彦さんとNPO法人フリー・ザ・チルドレン・ジャパン代表の中島早苗さんが教育のあり方を語り合った。

小学生向け実験教室「水中エレベーター～水の外から遠隔操作！～」

跡見学園中学校高等学校科学部の顧問である北功亘教諭、柴田智望教諭と部員の生徒13人が小学生に理科実験の楽しさを伝えた。

記者報告会「ワンチーム、にわかファン～ラグビーW杯盛況の舞台裏～」

ラグビーW杯を取材した東京本社運動部の大谷津統一記者、谷口拓未記者、角田直哉記者が初の8強進出を果たした日本代表の活躍の舞台裏を語った。

【2020年】〈1月〉

毎日新聞×JMAM共催イベント「親子ワーケーションの可能性」

ZooopsJapan代表取締役の渡部佳朗さん、事業協同組合「TETAU」理事の森脇碌さん、ランサーズ社員の篠原智美さんの3人が、ワーケーションの意義と可能性について語り合った。

「日本語もうやだ！」

『日本語をつかまえろ！』（毎日新聞出版）出版記念で、『三省堂国語辞典』編集者の飯間浩明さん、イラストレーターの金井真紀さんが日本語をめぐり、話し合った。

「知られざる『跳べ！イトリ』の世界」

デジタル毎日で3年半にわたって連載された4コマ漫画「跳べ！イトリ」の作者、伊藤ハムスターさんと、友人の漫画家・山本ありさんが、作品の魅力や秘話を語り合った。

〈2月〉

記者報告会「日本選手団、メダルは何個？担当記者が大胆予想」

東京本社運動部の小林悠太記者、村上正記者、松本晃記者が東京オリンピック・パラリンピックの日本選手団メダル獲得数を予想した。JOC（日本オリンピック委員会）の目標は金メダル30個。小林記者16個、村上記者35個、松本記者25個で、実際の金メダル数は26個だった。

「科学者が見通す46億年の地球～人類と地球の未来」

アラムコ・アジア・ジャパン企画の連続セミナー第3回。佐倉統・東京大学大学院情報学環教授が「人新世」の概念や、「地球と人類の共進化」などを語った。

「どうなる？私たちの年金～年金制度改革2020から大胆予想」

全労済協会が企画、望月FP社会保険労務士事務所の望月厚子所長が、在職老齢年金制度見直しなどの年金制度改革について説明した。

〈3月〉

「高血圧や不眠症、気分が改善！　信州大学が発見したナスの驚きの効果とは？」

ベンチャー企業を支援する「毎日みらい創造ラボ」第1期グランプリを獲得した信州大学発のベンチャー企業「ウェルナス」の小山正浩代表取締役がナスの効用を語った。

記者報告会「さあ、東京マラソン。代表選考、厚底、疑問を徹底解説」

毎日新聞五輪取材班の新井隆一、小林悠太、川崎桂吾の3記者が東京五輪男子マラソン代表選考レースの一つである東京マラソンの展望と、厚底シューズ規制問題などを語り合った。

〈10月〉

「毎日新聞・共同通信校閲記者トークイベント～校閲と知財から考えるメディアの未来」

共同通信社の内田朋子記者、酒井優衣記者、毎日新聞社の平山泉記者、斎藤美紅記者と知的財産法に詳しい桑野雄一郎弁護士が校閲と知財について話し合った。

【2021年】〈1月〉

「ホームページ制作講座初級編」

プログラマーの前田大樹さんがコンピューターへの知識が少ない人でもホームページを制作できる方法を教えた。

〈3月〉

「危機の時代とデジタルアーカイブ～『肖像権ガイドライン』の必要性と可能性を考える

吉見俊哉・東京大学大学院情報学環教授、福井健策弁護士、生貝直人・東洋大学経済学部総合政策学科准教授、数藤雅彦弁護士、木戸崇之・朝日放送テレビ報道局情報番組デスク、内田朋子・共同通信社編集局ニュースセンター校閲部委員の6人がデジタルアーカイブの重要性を語り合った。

「内側からわきあがるモチベーションとは～企業とNPOと地域との連携から～」

NPO法人キーパーソン21代表理事の朝山あつこさんが教育プログラム「わくわくエンジン発見プログラム」について報告、カシオ計算機の木村則昭さんが協働の取り組みを話した。

〈4月〉

「あつまれ！　ユニオンスクエア～毎日05日はれんごうの日～」

連合の中村祐美子さん、慶應義塾大学大学院生の能條桃子さん、高校教員の角田仁さん、俳優の池田航さん、浅野高宏弁護士がワークルールについて話し合った。

「日本のSDGs・それってほんとにサステナブル？～実践例を踏まえて～」

『日本のSDGs～それってほんとにサステナブル？』（大月書店）の著者でノンフィクションライター

の高橋真樹さんと、同書に先進事例として紹介され、同書を印刷した会社でもある大川印刷社長の大川哲郎さんが、ＳＤＧｓの取り組みの現状を語り合った。

〈6月〉

「災害が起きた時、どうやって生き延びればいいの？日本食育防災士と一緒に考えよう」

一般社団法人日本食育カレッジ代表理事で日本食育防災士の中村詩織さんが、災害時に食事提供などをするレスキューキッチンカーの必要性などを話した。

〈7月〉

「ＮＯＲＤＩＣ　ＷＯＮＤＥＲＬＡＮＤ　オーロラやホエールウオッチングなど美しい北欧の自然で心を満たしましょう」

フィンコーポレーションの企画で、同社の美甘小竹さん、小峰祐樹さん、元ノルウェー政府観光局日本代表のチェル・エレフセンさんが、ノルウェーの大自然の魅力を紹介した。

〈10月〉

「障がい者アートの可能性を拓く～共生社会の実現」

「アートパラ深川おしゃべりな芸術祭」総合プロデューサーの福島治・東京工芸大学デザイン学科教授が、障害者アートを街中に展示する同芸術祭の内容と意義を語った。

〈12月〉

「塩分管理に革命を～ソルトコントロールを成功に導くポイントとは～」

一般社団法人日本塩分管理支援協会の根本雅祥さんと小瀧真理子さんが、塩分管理の新しい方法「ソルトコントロール」について話した。

【２０２２年】〈3月〉

オンラインセミナー「目指せ自転車マイスター！元オリンピック選手と一緒に親子で学ぶ自転車の基礎知識」

シナネンホールディングスグループが企画、オリンピック自転車競技3回出場のブリヂストン・飯島誠さん、警視庁交通部の平野幸人さん、桐俊二郎さんが自転車のルールや安全な乗り方について、クイズ形式で親子などに伝えた。

「脳から見る音楽と言語の接点」

酒井邦嘉・東京大学大学院総合文化研究科教授（言語脳科学者）と早野龍五・公益社団法人才能教育研究会会長が対談。共同研究により、音楽教育「スズキ・メソード」の有効性を示す結果が得られたと報告した。

〈6月〉

「子どもから大人まで楽しく体験！　ＳＤＧｓ　ｗｉｔｈゆにふぁん」

連合が社会貢献活動「ゆにふぁん～支え合い・助け合い活動」を知ってもらいたいと企画。ＮＰＯ法人全国災害ボランティア支援団体ネットワークの明城徹也事務局長、ＮＰＯ法人ハロハロの成瀬悠事務局長、一般社団法人おいしい防災塾の西谷真弓代表理事が活動報告をした。

「中小企業経営者必見！　ＳＤＧｓ経営基盤のつくり方」

　ＳＤＧｓ経営支援の「Ｄｒ．ＳＤＧｓ」を起業した木村則昭さんが、ＳＤＧｓ経営が必要な理由や具体的な進め方について語った。

〈８月〉

「自由研究にも！　ＳＤＧｓのプロと教育者が考えるＳＤＧｓの実践・学習方法」

　国連環境計画の本多俊一さん、小学校教員の山崎卓也さん、明治の本間由香里さん、ＳＤＧｓオンラインフェスタ実行委員の秋山宏次郎さん、メルカリの石川真弓さん、ＦＳＣジャパンの河野絵美佳さんの６人が、ＳＤＧｓの実践、学習方法について話し合った。

〈11月〉

「こども船長全速前進！　〜操船体験＆エンジンを分解してみよう〜」

　日本郵船が企画、小学生が吉野恵里香航海士、田代康一郎航海士、杉山直也機関士の指導で、操船シミュレーターでの操船体験、エンジンキット分解のエンジニア体験をした。

小学生向けワークショップ「しろくまカメラマンにきいてみよう！」

　ＮＰＯ法人そらべあ基金が企画、下川寿代事務局長が地球温暖化防止活動の取り組みを報告した後、カナダ北部でシロクマを撮影している自然写真家の丹葉暁弥さんがシロクマの現状を語った。

〈12月〉

シンポジウム「未婚化と少子高齢化、そしてこれからの日本」

　ニッセイ基礎研究所の天野馨南子さん、エウレカ代表取締役の石橋準也さん、愛媛県法人会連合会参事の岩丸裕建さん、毎日新聞政治部の日下部元美記者が、未婚化と少子高齢化が進む日本の現状と課題を語り合った。

「岡山県新庄村便り〜特産品『ヒメノモチ』を活かした商品開発秘話〜」

　新庄村で特産品のもち米「ヒメノモチ」を使った「もち米焼酎」を開発した本田陽哉メルヘン・プラザ代表取締役と新庄村役場の牧野将人さんが開発秘話を語った。

【２０２３年】〈２月〉

「色彩から学ぶＳＤＧｓ〜カラリストと一緒にコラージュを作りましょう〜」

　一般社団法人日本カラリスト協会が企画、同協会理事の髙田智子さんが色とＳＤＧｓの関係を語った後、参加者が色彩コラージュづくりに挑戦した。

〈３月〉

「色彩から学ぶＳＤＧｓ〜パーソナルカラーを知って買い物上手になろう〜」

　日本カラリスト協会が企画、同協会認定講師の原由貴さんが、その人に似合った色であるパーソナルカラーを知ろうと呼びかけた。

「食材との出会いは一期一会。素材のすべてを活かす調理法～上神田梅雄・新宿調理師専門学校長が語る料理と人生～」

新宿区の新宿料理専門学校で開催。1階のレストラン「饌《せん》」で、同校教員・生徒が調理した旬の食材を使った料理を参加者に振る舞った後、上神田梅雄校長が料理の修業の思い出や料理への考え方を話した。

斗ヶ沢秀俊（とがさわ・ひでとし）
1957年、北海道赤井川村生まれ。東北大学理学部物理学科卒業、1981年毎日新聞社入社。静岡支局、東京本社社会部、科学環境部、ワシントン支局、福島支局長、科学環境部長、水と緑の地球環境本部長、健康医療・環境本部長を歴任。2014年毎日メディアカフェを設立、責任者を務め、1000回のイベントを実施。2023年3月、毎日新聞社退社。

人をつなぐ、物語をつむぐ　毎日メディアカフェの9年間の挑戦

2023年7月25日　初版1刷発行©
著　者— 斗ヶ沢秀俊
発行者— 岡林信一
発行所— あけび書房株式会社
〒167-0054　東京都杉並区松庵3-39-13-103
☎ 03. 5888. 4142　FAX 03. 5888. 4448
info@akebishobo.com　https://akebishobo.com

印刷・製本／モリモト印刷
ISBN978-4-87154-233-3　c0000